国家社会科学基金项目（项目编号：12CJY039）
石河子大学"中西部高校综合实力提升工程"高水平学术

生态环境约束下新疆新型城镇化支撑产业研究

SHENGTAI HUANJING YUESHUXIA XINJIANG
XINXING CHENGZHENHUA ZHICHENG CHANYE YANJIU

张 杰／著

中国财经出版传媒集团
经济科学出版社
Economic Science Press

图书在版编目（CIP）数据

生态环境约束下新疆新型城镇化支撑产业研究/张杰著.
—北京：经济科学出版社，2017.4
ISBN 978 - 7 - 5141 - 8011 - 4

Ⅰ.①生… Ⅱ.①张… Ⅲ.①城市化 - 研究 - 新疆
Ⅳ.①F299.274.5

中国版本图书馆 CIP 数据核字（2017）第 107073 号

责任编辑：王东岗　张庆杰
责任校对：王苗苗
版式设计：齐　杰
责任印制：邱　天

生态环境约束下新疆新型城镇化支撑产业研究

张　杰　著

经济科学出版社出版、发行　新华书店经销
社址：北京市海淀区阜成路甲 28 号　邮编：100142
总编部电话：010 - 88191217　发行部电话：010 - 88191522
网址：www.esp.com.cn
电子邮件：esp@esp.com.cn
天猫网店：经济科学出版社旗舰店
网址：http://jjkxcbs.tmall.com
固安华明印业有限公司印装
710×1000　16 开　12 印张　200000 字
2017 年 6 月第 1 版　2017 年 6 月第 1 次印刷
ISBN 978 - 7 - 5141 - 8011 - 4　定价：36.00 元
(图书出现印装问题，本社负责调换。电话：010 - 88191510)
(版权所有　侵权必究　举报电话：010 - 88191586
电子邮箱：dbts@esp.com.cn)

目 录 Contents

第一章　引言 ………………………………………………………… 1

    1.1　研究背景与问题的提出／1

    1.2　国内外研究现状述评／4

    1.3　研究意义／18

    1.4　相关概念界定／19

    1.5　研究框架／36

第二章　新疆生态环境、新型城镇化及产业发展状况 ……………… 39

    2.1　生态环境状况／39

    2.2　新型城镇化发展状况／49

    2.3　新疆产业发展状况／64

第三章　新疆生态环境、城镇化与支撑产业互动机制分析 ………… 81

    3.1　生态环境、城镇化与支撑产业的作用途径与机制／81

    3.2　生态环境、城镇化与支撑产业脉冲响应分析／86

    3.3　生态环境、城镇化与支撑产业双对数模型分析／103

第四章　新疆新型城镇化产业支撑绩效评价 ………………………… 113

    4.1　各地州市城镇化产业支撑分析／113

    4.2　各地州市城镇化产业支撑绩效比较分析／118

    4.3　不同地州市城镇化产业支撑绩效差异及原因／131

第五章　生态环境约束下新疆新型城镇化支撑产业的选择 ………… 138

5.1 基于 WT 模型的新疆新型城镇化支撑产业选择／138

5.2 新疆各地州市新型城镇化支撑产业选择／147

5.3 新疆新型城镇化支撑产业的调整与确定／156

第六章　促进新疆新型城镇化支撑产业发展的政策建议 ………… 167

6.1 严把生态环境关，正确培育支撑产业／167

6.2 利用差别化政策，科学发展优势产业／168

6.3 大力培育新兴产业，积极优化产业结构／168

6.4 加强产业分工协作，合理引导产业布局／169

参考文献 ………………………………………………………………… 171

后记 ……………………………………………………………………… 184

第一章

引 言

新疆的生态环境和社会结构十分独特，其城镇依托绿洲分布、城镇化发展滞后、区域差距大、缺乏产业支撑，同时，随着新疆产业发展和城镇化的加速，使得绿洲边缘地带生态环境快速退化，防护功能羸弱。因此，如何在保持生态环境可持续发展的视角下，探索适合新疆新型城镇化的支撑产业，针对新疆特殊生态环境和发展不平衡的条件下，建设可持续发展的"新型绿洲城镇"，针对产业结构偏重、就业支撑不足和"产城融合"欠缺等问题，提出加快推进产业多元化、促进"产城融合"的对策成为当前和今后一个时期新疆新型城镇化发展的重中之重。

1.1 研究背景与问题的提出

城镇化是促进经济社会转型的重要引擎，是经济新常态下加快供给侧改革、推进工业化、信息化和农业现代化的重要平台和载体。新疆干旱缺水、生态环境脆弱、跨境环境问题复杂，可持续发展事关新疆社会稳定与长治久安。新疆城镇依托绿洲分布，城镇化发展滞后，区域差距大，缺乏产业支撑。仅占国土面积8.6%的绿洲，承载着新疆95%以上的人口，聚集着80%以上的社会财富。近年来随着新疆城镇化的加速，绿洲城镇人口、产业承载量大幅增加，使得绿洲边缘地带生态快速退化，防护功能更趋羸弱，呈现局部改善与部分退化并存的局面。因此，科学合理选择环境友好型的支撑产业，对于推进"以人为本、产城融合"的新型城镇化具有重要的现实意义和长远的战略意义。

1.1.1 研究背景

当今世界，经济全球化深入发展，和平、发展、合作、共赢依然是时代主体。全球经济总体上仍处于金融危机后的深度调整期，表现为：增长速度下降、市场需求不振、贸易保护主义抬头、地缘政治等非经济因素影响加大。我国经济发展进入新常态，增长速度从高速转向中高速，发展方式从规模速度型转向质量效率型，发展动力从主要依靠资源和低成本劳动力等要素投入转向创新驱动。全球城镇化步伐加快，世界上超过一半的人口住在城市，预计到2050年，将有75%的人口生活在城市中，其中中国城镇化的速度和规模更加令人瞩目。2014年我国常住人口城镇化率为53.7%，户籍人口城镇化率只有36%左右，不仅远低于发达国家80%的平均水平，也低于人均收入与我国相近的发展中国家60%的平均水平。据有关专家预测，到2030年，中国城镇化率将达到70%左右，我国城镇化依然存在较大的发展空间。在经济进入新常态和全面推进供给侧结构改革的背景下，城镇化必然成为我国经济持续健康发展的强大引擎，成为加快产业结构转型升级的重要抓手，成为解决我国特有"三农"问题的重要途径，成为推动区域协调发展的有力支撑，新型城镇化是促进社会全面进步的必然要求。

新疆地处西北边陲，幅员辽阔，民族众多，自然资源十分丰富。作为我国西向开放的前沿，国家把新疆定位为丝绸之路经济带核心区，新疆在我国能源供给及向西开放方面具有重要的战略地位。改革开放30多年来，新疆经济社会实现了历史性跨越，城镇化建设取得了令人瞩目的成就，城市经济在国民经济中的地位和作用不断凸显。2012年新疆24个城市GDP占全区GDP的70%，建制市城市总人口占全区的38.5%，城镇固定资产投资占全区的78.8%，城市成为新疆区域发展的核心。2014年新疆城镇人口达到1058.91万人，城镇化水平已达46.07%，建成区面积986平方公里；目前新疆已拥有26个设市城市、68个县城、305个独立建制镇，初步形成了以乌昌为核心、以南北疆铁路与主要公路干线为主轴的乌鲁木齐都市圈、克拉玛依—奎屯—乌苏、伊宁—霍尔果斯、库尔勒—尉犁、阿克苏—温宿、喀什—疏附—疏勒、和田—墨玉—洛浦等城镇组群的城镇化发展新格局。但传统城镇化忽视了人口、资源、环境协调发展的客观规律，造成环境污染加剧、生态环境恶化的局面，使可持续发展遭遇到前所未有的严峻挑战，探索以人为本、产城融合、环境友好的新型城镇化发展途径势在必行。

当前新疆新型城镇化面临以下发展机遇：一是产业转移为新型城镇化提供发展机遇。改革开放以来，新疆基础设施不断完善，经济综合实力显著提升，经济发展内生动力和发展活力持续增强，承接东中部产业转移，加快产业结构升级的步伐不断加快，为"产城融合"奠定坚实基础。二是丝绸之路经济带核心区建设为新型城镇化提供发展机遇。国家将新疆打造为丝绸之路经济带核心区，必然加强新疆与周边国家的互联互通和对外开放，将为新型城镇化增添新的动力。三是全面深化改革将为新疆新型城镇化提供制度动力。十八届三中全会《决定》指出，全面深化改革的重点是经济体制改革，核心问题是处理好政府和市场的关系，使市场在资源配置中起决定性作用和更好发挥政府作用，这必将为新疆新型城镇化发展注入新活力。四是全面推进依法治疆为新型城镇化保驾护航。为实现新疆社会稳定和长治久安，国家从战略全局高度将依法治疆纳入中央治疆方略，大力推进依法治疆，加快法治新疆建设，将为城镇化建设营造良好的发展环境，为城镇化赶超发展提供有力的法制保障。

1.1.2 问题的提出

受独特的生态环境和社会结构的影响，新疆城镇依托绿洲分布。虽然，城镇化建设已取得显著成就，但新型城镇化整体发展滞后、城镇空间分布和规模结构不合理、城镇行政功能强经济功能弱等问题严重制约着新疆经济社会的发展。其背后的深层次原因主要可概括为以下几点：一是产城融合不紧密，产业集聚与人口集聚不同步，城镇化滞后于工业化。资源型产业比重过大导致新疆城镇化滞后、生态环境退化；中小城市集聚产业和人口不足，潜力没有得到充分发挥，小城镇数量多、规模小、服务功能弱，增加了经济社会和生态环境成本。二是大量农牧业转移人口难以融入城镇社会，市民化进程滞后。现行城乡分割的户籍管理、土地管理、社会保障制度，以及财税金融、行政管理等制度，固化着已经形成的城乡利益失衡格局，再加上新疆特有的少数民族农牧民工人在语言、习俗方面的差异，制约着农牧业转移人口市民化，阻碍着城乡发展一体化。三是"土地城镇化"快于人口城镇化，建设用地粗放低效。部分城镇"摊大饼"式发展，过分追求宽马路、大广场，新城新区、开发区和工业园区占地过大，建成区人口密度偏低，城镇建设过度依赖土地出让收入和土地抵押融资。

生态环境的破坏对城镇化的发展造成很大的阻碍，生态脆弱制约着新疆产业结构升级，导致非农产业对城镇化的支撑作用不强。城镇空间分布和规模结构不合理，与人口布局和绿洲承载力不匹配。天山北坡城镇密集地区环境约束趋紧，南疆四地州人口稠密地区的城镇化潜力有待挖掘；城市群布局不尽合理，城镇群内部分工协作不够、集群效率不高；重经济发展、轻环境保护，重城镇建设、轻管理服务，城市污水和垃圾处理能力不足，大气、水、土壤等环境污染加剧。因此，新疆新型城镇化支撑产业的选择，既要分析产业发展对城镇化的支撑作用，还要充分考虑生态环境的承载力，减缓产业发展对绿洲生态环境的破坏。需要对新疆生态环境、新型城镇化、支撑产业发展之间的互动机制和定量关系进行分析，科学合理梳理各产业对新型城镇化的支撑作用，结合各地州市的资源禀赋、产业基础、区位条件、生态环境选择城镇化支撑产业。只有选择符合新疆资源禀赋和绿洲经济发展规律的支撑产业，才能促进新型城镇化协调发展。

党的十八大报告提出，推动工业化和城镇化良性互动、城镇化和农业现代化相互协调，增强中小城市和小城镇产业发展和吸纳就业能力，强调新型城镇化发展和产业布局紧密衔接，与资源环境承载能力相适应，把生态文明理念和原则全面融入城镇化全过程，走集约、智能、绿色、低碳的新型城镇化道路。由此可见，加强新疆新型城镇化进程中产业支撑的研究，探索生态环境、新型城镇化及支撑产业的互动机制，科学选择符合生态文明与新型城镇化发展要求的支撑产业，按照"产城融合、宜居宜业"的要求，优化产业结构，完善产业布局，增强城镇就业创造与吸纳能力，通过城市文明（工业文明）塑造现代公民，对解决新疆城镇化进程中的生态环境问题具有重要的现实意义，对于实现新疆社会稳定和长治久安具有重要的战略意义。

1.2 国内外研究现状述评

从国内外既有研究成果来看，学者们主要从城镇化、产业发展与生态环境的关系等方面进行了系统的研究，主要包括新型城镇化、城镇化与产业发展的关系、城镇化于生态环境的关系等三个方面进行研究。国外学者的研究更早更全面，国内学者主要是在国外学者提出的框架内对相关理论进行验证，并为根据中国城镇化发展实践提出较为一般的理论。

1.2.1 国内研究现状

1.2.1.1 关于新型城镇化的研究

对新型城镇化概念的解析。国内学者对新型城镇化进行了大量的研究，2014年《政府工作报告》中也提出发展以人为核心的新型城镇化，但目前新型城镇化的概念尚无一致的界定。彭红碧、杨峰（2010）认为新型城镇化是以科学发展观为引领，走集约化和生态化的发展道路，增强城镇多元功能，构建合理的城镇体系，最终实现城乡一体化①。梁前广（2012）认为新型城镇化是以科学发展观为引领，以新型工业化、信息化为发展动力，以统筹兼顾为原则，推动城市现代化、城市集群化、农村城镇化，全面提升城镇化质量和水平，走资源节约、环境友好、社会和谐、个性鲜明、大中小城市和小城镇协调发展的道路，实现城乡统筹、城乡一体的城镇化②。王千、赵俊俊（2013）也强调新型城镇化是可持续发展的城镇化，是城乡统筹、城乡一体的城镇化，是以人为本的城镇化③。周冲、吴玲（2014）指出新型城镇化的本质在于城镇的内涵建设，即在科学发展观的指引下，以城乡统筹发展、产业结构优化、资源集约集聚、环境宜居友好、人文优势凸显为指引的城镇化④。可见，学者们均认同新型城镇化强调以人为本、集约发展的科学理念。

对新型城镇化发展阶段与特征的研究。当前，中国城镇化已迈入转型发展的新阶段，新型城镇化道路是建立在传统城镇化实践经验与教训总结之上的突破与创新。喻新安等（2012）认为新型城镇化具有宽承载平台、强动力机制、多元城镇化道路、集约节约经营、营造优良环境、追求功能优化、促进城乡统

---

① 彭红碧，杨峰. 新型城镇化道路的科学内涵 [J]. 理论探索，2010（4）：75-78.
② 梁前广. 河南省推进新型城镇化研究 [D]. 开封：河南大学，2012，5：12.
③ 王千，赵俊俊. 城镇化理论的演进及新型城镇化的内涵 [J]. 洛阳师范学院学报，2013，32（6）：98-101.
④ 周冲，吴玲. 城乡统筹背景下中国欠发达地区新型城镇化路径研究 [J]. 当代世界与社会主义，2014（1）：200-202.

筹、推崇社会和谐等主要特征①。蒋晓岚、程必定（2013）认为人口城市化率是新型城镇化外在特征的反映，而区域"城市性"才是新型城镇化的内涵与本质特征，中国新型城镇化之路大致可以分为城市化率和城市性的双重提升阶段和"城市性"的持续提升阶段②。程遥、杨博③（2012），姜明伦、何安华④（2012），郑文哲、郑小碧⑤（2013），石忆邵⑥（2013），方创琳⑦（2013），张占斌⑧（2014），王勇⑨（2014）等众多学者从不同方面对新型城镇化的发展阶段和特征展开了研究。

对新型城镇化动力机制与路径的研究。新型城镇化丰富的内涵要求其发展的动力机制不同于传统城镇化，各界学者对此展开了相关研究。黄亚平、林小如（2012）认为宏观政策制度保障、中观产业经济、微观硬件系统支撑力与资源环境双向力等是欠发达山区新型城镇化稳步健康发展的主导动力⑩。倪鹏飞（2013）指出信息化、新型工业化和农业现代化三大新的动力将不断推动中国新型城镇化的快速健康发展，指出坚持以人为本、倾斜平坦、产城互动、绿色发展、包容增长、创新驱动、政府引导、本土开放等八条路径推进新型城镇化可持续发展⑪。曹华林、李爱国（2014）则提出"以人为本"的新型城镇化具有精神驱动力、物质驱动力和社会驱动力⑫。张玉磊（2014）分析了市场

---

① 喻新安等．新型城镇化引领论［M］．北京：人民出版社，2012，10：39-40．
② 蒋晓岚，程必定．我国新型城镇化发展阶段性特征与发展趋势研究［J］．区域经济评论，2013，02：130-135．
③ 程遥，杨博，赵民．我国中部地区城镇化发展中的若干特征与趋势——基于皖北案例的初步探讨［J］．城市规划学刊，2011，02：67-76．
④ 姜明伦，何安华，楼栋，孔祥智．我国农业农村发展的阶段性特征、发展趋势及对策研究［J］．经济学家，2012，09：81-90．
⑤ 郑文哲，郑小碧．中心镇推进城乡一体化的时空演进模式研究：理论与实证［J］．经济地理，2013，06：79-83+108．
⑥ 石忆邵．中国新型城镇化与小城镇发展［J］．经济地理，2013，07：47-52．
⑦ 方创琳．中国城市发展格局优化的科学基础与框架体系［J］．经济地理，2013，12：1-9．
⑧ 张占斌．经济中高速增长阶段的新型城镇化建设［J］．国家行政学院学报，2014，01：39-45．
⑨ 王勇．我国新型城镇化模式转变：从单向发展走向双向均衡［J］．西安交通大学学报（社会科学版），2014，03：93-99．
⑩ 黄亚平，林小如．欠发达山区县域新型城镇化动力机制探讨——以湖北为例［J］．城市规划学刊，2012（4）：44-50．
⑪ 倪鹏飞．新型城镇化的基本模式、具体路径与推进对策［J］．江海学刊，2013（1）：87-94．
⑫ 曹华林，李爱国．新型城镇化进程中"人的城市化"的动力机制研究——基于居民感知视角的实证分析［J］．宏观经济研究，2014，10：113-121．

和政府在推动新型城镇化进程中的作用①。如何采取科学有效的路径推进新型城镇化的发展，也成为学界探讨的热点之一。冯煜雯（2011）提出从规划引导、产业动力、基础设施、资源优势、城乡统筹方面加快新型城镇化发展的路径②。杨仪青（2013）从市场理念、增长方式、制度保障、城乡统筹等方面提出了中国新型城镇化发展的路径选择③。张永岳、王元华④（2014），周冲、吴玲⑤（2014）等在借鉴国外经验的基础上，探索适合我国国情的现阶段新型城镇化的推进路径。

对城镇化质量的研究。何平、倪苹（2013）建立了中国城镇化质量评价指标体系，并对全国及31个省市的城镇化质量进行了评价分析；认为全国城镇化质量低于城镇化率且城镇化率较高的地区，其城镇化质量水平也相对较高⑥。宋宇宁、韩增林（2013）认为城镇化质量与规模是衡量城镇化发展的两个主要方面，二者的关系是判断城镇化是否健康发展的主要依据⑦。沈正平（2013）认为优化产业结构与提升城镇化质量存在互促互动的关联机制，优化产业结构和提升城镇化质量既是切实解决我国当前产业结构不合理、城镇化冒进粗放的关键之举，更是推动经济和社会转型发展的长远战略⑧。李江苏等（2014）构建了城镇化质量评价指标体系，采用城镇化质量分段函数评价模型，对河南省18地市城镇化质量进行动态评价，得出河南省各地市城镇化质量指数总体虽然呈现上升态势，但地域差异较大，总体上城镇化水平与质量整

---

① 张玉磊. 新型城镇化进程中市场与政府关系调适：一个新的分析框架 [J]. 社会主义研究, 2014, 04: 103 - 110.
② 冯煜雯. 关中经济区新型城镇化发展路径探析 [J]. 陕西社会主义学院学报, 2011, (4): 38 - 40, 45.
③ 杨仪青. 新型城镇化发展的国外经验和模式及中国的路径选择 [J]. 农业现代化研究, 2013, 34 (4): 385 - 389.
④ 张永岳, 王元华. 我国新型城镇化的推进路径研究 [J]. 华东师范大学学报 (哲学社会科学版), 2014, 01: 92.
⑤ 周冲, 吴玲. 城乡统筹背景下中国欠发达地区新型城镇化路径研究 [J]. 当代世界与社会主义, 2014 (1): 200 - 202.
⑥ 何平, 倪苹. 中国城镇化质量研究 [J]. 统计研究, 2013, 06: 11 - 18.
⑦ 宋宇宁, 韩增林. 东北老工业地区城镇化质量与规模关系的空间格局——以辽宁省为例 [J]. 经济地理, 2013, 11: 40 - 45.
⑧ 沈正平. 优化产业结构与提升城镇化质量的互动机制及实现途径 [J]. 城市发展研究, 2013, 05: 70 - 75.

体协调水平较低①。夏南凯、程上（2013）将城镇化质量分解为经济发展质量、社会发展质量、空间发展质量、人口发展质量4个子系统，构建城镇化质量的指数型评价体系，得出浙江省城镇化质量呈现出极化特征，浙江省普遍存在空间发展质量偏低等结论②。当期，学者们对城镇化的评价更加注重城镇化的发展质量而不是数量。

1.2.1.2 新型城镇化与产业发展关系研究

关于新型城镇化与农业现代化、工业化、第三产业发展间的关系研究。方兴起、郑贺（2013）认为推进新型城镇化进程的着力点是农业现代化和工业领域的产业创新③。张勇民、梁世夫（2014）对民族地区农业现代化与新型城镇化协调发展程度进行实证分析，并提出二者协调发展的对策④。郭丽娟（2013）基于新型工业化与新型城镇化协调发展的内涵，构建了新型工业化与新型城镇化协调发展综合评价模型⑤。孙虎、乔标（2014）认为通过资源倒逼机制、政策整合作用以及发展城市群等，可以有利于我国新型工业化和新型城镇化互动发展⑥。蒙永胜、李琳（2013）认为新型工业化、农牧业现代化与新型城镇化协调发展是新疆跨越式发展的本质要求和关键着力点⑦。周建群（2013）以农业现代化为基础、新型工业化为主导、新型城镇化为载体的视角，对"三化"协同发展进行了探讨⑧。任宏、罗丽姿（2013）从劳动力吸纳能力、耗能低产值高、后续动力以及城乡统筹四个方面研究第三产业对新型城

---

① 李江苏，王晓蕊等．城镇化水平与城镇化质量协调度分析——以河南省为例 [J]．经济地理，2014，10：70-77.

② 夏南凯，程上．城镇化质量的指数型评价体系研究——基于浙江省的实证 [J]．城市规划学刊，2014，01：39-45.

③ 方兴起，郑贺．新型城镇化的支柱：农业现代化与产业创新 [J]．华南师范大学学报（社会科学版），2013，03：30-37+161.

④ 张勇民，梁世夫，郭超然．民族地区农业现代化与新型城镇化协调发展研究 [J]．农业经济问题，2014，10：87-94+111-112.

⑤ 郭丽娟．新型工业化与新型城镇化协调发展评价 [J]．统计与决策，2013，11：64-67.

⑥ 孙虎，乔标．我国新型工业化与新型城镇化互动发展研究 [J]．地域研究与开发，2014，04：64-68.

⑦ 蒙永胜，李琳，夏修国．新疆新型工业化、农牧业现代化与新型城镇化协调发展研究 [J]．新疆社会科学，2013，06：45-51.

⑧ 周建群．我国新型工业化、城镇化和农业现代化"三化"协同发展理论与实证研究 [J]．科学社会主义，2013，02：110-115.

镇化的作用，认为第三产业是推动新型城镇化发展的重要引擎[①]。汪发元、邓娜（2015）认为城镇化和第三产业的发展之间相互影响，必须努力培育新兴工业企业，逐步推动农村人员转移，充分利用后发优势城镇化，稳步推进城镇化的发展[②]。耿明斋[③]（2012），苗洁、吴海峰[④]（2012），毛智勇、李志萌[⑤]（2013）定量测评和分析了我国工业化、城镇化、农业现代化协调的状况，以寻求实现"三化"协调发展的政策措施。

关于新型城镇化与产业其他理论的关系研究。学者们均认为城市化的实质在于产业的选择与产业聚集。蓝庆新、陈超凡（2013）认为中国新型城镇化和产业结构升级存在显著的空间相关性，新型城镇化能够显著提升产业发展层次[⑥]。吴福象、沈浩平（2013）认为应发挥要素的空间溢出效应，促进人才和产业的双向互动，形成合理的产业分工格局，促进地区产业发展和新型城镇化构建[⑦]。张开华、方娜（2014）认为应不断提升新型城镇化发展质量，增强城镇人口吸纳能力和产业集聚能力，实现"产业园区—产业集聚—经济提升—产业配套完善—人口空间重组—城镇化—产业升级"的良性循环过程，以实现产业发展与新型城镇化协调发展的互动格局[⑧]。陆根尧、符翔云[⑨]（2011）、张爱武、刘玲[⑩]（2013）、孙颖[⑪]

[①] 任宏，罗丽姿，王英杰. 我国新型城镇化及第三产业在其中的作用研究［J］. 小城镇建设，2013，07：39-42.

[②] 汪发元，邓娜. 城镇化与第三产业发展水平动态互动分析［J］. 统计与决策，2015，04：112-115.

[③] 耿明斋. 新型城镇化引领"三化"协调发展的几点认识［J］. 经济经纬，2012，01：4-5.

[④] 苗洁，吴海峰. 国内外工业化、城镇化和农业现代化协调发展的经验及其当代启示［J］. 毛泽东邓小平理论研究，2012，11：89-97+117.

[⑤] 毛智勇，李志萌，杨志诚. 我国工业化、城镇化、农业现代化协调度测评及比较［J］. 江西社会科学，2013，07：45-50.

[⑥] 蓝庆新，陈超凡. 新型城镇化推动产业结构升级了吗？——基于中国省级面板数据的空间计量研究［J］. 财经研究，2013，12：57-71.

[⑦] 吴福象，沈浩平. 新型城镇化、基础设施空间溢出与地区产业结构升级——基于长三角城市群16个核心城市的实证分析［J］. 财经科学，2013，07：89-98.

[⑧] 张开华，方娜. 湖北省新型城镇化进程中产城融合协调度评价［J］. 中南财经政法大学学报，2014，03：43-48.

[⑨] 陆根尧等. 基于典型相关分析的产业集群与城市化互动发展研究：以浙江省为例［J］. 中国软科学，2011，12：101-109.

[⑩] 张爱武，刘玲. 新型城镇化视角下的产业集群发展研究［J］. 宏观经济管理，2013，12：66-67.

[⑪] 孙颖. 产城融合推动新型城镇化发展的研究——以滇中产业聚集区为例［J］. 财经界（学术版），2014，13：113.

(2014)、陈斌[①]（2014）分析了新型城镇化与产业发展集群之间的联系，认为产业集群是奠定新型城镇化的经济基础。邵宇、王鹏（2013）探讨了新型城镇化的六个支撑动力，其中包括产业结构调整和合理布局和农业现代化[②]。杨水根、徐宇琼（2014）认为推进新型城镇化发展，应加强产业适应性选择研究、重视区域产业耦合机制构建、精心培育城镇战略性新兴产业[③]。可见，新型城镇化更加强调"产城融合"，强化城镇发展的产业支撑，避免"空城、睡城、鬼城"的出现。

1.2.1.3 城镇化与生态环境关系的研究

从国内既有研究成果来看，学者们主要从城镇化、产业发展与生态环境的关系，城镇化进程中的产业发展，制度政策对城镇化、生态环境的影响等三个方面进行研究。具体表现为：方创琳等（2004）对西北干旱区城镇化过程的生态效应进行了理论探讨；虽然理论上生态环境存在随城镇化发展先恶化、后改善的耦合规律[④]（黄金川[⑤]，2003；杨光梅等[⑥]，2007），但城镇化和生态环境的改善并不具有一一对应的关系（刘耀彬等[⑦]，2008）。因此，卫海燕等[⑧]（2010）提出可以通过产业结构调整，发展新兴产业、低排放高产出产业，促进城镇化发展的同时解决环境污染问题（李姝[⑨]，2011）；可见，支撑产业性质决定城镇化水平和生态环境质量。学者们将三次产业发展作为推动城镇化发

[①] 陈斌.产业集群与新型城镇化耦合度及其影响研究——以江苏省为例［J］.科技进步与对策，2014，20：53-57.

[②] 邵宇，王鹏，陈刚.重塑中国：新型城镇化、深度城市化和新四化［J］.金融发展评论，2013，01：1-37.

[③] 杨水根，徐宇琼.新型城镇化进程中产业适应性选择研究——以湖南省工业战略产业选择为例［J］.财经理论与实践，2014，01：120-126.

[④] 方创琳等.西北干旱区水资源约束下城市化过程及生态效应研究的理论探讨［J］.干旱区地理，2004，27（1）：1-7.

[⑤] 黄金川，方创琳.城市化与生态环境交互耦合机制与规律性分析［J］.地理研究，2003，02：211-220.

[⑥] 杨光梅，闵庆文.内蒙古城市化发展对生态环境的影响分析［J］.干旱区地理，2007，01：141-148.

[⑦] 刘耀彬，陈斐，周杰文.城市化进程中的生态环境响应度模型及其应用［J］.干旱区地理，2008，01：122-128.

[⑧] 卫海燕，王莉，方皎，宋雪娟.城市化发展水平对生态环境压力的影响研究——以西安市为例［J］.地域研究与开发，2010，05：94-98.

[⑨] 李姝.城市化、产业结构调整与环境污染［J］.财经问题研究，2011，06：38-43.

展的产业动力（辜胜阻[①]，1991）。赵新平等（2002）认为城镇化的产业支撑在初期主要来自工业化，中后期主要来自服务业与新兴产业的发展[②]；孔善右等（2009）指出服务业通过促进城市经济集聚效益实现、激发城市外部经济效应、促进城市经济扩散效益发挥三个方面促进城镇化[③]。孙中和（2001）强调城镇化的发展必须有制度支持系统[④]，洪银兴等（2013）指出在我国城镇化进程受政府政策的影响极大，因为大部分建设资源掌握在政府手中，传统体制的影响刺激政府对城镇进行建设投资[⑤]；戴为民（2011）指出可通过转变政府职能、推进制度创新来解决城镇化与生态环境的困境[⑥]。

学者们对新疆的研究，主要体现在城镇化与生态环境关系、城镇化的产业支撑两个方面。具体表现为：朱自安（2009）分析了绿洲城镇化对生态环境的影响，提出了改善生态环境的措施[⑦]；安瓦尔·买买提明（2011）指出南疆地区的城镇化体现了在脆弱的绿洲生态环境约束下干旱区城镇化的主要特点[⑧]；同时新疆环境脆弱，城镇化与环境、社会发展不协调（聂春霞等[⑨]，2011）。李春华等[⑩]（2003）认为新疆城镇化属于政府主导的"自上而下"型城镇化（孙建丽[⑪]，2000；谢永琴[⑫]，2002），并指出该模式使城镇化发展缺乏

[①] 辜胜阻. 中国城镇化的发展特点及其战略思路 [J]. 经济地理，1991，03：22 - 27 + 63.
[②] 赵新平，周一星. 改革以来中国城市化道路及城市化理论研究述评 [J]. 中国社会科学，2002，02：132 - 138.
[③] 孔善右，唐德才，程俊杰. 江苏省服务业发展、城市化与要素集聚的实证研究 [J]. 管理工程学报，2009，01：167 - 170.
[④] 孙中和. 中国城市化基本内涵与动力机制研究 [J]. 财经问题研究，2001，11：38 - 43.
[⑤] 洪银兴. 新阶段城镇化的目标和路径 [J]. 经济学动态，2013，07：4 - 9.
[⑥] 戴为民. 城市化系统中的资源环境质量综合评价及政策选择——以安徽省为例 [J]. 中国软科学，2011（11）：184 - 192.
[⑦] 朱自安. 转型初期新疆绿洲城市化对生态环境的影响与改善措施 [J]. 干旱区资源与环境，2009，23（9）：18 - 25.
[⑧] 安瓦尔·买买提明. 新疆南疆地区生态环境特点及其对城市化的约束 [J]. 西南大学学报（自然科学版），2011（4）：52 - 57.
[⑨] 聂春霞，刘晏良，何伦志. 区域城市化与环境、社会协调发展评价——以新疆为例 [J]. 中南财经政法大学学报，2011，04：73 - 77.
[⑩] 李春华，张小雷，王薇. 新疆城市化过程特征与评价 [J]. 干旱区地理，2003，04：396 - 401.
[⑪] 孙建丽. 中国西部城市化基本特征分析——以新疆为例 [J]. 中国人口·资源与环境，2000，04：56 - 59.
[⑫] 谢永琴. 西部大开发中新疆城镇发展的对策研究 [J]. 新疆大学学报（哲学社会科学版），2002，01：14 - 18.

产业支撑；赵梅等①（2005）从政治、经济、人口等几个方面分析了新疆城镇化的动力，强调促进城镇化发展的核心是经济动力；刘林等②（2009）定量分析了新疆三次产业对城镇化的推动作用，指出工业化依然是最主要的动力。可见，政府主导仍是新疆城镇化发展的核心推动力，这导致城镇化的产业支撑作用不强。

1.2.2 国外研究现状

1.2.2.1 关于城镇化的相关研究

自西班牙工程师塞达（A. Sedra，1867）提出城镇化概念以来，国外学者对城镇化的研究就从未停止过。但由于城镇化复杂且包罗万象，学者们对城镇化内涵的研究至今还未形成一个世界公认的定义。早期对城镇化的研究，均强调城镇化是人口由农村向城镇的转移（赫茨勒③，1956；Wilson④，1979；西蒙·库兹涅茨⑤，1971；托达罗⑥，1988）。有些学者从经济增长、经济聚集和经济结构变化的角度来定义城镇化（西蒙·库兹涅茨⑦，1956；沃纳·赫希⑧，1990；Colin Clark⑨，1945）。还有一些学者从生活方式转变的角度定义城镇化，如孟德拉斯⑩（1976）和路易斯·沃斯⑪（Wirtih，Louis；1989）就指出城市化意味着乡村生活方式向城市生活方式发展、质变的全过程。可见，城镇化是伴随经济发展从传统的农业社会向现代工业社会转变的必然过程，城镇化为

---

① 赵梅，邢永建，龚爱瑾，张小平. 新疆城市化动力机制研究 [J]. 新疆师范大学学报（自然科学版），2005，03：149-152.

② 刘林，龚新蜀. 基于主成分分析的新疆城镇化动力机制研究 [J]. 福建论坛（社科教育版），2009，02：34-36.

③ 赫茨勒. 世界人口的危机 [M]. 北京：商务印书馆，1963.

④ Christopher Wilson. The Dictionary of Demography [M]. Oxford: Basil Blackwell Ltd, 1986.

⑤ 西蒙·库兹涅茨. 现代经济增长 [M]. 北京：北京经济学院出版社，1989.

⑥ 托达罗. 第三世界的经济发展 [M]. 北京：中国人民大学出版社，1988.

⑦ 西蒙·库兹涅茨. 各国的经济增长 [M]. 北京：商务印书馆，1985.

⑧ 沃纳·赫希. 城市经济学 [M]. 北京：中国社会科学出版社，1990.

⑨ Colin Clark. The Economic Functions of a City in Relation to Its Size, Econometrica, Vol. 13, No. 2 (Apr., 1945), pp. 97–113.

⑩ H·孟德拉斯. 农民的终结 [M]. 北京：中国社会科学出版社，1991

⑪ Wirtih, Louis. Urbanism as a Way of life [J]. American Journal of Sociology, 1989 (29): 46–63.

工业化提供劳动力、创造消费需求，最终会带动整个国家迈向现代化（Hudson[①]，1969；Pederson[②]，1970）。因此，弗里德曼（J. Friedman，1966）将城市化过程区分为城市化Ⅰ和城市化Ⅱ。城市化Ⅰ：包括人口和非农业活动在规模不同的城市环境中的地域集中过程、非城市型景观转化为城市型景观的地域推进过程；城市化Ⅱ包括城市文化、城市生活方式和价值观在农村的地域扩散过程[③]。

另一方面，西方学者研究了城镇化进程中的规律。马克·杰斐逊（M. Jefferson，1939）提出了城市首位度（Law of the Primate City），随后，齐夫（G. K. Zipf，1949）发现了城市规模与其规模在所有城市区域中的排序之间的"等级—规模规则"（rank-size rule）[④]。刘易斯（Lewis，1954）指出，城镇化过程就是农村剩余劳动力从低生产率的农业部门转移到高生产率的城市工业部门的过程[⑤]。美国地理学家 R. 诺瑟姆（1975）发现，各国城镇化进程都呈现出"S"型曲线轨迹，即呈现出初始、加速和终极三个不同的阶段特征[⑥]。霍利斯·钱纳里[⑦]（Hollis B. Chenery，1975）通过对城镇化与工业化水平相关性的研究，得出在常态发展过程中工业化与城镇化关系的一般变动模式。威廉姆森（Williamson，1988）研究了城镇化发展的三种主要形式，即乡城人口的净迁移、城市人口的净增长，以及行政建制的再划分，指出迁入人口在城镇人口的增加中扮演着关键的角色，其贡献的范围在 33%～76% 之间，平均为 58%[⑧]。随着全球化和信息化的发展，世界经济运行方式和空间格局的急剧变化，对传统的城市化理论产生了巨大的冲击。斯科特（Scott，

---

① Hudson J C. Diffusion in a Central Place System [M]. Geographical Analysis, Vol. 1. 1969.

② Pederson P O. Innovation Diffusion within and between National Urban System [J]. Geographical Analysis, Vol. 2. 1970.

③ Friedman J. Regional Development Policy: A Case Study of Venezuela [M]. Cambridge: MIT Press, 1966.

④ Zipf, G. K., Human. Behaviour and the Principle of Least - Effort [M]. Addison - Wesley, Cambridge, 1949.

⑤ Lewis E A. Economic Development with Unlimited Supply of Labor [M]. The Manchester School. May. 1954.

⑥ Ray M Northam. Urban Geography [M]. John Wiley&Sons, New york, 1979. P 66.

⑦ 霍利斯·钱纳里，莫尔塞斯·塞尔昆. 发展的模式：1950－1970 [M]. 北京：中国财经出版社，1988. 31－32.

⑧ Williamson J G. Migration and Urbanization [A]. Handbook of Development Economics, Volume I [C]. Edited by H. chenery and I. N. Srimvasan, Elsevier Science Publisher B. V. 1988.

2001）提出了"全球区域城市"（Global City – Region，GCR）的观点。同时，城市群、城市带、都市区、都市圈等概念的出现都反映了巨型城市空间的崛起，已成为当今世界城市化的一个显著特点，城市化的内涵与外延也变得更为复杂。

1.2.2.2 城镇化与生态环境关系研究

城镇化是一个人口结构、产业结构、地域景观、生活方式和思想意识的转变过程，伴随着人类这种生存、生产、生活方式的转变，生态环境也发生着巨大的变化。早在1898年英国学者霍华德就提出了田园城市（Garden city）的理论，试图通过规划理想城市来协调城镇化进程对生态环境的破坏问题[1]。沙里宁（1918）也提出理想的"有机疏散理论"，将城镇的成长比拟为自然界的生物，认为原先密集的城区将分裂成一个个集镇，只有用保护性绿化地带将它们彼此隔离，才能改善城市环境[2]。派克等（Park，1925）利用生态学和社会学的原理将城市化外部生态问题的研究转向城市内部社会空间结构和土地利用方面[3]。20世纪70年代以来，城镇化与人类聚居问题首次被列入联合国人与生物圈（MAB）计划的子项目当中，其后众多学者对其进行了大量的研究（梅多斯，1972；戈德史密斯，1974；贝里，1981）。

随着研究的深入，大卫·皮尔斯（David W. Pearce，1990）根据城市发展的不同阶段将所出现的主要资源环境问题进行了分类，如土地的过量使用、大气污染、噪声污染、水资源的过度消耗、交通堵塞等，提出了著名的城市发展阶段环境对策模型[4]。美国环境经济学家格鲁斯曼和克鲁格（Grossman & Krueger，1995）利用计量经济学方法对42个发达国家的数据进行实证分析，提出了随着城市经济水平的提高，城市生态环境质量呈现倒U型演变规律的环境库兹涅茨曲线（EKC）假设[5]。戴更基等（Daigee，2010）分析了中国空

---

[1] 宋永昌，由文辉，王祥荣. 城市生态学 [M]. 上海：华东师范大学出版社，2000. 38 – 39.
[2] 沙里宁. 城市——它的发展 衰败与未来 [M]. 北京：中国建筑工业出版社，1986.
[3] J Morgan Grove, WilliaM R Bruch. A Social Ecology Approach and Application of Urban Ecosystem and Landscape Annalyses: A Case Study of BaltiMore [J]. Urban Ecosystems, 1997 (1).
[4] Pearce D, et al. EconoMics of Natural Resources and the EnvironMent [M]. New York: Harvester Wreathes, 1990: 215 – 289.
[5] Grossman, G. M. and Krueger, A. Economic Growth and Environment [J]. Quarterly Journal of Economics, Vol. 110, 1995, 357 – 378.

气质量与城镇化的关系，发现只有 SO_2 排放符合 EKC 曲线①。哈比②等（Habib, 2005）则强调发展中国家工业化和城市化潮流对人类的和自然的生态系统产生了巨大的影响。另一方面，城市经济的持续发展及城镇化水平的进一步提高必将会促使生态环境的修复投资增加，进而逐步使生态环境趋向良性发展。沙克等（Sjak, 2011）指出生态环境的改善更多的是受科技进步与环境政策的影响③。可见，如何处理城镇化与生态环境的关系对发展中国家依然充满挑战。

1.2.2.3 城镇化与产业发展关系的研究

关于产业结构的划分与演进的研究。马克思主义经济学（1843）把产业界定为物质生产部门，并将其划分为生产资料的部类和生产消费资料的部类这两大部类④。关于产业结构的演进，早在17世纪，英国经济学家威廉·配第分析得出由于各国的产业结构不同导致世界各国国民收入水平的差异以及经济发展过程中不同的发展阶段。英国经济学家科林·克拉克（1957）把全部经济活动划分为三次产业，提出了产业结构演变的基本趋势，即随着经济的发展和人均国民收入的提高，第一产业的产值和就业人口比例将不断下降，第二、第三产业的产值和就业人口比例不断增加⑤。西蒙·库兹涅茨（1985）将国民经济划分为农业、工业、服务业三大产业。并揭示出随着人均国民收入水平的提高，会导致产业重心的转移，以及三次产业产值变动与就业结构的变动趋势⑥。日本经济学家宫崎勇（2009）根据日本经济状况，将产业分类为：物质生产部门、网络部门、知识服务生产部门⑦。霍夫曼（1931）对工业内部结构

---

① Daigee Shaw et al.. Economic growth and air quality in China [J]. Environmental Economics and Policy Studies, 2010 (12): 79 – 96.

② Ahmed, Habib 'The Islamic Financial System and Economic Growth: An Assessment'. In Islamic Finance and Economic Development. Iqbal, Munawar & Ahmad, Ausaf [M]. New York: Palgrave Macmillan. 2005. 29 – 48.

③ Sjak Smulders; Lucas Bretschger; Hannes Egli. Economic Growth and the Diffusion of Clean Technologies: Explaining Environmental Kuznets Curves [J]. Environmental and Resource Economics. 2011, Vol. 49 (No. 1): 79 – 99.

④ [德] 马克思著. 资本论节选本 [M]. 北京：人民出版社，1998.

⑤ [英] Colin Clark. The conditions of economic progress [M]. Macmillan and Co. Ltd. 1951.

⑥ [美] 库兹涅茨（Kuznets, S.）著；常勋等译. 各国的经济增长 总产值和生产结构 [M]. 北京：商务印书馆，1985.

⑦ [日] 宫崎勇著；孙晓燕译. 日本经济政策亲历者实录 [M]. 北京：中信出版社，2009.

的演变规律作了开拓性的研究,提出了著名的"霍夫曼定理",即在工业化进程中霍夫曼比例(消费资料工业净产值与资本资料工业净产值之比)是不断下降的①。

学者们普遍认为城镇化受农业发展、工业化和服务业崛起这三大力量的推动。刘易斯②(1954)指出农业劳动生产率的提高,减少要素的使用,促进生产要素向城镇转移(利普顿,1977;艾伦,1994);城镇工业的发展为落后农业部门剩余劳动力转移提供就业机会,推动城镇化进程(哈里斯和托达罗,1970;贝克等,1992);服务业是城镇化发展中后期的重要推动力量,其发展无须自然资源的投入,更易于在城镇聚集,进而促进城镇化发展(杰德·科尔科③,2008)。另一方面,学者们指出外资投入、国际资本流动、生产的国际化都对发展中国家城市化进程产生影响。西特④(Sit,2001)描述了中国的外向型和跨国城市化景观,其后宋舜峰(Song Shunfeng,2002)指出促进中国城镇化的主要驱动力是城市政策变化、经济增长、结构调整、特别是外国直接投资(FDI)的流入⑤。可见,产业支撑也是国外经济学家研究城镇化的应有之意。

萨森(Sassen,1991)研究了全球化对城市化动力机制作用的新形态,那就是全球城市的大量涌现⑥。勒费布尔和凯尔(Lefebvre&Keil,1996)等则具体地探讨了全球化对洛杉矶城市发展的塑造作用⑦。道格拉斯(Douglass,2000)认为贸易、生产和金融的全球化正在成为亚太地区加速城市转变的基础⑧。亨德森等(Henderson,2007)提出制度对城镇化的推动作用,指出民主

---

① 王师勤,田黎瑛编著. 经济发展阶段论的多元图景 [M]. 哈尔滨:黑龙江教育出版社,1989.
② [美] 威廉·阿瑟·刘易斯. 二元经济论 [M]. 北京:北京经济学院出版社,1989:19.
③ Jed Kolko. Urbanization, Agglomeration, and Coagglomeration of Service Industries [M]. Edward L. Glaeser, 2008. 151 – 180.
④ Sit. Globalization, Foreign Direct Investment, and Urbanization in Developing Countries [M]. World Bank, 2001: 11 – 45.
⑤ Song Shunfeng, Zhang K. H. Urbanization and City Size Distribution in China [J]. Urban Studies, 2002, 39 (12).
⑥ Sassen, S. The global city: New York, London, Tokyo [M]. Princeton, NJ: Princeton University Press, 1991.
⑦ Keil, R. Los Angeles: Globalization, Urbanization and Social Struggle [M]. John Wiley&Sons, 1998.
⑧ Douglass, M. Mega-urban regions and world city formation: Globalisation, the economic crisis and urban policy issues in Pacific Asia [J]. Urban Studies, 2000, 37 (12).

化程度和技术进步对城镇化发展有着直接的影响①。在全球化视角下,实证研究方面,张和布拉达(Chang & Brada,2006)利用世界发展指数(WDI)中207个国家42年的样本数据,进行实证检验,结果显示尽管解释城市化水平可以选择许多变量,但用人均GDP表示的经济发展水平是最显著的解释变量,可以解释城市化水平变动的75%②。亨德森(Henderson,2010)指出发展中国家政府对城镇化进程的调控和干预远远高于同期发达国家水平③;林毅夫等(Justin,2011)指出中国城镇化率低与城乡差距大的深层原因,在于政府的"重工业优先"发展政策,要促进城镇化协调发展,只有制定符合资源禀赋比较优势的支撑产业发展政策④,发展中国家城镇化的产业支撑作用日益进入经济学家的研究视野。

1.2.3 对国内外研究现状的评价

国内外学者对新型城镇化与产业发展进行了大量探索,取得了丰硕的成果,为本研究提供了丰富的理论基础。随着对城市化相关研究的深入,研究范围的拓展,城市化理论在逐渐成熟和完善中,国外学者们对有关城市化演进规律、动力机制、人口迁移、城市规模扩展机制等都有较深入的研究,其中在城镇化与产业发展关系研究方面,较多关注产业结构与工业化、城镇化的发展关系的研究,缺少涉及新型城镇化与产业协调发展的协调机理与实现途径,涉及发展中国家城市化的一些问题,研究深度和角度还不够全面。国内学者在新型城镇化与工业化关系、新型城镇化发展模式与道路选择、新型城镇化质量评价、不同区域新型城镇化动力机制研究上存在不同的理解和观点。在新型城镇化与产业协调发展关系研究上,国内学者关注较多的是新型城镇化同农业现代化、新型工业化、现代服务业协调发展或新型城镇化同某产业协调发展解读,

---

① J. Vernon Henderson, Hyoung Gun Wang. Urbanization and city growth: The role of institutions [J]. Regional Science and Urban Economics 2007 (37): 283 – 313.

② Chang & Brada G. H. The paradox of China's growing under-urbanization [J]. Economic System, 2006 (30): 24 – 40.

③ J. Vernon Henderson. Cites and Development [J]. Journal of Regional Science, Vol. 50, No. 1, 2010: 515 – 540.

④ Justin Yifu Lin et al.. Urbanization and Urban – Rural Inequality in China: A New Perspective from the Government's Development Strategy [J]. Front. Econ. China 2011, 6 (1): 1 – 21.

或者新型城镇化与产业结构、产业集群内在联系及协调发展的研究，以及工业化水平、城镇化水平和产业结构关系的定量分析与测度，缺少对新型城镇化同产业整体协调发展的关注。

整体来看，关于生态环境、城镇化及支撑产业的文献较多，研究成果也较为丰富，为本课题的开展提供了重要的参考。但学者们多探讨生态环境与城镇化的关系，研究三者互动机制的较少；对支撑产业的研究也多从三次产业角度分析，研究不够深入与系统。对于生态环境脆弱的新疆来说，以下问题尚需进一步明确与完善：第一，新疆生态环境、城镇化、支撑产业三者相互影响的具体途径与机制；第二，不同产业对新疆城镇化的支撑作用及生态环境响应，如何协调二者的关系；第三，生态环境约束下如何选择低排放、高产出的产业促进新疆城镇化与生态环境协调发展。目前，从生态环境约束的角度对城镇化支撑产业的研究相对较少，迫切需要进行深入研究。经济新常态背景下结合新疆地域经济研究生态环境约束下新疆新型城镇化支撑产业明显不足。经济新常态背景下，基于"产城融合""生态文明"等发展理念，研究新疆新型城镇化的支撑产业，对于促进新疆社会稳定与长治久安具有重要的现实意义。

1.3 研究意义

经济新常态下新疆面临建设丝绸之路经济带核心区的机遇，中央新疆工作座谈会的机遇，全面深化改革、全面推进依法治国、依法治疆的机遇。抓机遇迎挑战，新疆应积极发展具有地域特色的城市产业体系，以提升城市的综合竞争力，加快构建布局合理、优势互补、支撑功能强大的城市格局，走可持续发展的新型城镇化道路。本课题尝试用理论与实证分析相结合的方法分析区域城镇化与产业间的互动发展机制，考察新疆城镇化与产业发展协调程度，探索新疆不同区域城镇化发展的主要动力和特点，选择适宜区域实际的产业发展道路与城镇化模式，探索出一条产业发展与城镇化互为动力的可持续性发展之路，促进生产要素的集聚、增加社会就业以及提高居民收入，有益于维护新疆长治久安和社会稳定，是新常态下新疆建设全面、协调、高水平小康社会的有效途径。

具体来说，本课题的研究具有以下理论意义：第一，本课题以新疆特殊的生态环境和绿洲经济为背景,探索生态环境约束下的新疆新型城镇化产业支撑理论,这必将丰富和发展城镇化理论。第二,本课题从生态经济学、城市经济学、产业经济学等多学科对城镇化支撑产业进行深入系统的研究,将促进城镇支撑产业研究的多学科融合。在当前经济进入新常态、推进供给侧改革和丝绸之路经济带核心区建设的背景下,研究新疆新型城镇化支撑产业具有以下现实意义:第一,有利于实现新疆新型城镇化赶超发展,为推进新疆城镇化跨越式发展提供理论支持;第二,为政府制定新疆新型城镇化协调发展战略和产业发展政策提供科学依据;第三,为维护城镇化进程中新疆生态环境、发挥生态屏障作用提供政策建议。

1.4 相关概念界定

本书研究的主题是生态环境约束下新型城镇化的支撑产业,因此需要对生态环境、新型城镇化、支撑产业进行相关的概念界定。

1.4.1 生态环境

生态环境泛指人类周围一定空间关系的总体,按照系统论的观点,通常包括有生命部分和无生命部分两大系统,也可称为生命系统和环境系统。生命系统是自然界具有一定结构和调节功能的生命单元,如动物、植物、微生物以及组成社会并从事物质生产的人类。生命系统比较复杂,它具备一般工程系统的功能特性,但其系统行为在空间、时间、物质流、能流和信息方面远比一般系统复杂。环境系统是指自然界的光、热、空气、水分以及各种有机和无机元素相互作用所构成的空间。环境系统中任何一个成分表现出的作用,都不同程度地受到其他成分的影响。生命系统和环境系统在一定空间上的组合,就构成生态环境系统,它可以是一个池塘、一个湖泊、一片森林、一块草地、一座城市,甚至整个地球。组成生态环境的生命系统和环境系统的各种因素,基本上是协调的。如果加进一个新的因素,或者减少某个重要成分,使物质和能量的输出与输入发生变化,或超过一定的限度,就可能使生态环境的平衡被破坏。

可见，生态环境是一个综合性的载体，内涵丰富，不仅包括为人类生活提供物质资料的土地、森林、能源、矿产等自然资源，还包括影响人们生活质量的水、空气、阳光、动植物等自然元素。生态环境为人类的生活提供生产生活载体和物质支撑，反过来也会受到人类活动的反作用的影响。因此生态环境不仅包括反映人类生产生活质量现状的存量，而且也应该包括反映受到人类活动对于环境质量负面影响的压力指标和因经济发展和技术进步等人类活动对于环境质量带来积极效应的进步指标。本书从城镇化的角度出发，所定义的生态环境不仅包括上述自然资源和自然元素，而且还包括反映及衡量城市生活质量的城市交通系统以及城市绿化等城市基础设施和基本公共服务。本书在生态环境定义的基础上，借鉴经济合作与开发组织（OECD）和联合国环境规划署（UNEP）提出的PSR生态模型，从生态压力指标（pressure）、生态环境状态指标（state）和生态环境响应指标（response）三个角度来综合反映城镇化进程中的生态环境状况。

随着经济社会的发展，生态环境的内涵不断延伸，不同的学科对于生态环境的定义不完全一致，从经济学的角度来看，生态环境是由直接、间接影响一个地区经济、政治、社会、文化、自然等多方面发展的各种要素所组成的动态系统。经济学对生态环境的研究称为生态经济学（ecolomics），它是由生态学和经济学相互交叉而形成的一门边缘学科，它产生于20世纪50年代。它是从经济学角度来研究生态经济复合系统的结构、功能及其演替规律的一门学科。莱斯特·R. 布朗（2002）认为：生态经济是一个维系环境永续不衰的经济，既能够满足人们的需求而又不会危及子孙后代满足其自身所需的经济。该理论要求经济政策的制定必须以生态原理为基础，并强调人们的生产活动应是生态效益、经济效益和社会效益的统一，而不是单纯追求最佳的经济效益，这为研究新型城镇化问题提供了有力的工具。生态经济学的基本理论具体包含以下几个部分。

1.4.1.1 生态经济系统的结构与功能

生态经济系统是由生态系统和经济系统相互交织、相互作用，耦合形成的具有特定结构与功能的巨型复合系统。在这个复合系统中，既存在着生态系统与经济系统之间的物质、能量和信息交换，也存在着价值流沿交换链的循环与转换[①]。同时，它的运行要受生态经济规律的制约和影响。因此，生态经济系

---

① 李绍明，李绵. 长江上游民族地区生态经济系统 [J]. 广西民族研究，2001（3）：74－81.

统是一个具有独立的特征、结构和功能的生态经济复合体。由于生态经济系统是由生态系统和经济系统两个子系统所组成，因此其内在特征就表现为双重性；此外，生态经济系统是一个具有耗散结构的开放系统，当外界向系统中输入能量和物质时，就在系统内部形成负熵流，这些负熵流可以抵消系统本身因熵值增高而呈现的无序状态，从而维持系统的有序状态。因此，它又具有有序性特征。总之，生态经济系统是一个具有双重性、融合性和有序性等特征的复合系统。

生态经济系统结构是指生态经济系统内部人口、环境、资源、物资、资金、科技各要素之间的相互关系，即上述生态经济要素按照特定的关系而组成生态经济系统的方式。构成生态经济系统的六大要素，按照其属性，可分为自然生态系统要素和社会经济系统要素两大类：自然生态系统要素包括人口、资源、环境，它们形成生态系统结构；社会经济系统要素包括人口、物资、资金、科技，它们构成社会经济系统结构[①]。生态经济系统结构，存在以下三种基本关系：一是自然生态系统对社会经济系统的基础结构关系；二是社会经济系统对自然生态系统的主体结构关系；三是社会经济系统与自然生态系统的复合结构关系。

生态经济系统的功能是指生态经济系统的生态经济结构在外部环境的作用中所表现出来的特性和能力。这种特性和能力是生态经济系统的经济功能和生态功能复合的结果，其表现形式为生产功能、生活功能和净化还原功能。其中，生产功能主要指是通过人类对自然资源的开发利用，提供满足人类各种需求产品的能力；生活功能主要指是为人类和其他动物提供生活场所的功能；净化还原功能主要是指环境受到破坏后，自身或在人工参与的条件下能够恢复到未被破坏状况的能力。生态经济系统通过这三种功能的相互配合和协作，实现商品价值的增值来满足人类的各种需求和提供良好的人类生存环境。

1.4.1.2 生态适宜理论与系统阈值

生态经济系统带有明显的地域性。由于不同的地域的自然资源的形成条件和各种资源的数量、质量、性质及其组合都存在着很大的差别，因而在空间上构成不同类型的资源地域组合。因此，我们在对资源开发利用之前，首先就要

---

① 冯贵宗主编，生态经济理论与实践 [M]．北京：中国农业大学出版社，2010，03：72．

通过全面的系统的调查研究，在了解资源的地域分布的规律和适宜性评价的基础上，对其进行分类，以便能够因地制宜地制定生态经济的规划和政策，使该区域的生态和经济建设同步进行，并在良性循环中协调发展。

生态系统本身具有一种自我调节能力，依靠这种能力，系统才能保持稳定和平衡。但这种自我调节能力并不是无限度的，它是有一定限度的，也即阈值或临界值。当生态系统中的某个组成部分由于外界的干扰或破坏超过系统的阈值时，生态系统的自我调节功能就会失效，进而引起系统功能的退化和结构的破坏，最终导致生态系统的溃乱和经济系统的衰落。

1.4.1.3 生态经济效益

生态经济效益是指在社会生产和再生产过程中，人们所获得的生态和经济成果与消耗的活劳动和物化劳动之比，是生态效益与经济效益的结合与统一。人类进行经济活动的主要目的是为了获取最大的经济效益，但经济系统的运行必然要牵动生态系统的运行，并受生态系统运行状况的制约。这就要求我们在重视经济效益的同时，又要重视生态效益的结合与统一，从而取得全面最大的效益。

此外，关于生态经济系统评价方法，目前运用较多的是能值分析（奥德姆，1988）、生态足迹方法（瓦克纳格尔等，1992）以及国民经济绿色评价体系等方法。能值分析法（Emergy）是把环境资源、商品、劳务和科技等不同类别与各种形式的能量经转换为同一标准的能值后，对人类生存和社会经济发展加以研究。生态足迹（ecological footprint）也称"生态占用"，它是能够持续地提供资源或消解废物并具有生物生产力的地域空间。该方法具体从生物物理角度研究自然资本消耗的空间测度问题，通过对生态足迹需求与自然生态系统的承载力（亦称生态足迹供给）的计算结果进行比较，来定量的判断某一国家或地区目前可持续发展的状态，以便对未来人类及其发展与生态环境的关系做出科学规划和建议。绿色国民经济核算，也称"绿色GDP核算"，它是在以原有国民经济核算体系的基础上，将资源环境因素纳入其中，以此描述资源环境与经济之间的关系，为可持续发展的分析、决策和评价提供依据。但由于现有的GDP核算是在建立在已经发生的现实的市场价格体系之上，而环境损失的计算是通过各种方法进行估算的非现实价格体系，再加上环境损失的滞后性、长期性和积累性，这就很难断定出具体年份的环境损失量，用其作为调整后的绿色 GDP 结果就缺乏说服力。

1.4.1.4 生态承载力

"承载力"（carrying capacity）一词最早来自生态学，其含义是用以衡量特定区域在某一环境条件下可维持某一物种个体的最大数量①。由于这一概念在理论上可用某种量化模型加以描述，使其在生态学、环境科学和可持续发展领域得到了广泛关注和应用。由于生态承载力本身的复杂性、模糊性以及影响因素的多样性，目前尚未有一个统一的生态承载力的定义，我国学者高吉喜将其定义为：生态系统的自我维持、自我调节能力以及资源与环境系统的供容能力，这种能力可用社会经济活动强度和具有一定生活水平的人口来衡量，表现为可支撑的经济规模与人口数量②。

生态承载力具体可分为资源承载力、环境承载力、生态系统弹性力（也叫生态系统抗干扰能力）三部分，其中资源承载力是生态承载力的基础，环境承载力是生态承载力的约束条件，生态系统弹性力是生态承载力的支撑。此外，资源承载力与环境承载力二者合称为生态承载容量，而生态系统弹性力主要是从生态格局安全的角度去考虑的。一个生态系统的破坏可以被看作是一种由量变的积累而形成质变。承载对象的作用力可能是一种负荷数量的增减，也可能是系统的结构组合发生变化，进而引起生态系统发生变化。生态承载容量改变属于生态系统变化的量变范畴，生态格局改变属于结构重组型量变，它们是引起生态系统发生质变的两种量变方式。

生态承载力的持续性是生态安全的充分必要条件。生态承载力与生态安全的关系如图 1 – 1③ 所示。

生态承压度可如下表示：

$$BPS = \frac{BP}{BS} \qquad (1.1)$$

式（1.1）中，BPS 表示生态承压度，BP 表示承载对象的压力，BS 表示承载介质的承载能力；如果 BPS < 1，即 BP < BS。说明生态是安全的，对应于

---

① 《中国土地资源生产能力及人口承载力研究》课题组. 中国土地资源生产能力及人口承载力研究 [M]. 北京：中国人民大学出版社，1991.

② 高吉喜. 可持续发展理论探索——可持续生态承载理论、方法与应用 [M]. 北京：中国环境科学出版社，2001，17 – 22.

③ 王志琴. 城镇地区生态安全研究初探 [D]. 北京：中国农业大学，2003.

低载状态；如果 BPS = 1，即 BP = BS，说明生态安全处于临界状态，对应于平衡状态；如果，BPS > 1，即 BP > BS，说明生态处于不安全状态，对应于超载状态。

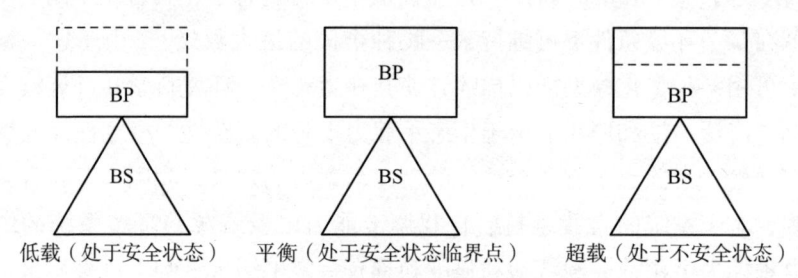

低载（处于安全状态）　　平衡（处于安全状态临界点）　　超载（处于不安全状态）

图 1-1　生态承载力与生态关系示意

由此可以看出，生态承载力是客观存在的，稳定的生态系统也是人类生存和发展的关键因素，只有在持续的资源供给和足够的环境容量能够容纳人类排放的废弃物时，人类才能得以持续地生存和发展。此外，生态承载力在特定时期与区域内具有相对稳定性，其能力大小主要依赖于生态系统的种类、规模、结构、系统的多样性和系统内部结构要素的多样性以及区域的气候地理条件等多种因素的组合。因此，保持持续的承载力可以从以下两个方面去努力：一是要在发展中重视生态系统的资源承载力、环境承载力与生态系统弹性力的作用。因为生态承载能力具有系统整体效应，这三者中的任何一个部分发生变化，都不可避免地引起其他两个部分也发生变化，进而影响生态承载能力的强弱，最终影响生态安全。二是持续的承载力依靠提高可再生资源的使用比例，因此要加强科技力量，多开辟新能源、实现清洁生产和科学规划景观生态，通过改善外部条件，提高生态承载介质的自我净化能力。

由于生态承载力是客观存在的，而且在三种状态下是也是不同的。随着承载对象压力的改变，生态系统本身生态系统弹性力也会发生改变，最终使生态系统承载力在一定限度内自动调整。通过本理论的论述，可为本书对评价城镇化与产业发展生态承载力的变化程度和城镇化的生态安全量化以及为制定支撑产业发展策略提供依据。

1.4.2 新型城镇化

城镇化是由经济系统演进所引致的人类生产、生活方式的空间集聚与分化过程，它的发生机理与发展路径与经济发展紧密相联，并最终取决于工业化水平和经济结构。实践表明，城镇化是多种要素协同作用的结果，包括经济、人口、政治、文化、科技、环境和社会等因素，因此，城镇化的内涵极其丰富，不仅不同的学科对城镇化的解释不同，经济学家们的看法也不完全相同。社会学以社群网（即人与人之间的关系网）的密度、深度和广度作为研究城市（镇）的对象指出城镇化是人们的社会关系和人际关系在特定地域空间中的质变过程；人口学主要是观察城市（镇）人口数量的增加变化情况认为城镇化是指农村人口转变为城镇人口的过程；地理学强调城乡经济和人文关系的变化把城镇化界定为居民聚落和经济布局的空间区位再分布，并呈现出日益集中化的过程；人类学以社会规范为中心认为城镇化意味着乡村生活方式向城镇生活方式发生转变的过程。可见，城镇化作为一个复杂的社会经济的转型过程，包括人口流动、地域景观变迁、经济结构优化、社会文化传播等诸多内涵①。

1.4.2.1 城、市、镇

"城""市""镇"在我国古代有着严格的区别，"城"是指一种大规模的、永久性的防御设施，是人们抵御异族、外来者侵扰或者维护自身的集团利益而建立的②。所以"城"是因生产发展和防御需要而产生的以土、木、石墙等修筑而成的大规模居民点。《吴越春秋》所谓"鲧筑城以卫君，造郭以居人，此城郭之始也"的记载即是如此。而"市"指商品交换和交易的场所，随着社会生产力的提高，产生了可供交换的剩余产品后，"市"随之出现。以前的商品交易并不十分频繁，人们为了节省交易成本，而约定成俗交易的时间和场所。《易·系辞下》讲："日中为市"记载了交易的时间；《史记·平准书》"市井条下"唐张守节《正义》曰："古人未有市。若朝聚井汲水，便将货物于井边货卖，故言市井也。"就记载了交易的场所和"市井"的含义。"镇"在中国古代是一种行政设置，往往是在边要形胜之地设镇，并设置镇

---

① 陈柳钦.基于产业发展的城市化动力机理分析［J］.重庆社会科学，2005（5）：9-15.
② 刘国光.中外城市知识辞典［M］.北京：中国城市出版社，1991，2.

使、镇将，驻兵戍守，即所谓的"设官将禁防者，谓之镇"①。

演变到现代，"城"的功能已经由原来的自然安全与社会安全的功能发展到居住生息、社会交往、生产流通、娱乐表达等政治、经济、文化、生活全方位的人类"社区"功能；进而，"城"的内涵发展到专指城市基础设施（包括硬软两类）和城市公共服务（包括经济服务和社会服务）的特定的社会经济物质系统。"市"的功能由原来的商品交换功能发展到包括商品交易、产权交易和资本交易在内的广义交易功能；进而，"市"的内涵发展到专指在"城"的活动支持下，所进行的以排他性、竞争性产品为对象的生产、流通、分配、投资、消费的市场活动。"镇"则逐渐摆脱了军事色彩，成为以贸易镇市出现于经济领域；而目前我们所说的"镇"，是指经批准设立的建制镇的镇区，包括县人民政府、行政公署所在的建制镇的镇区和独立建制镇的镇区。

1.4.2.2 城镇化

城镇是与乡村相对立的概念，是社会生产力发展到一定阶段的产物，《德意志意识形态》曾经写道："某一民族内部的分工，首先引起工商业劳动和农业劳动的分离，从而引起城乡的分离和城乡利益的对立。"② 城镇化的概念最早出现在《政治经济学批判》中，马克思（1858）在论述城乡分离和城镇发展时指出："现代的历史是乡村城市化，而不像在古代那样，是城市乡村化"③。西班牙工程师塞达（A. Sedra, 1867）在《城镇化基本原理》一书中正式提出城镇化的概念，从此城镇化成为社会学、经济学、地理学、人口学、人类学等不同学科的研究术语。我国地理学者吴友仁（1979）在研究中国城市发展问题时引入城市化理论④，开启了我国学者对城镇化的研究。城镇化（也称为城市化或都市化）是英文单词 Urbanization 的中文翻译。在英文中 urban（城镇、城市、都市）是 rural（乡村）的反义词，在西方国家除农村居民点外，镇及镇以上的各级居民点都属于 urban place（城镇地区），既包括较大城市 city，也包括较小城镇 town。从词源学的角度来考察，urbanization 是动词

---

① 胡顺延等. 中国城市化发展战略 [M]. 北京：中共中央党校出版社，2002，2.
② 田澍等. 西北开发史研究 [M]. 北京：中国社会科学出版社，2007，3. 280.
③ 陈阿江. 中国城镇化道路的检讨与战略选择 [J]. 南京师范大学学报，1997（3）.
④ 宋俊岭等. 中国城镇化知识15讲 [M]. 北京：中国城市出版社，2001，4：35.

urbanize 的名词形式,其含义是"使变成城镇……的过程、使……具有城镇属性"①。

简单来说,城镇化是指伴随着经济的发展产业结构不断非农化,农业人口从农业向非农产业转移、乡村人口向城镇及其周围地区集中,并因此而导致城镇人口占区域总人口比重上升的过程。如《简明不列颠百科全书》把城市化定义为"人口集中到城市或城市地区的过程②"。以下八种观点基本涵盖了城镇化的所有内容:

第一,城镇化是社会生产力的发展所引起的人类生产方式、生活方式和居住方式的改变;指以人口稀疏并相应均匀遍布空间、劳动强度很大且个人分散为特征的农村经济,转变为具有基本对立特征的城市经济的变化过程③。

第二,城镇化是指随着工业化的发展和科学技术的进步,乡村分散的人口、劳动力和非农业经济活动不断地进行空间上的聚集而逐渐地转化为城市的经济要素的过程④。

第三,城镇化是一个变传统落后的乡村社会为现代先进的城市社会的自然历史过程⑤。

第四,城镇化是一个综合性的过程,它有四方面的含义:①城市对农村影响的传播过程;②全社会人口接受城市文化的过程;③人口集中的过程,包括集中点的增加和每个集中点的扩大;④城市人口占全社会人口比例提高的过程⑥。

第五,城镇化是指随着工业革命和科学技术的发展,在聚集效益和规模效益以及较多机会、较高收入等因素的引导下,大量分散的农业人口向城市集中,逐步演化为非农业人口;众多经济要素在城市空间聚集,使城市规模扩张,空间结构呈多样化;社会经济关系重构,趋于多元、复杂;生产和生活方式更为现代化;并能主导国民经济发展和社会进步的历史进程⑦。

第六,认为城镇化的含义可归纳为四个层次:①乡城人口结构的转换;

---

① 谢文蕙,邓卫. 城市经济学 [M]. 北京:华大学出版社,2002,28.
② 简明不列颠百科全书 [M]. 北京:国大百科全书出版社,1985,7.272.
③ [美] 沃纳·赫希. 城市经济学 [M]. 北京:国社会科学出版社,1990,26.
④ 饶会林. 城市经济学 [M]. 沈阳:北财经大学出版社,1999,9.
⑤ 高佩义. 中外城市化比较研究 [M]. 天津:开大学出版社,1991,36.
⑥ 许学强,周一星等编著. 城市地理学 [M]. 北京:等教育出版社,2003,22.
⑦ 丁健. 现代城市经济学 [M]. 上海:同济大学出版社,2003,22–23.

②产业结构及其布局地域结构的转换;③传统价值观念与生活方式向现代价值观念和生活方式的转换;④人们聚居形式和集聚方式及其相关制度安排的变迁或创新①。

第七,指农村居民在城镇能够享受城市人的物质和文化生活方式②。

第八,城镇化是一个以人为中心的、受众多因素影响的、极其复杂多变的系统转化过程,包括硬件结构和软件结构两大系统的更替和提升,是一种从传统社会向现代文明社会的全面转型和变迁过程。城镇化不仅是农业人口转化为非农业人口,并向城市(镇)集中和聚集的过程,而且是城市(镇)在空间数量上的增多、区域规模上的扩大、职能和设施上的完善以及城市(镇)的经济关系、居民的生活方式以及人类的社会文明广泛向农村渗透的过程③。

1.4.2.3 新型城镇化

新型城镇化是相对传统城镇化而言的,传统城镇化发展过程表现为:粗放型工业化推动的城镇人口快速增长、城镇空间无序膨胀、资源能源大量消耗、城镇环境显著恶化等特征。长期以来,以经济发展为中心目标、以外向型工业化为动力、以地方政府为主导、以土地财政为核心、以规模扩张为发展方式、以物质资本大量投入为驱动要素的城镇化模式已不可持续。传统城镇化模式的问题突出表现在:人口不完全城镇化,按照常住人口计算的城镇化率偏高,而享受均等公共服务的城市户籍人口城镇化率偏低;土地过度城镇化,建成区面积增加速度大大快于城镇人口增长速度,导致城镇土地利用效率低下;城市发展失序,大量人口向行政级别高的中心城市聚集,中等城市发展相对缓慢,小城市功能不完善;资源大量消耗,城镇空间过度集中和集聚经济失衡导致环境严重污染、社会矛盾激化等一系列问题,一些城市和乡村患上了比较严重的"城市病"和"乡村病"。新型城镇化是以促进农村转移人口的全面发展为根本目的,与工业化、现代化协调发展,不以牺牲农村发展利益为代价,以城市群为推进新型城镇化的主体形态,形成合理的城镇规模等级体系,并走集约、

---

① 刘传江. 中国城市化的制度安排与创新论 [M]. 武汉:汉大学出版社,1999.47.

② 陈宝敏,孙宁化."农村城市化与乡镇企业的改革和发展"理论研讨会综述 [J]. 经济研究,2000(12):72-75.

③ 孙中和. 我国城市化动力机制研究进展 [C]. 中国城市化基本内涵与动力机制研究,2001(11):38-43.

高效的可持续发展道路的过程①。

虽然学术界还未形成全面的新型城镇化概念，但普遍将人、经济、社会、环境、城乡一体化向良好状态的动态演进过程视为新型城镇化定义的要义。即城镇化发展过程中要体现以人为本、全面协调可持续发展的科学理念，以发展集约型经济与构建和谐社会为目标、以市场机制为主导、大中小城市规模适度、布局合理、结构协调、网络体系完善与新型工业化、信息化和农业现代化互动、产业支撑力强、就业机会充分、生态环境优美、城乡一体的动态过程。新型城镇化的"新"主要体现为以下四个方面②：第一，城镇化的价值取向是"以人为本"、以社会公正为价值导向，以全面、协调、可持续、和谐发展和促进人的发展为宗旨；第二，城镇化的发展目标是使城、乡民生得到保障和改善、人民安居乐业、幸福指数不断提升的包容性发展；第三，城镇化的运作程序是让市场在资源配置中发挥决定性作用，将政府的自觉能动性与市场机制有机结合；第四，新型城乡关系逐步形成，城乡市场统一、要素自由流动，城、乡两个系统在经济、科技、社会、人口、资源、环境、空间等方面协调发展、优化组合、共生共荣。

新型城镇化包括三个方面的内涵：民生内涵、可持续发展内涵和质量内涵。民生内涵，经济层面体现在缩小收入差距，提高城镇居民可支配收入和提高农村人均纯收入等方面社会层面体现在提高社会保障和福利水平，提高社会医疗救助水平和提高社会教育水平等方面体制制度层面体现在对城乡户籍制度、土地制度、收入分配制度和行政管理体制的革新等方面城市建设层面体现在促进城乡公共服务均等化、加快完善道路交通、市政设施等基础设施以及不断推进保障房安居工程建设等方面。可持续发展内涵，经济层面体现在加快产业转型升级，着力产业结构调整，加快现代农业和现代服务业发展等方面；社会层面体现在繁荣文化市场，提高社会网络化水平，鼓励非政府团体和机构引导公众参与等方面体制；制度层面体现在创建服务型政府，推进政务消费及人员财产的公开透明，鼓励扩大民间投资等方面城市建设层面；体现在强化区域生态环境保护，树立区域低碳发展理念，鼓励新能源、新材料利用，提倡垃圾回收，倡导历史文化保护以及大力推进绿色建筑革命等方面。质量内涵，经济

---

① 王小刚，王建平. 走新型城镇化道路——我党社会主义建设理论的重大创新和发展 [J]. 社会科学研究，2011，05：40-42.

② 沈清基. 论基于生态文明的新型城镇化 [J]. 城市规划学刊，2013，01：29-36.

层面体现在实施经济发展的"低污染、低耗能、低排放"以及加快区域与城乡协调；社会层面体现在提高全社会文明程度，提高全社会受教育水平，提高全社会市民健康水平和保障全社会食品安全等方面；体制制度层面体现在提高有关食品、民众健康、医疗卫生等公共服务的监管门槛，加大处罚力度，建立及完善相关法律法规等方面；城市建设层面体现在从追求建设速度向谋取建设质量转变，关注城乡公共服务质量，关注城市环境质量、空气质量、水环境质量等，坚持土地利用的节约集约与高效，最大程度地提高市民的生活品质和便捷程度①。

1.4.3 支撑产业

城镇与产业是相伴而生、共同发展的，产业是城镇发展的经济基础，城镇是产业发展的载体与平台。缺乏产业支撑的城镇，由于缺少税源、税基难以提供城镇基础设施与公共服务，城镇化的发展就会受到严重的制约。产业发展如果缺失城镇平台作依托，就难以雇佣到劳动、资本、技术等生产要素，难以找到产品销售市场。因此，城镇与产业是互促共生的关系，支撑产业是指为吸纳城镇生产要素、为城镇发展提供税收支持，作为城镇经济的重要组成部分的同类企业的集合。

1.4.3.1 产业

产业是介于宏观经济与微观经济之间的中观经济，其含义具有多层次性。总体而言产业是社会分工的产物，亚当·斯密指出分工是提高生产效率、促进经济发展的关键，因此城镇化发展与产业发展是相互促进的。从另一方面来看，产业是具有某种同类属性的企业经济活动的集合。它既不是某一企业的某些经济活动或所有活动，也不是部分企业的某些或所有经济活动，而是指具有某种同一属性的企业经济活动的总和。可见，产业既是国民经济的组成部分，又是同类企业的集合。具有以下几个特征：首先，产业是历史范畴，是伴随生产力和社会分工的深化而产生和不断扩展的。从社会分工来说，它是一般分工和特殊分工的现象。其次，在社会生产力发展的不同阶段，由于社会分工的主

---

① 单卓然，黄亚平． "新型城镇化"概念内涵、目标内容、规划策略及认知误区解析 [J]．城市规划学刊，2013，02：16－22．

导形式转换和不断地向深层发展，以致形成了多层次的产业范畴。最后，产业作为一个经济单位，并不是孤立存在的。一个产业的存在，会成为其他产业出现和发展的条件，一个产业内部结构的变化会直接或间接引起其他产业的变化[①]。产业和产业之间通过劳动、资本、技术、产品等要素的投入与产出关系，形成了极其复杂的直接和间接的技术经济联系，使全部产业成为一个有机的系统。

产业是与社会生产力发展水平相适应的社会分工形式的表现，是一个多层次的经济系统。在社会生产力发展的不同阶段，社会分工主导形式的转换和社会分工不断向深层次的发展形成了具有多层次的产业范畴。在社会生产力水平比较低下的历史阶段，社会分工以一般分工为主导形式。这种分工形式只能将人类的生产活动分成比较简单的大类，例如，农业、工业等形成产业的第一层次。随着社会生产力水平的提高，社会分工不断深化，特殊分工成为主导形式。这种特殊的分工在第一层次分工的基础上进行细分，例如将工业细分为基础工业、制造业、建筑业等业种，这些大类下的业种构成产业的第二个层次。随着社会生产力的进一步提高，社会分工越来越细，新兴产业不断出现，特殊分工的主导形式不断复杂化。这种特殊分工在第二层次分工的基础上进一步细化，例如，将制造业细分为食品、纺织、造纸、化工、制药、冶金、机械等业种，形成产业的第三层次。这样，产业还可以继续细分下去，直至不能再分为止[②]。根据不同的研究目的与现实需要，产业有不同的分类方法，如：三次产业分类法、标准产业分类法工业结构产业分类法、资源密集度产业分类法等。

1.4.3.2 产业发展

产业发展类似于经济发展，是一个具有内在逻辑的从低级向高级不断演进、不以人们意志为转移的客观历史过程。产业的产生、成长和进化过程，既包括单个产业的进化过程，又包括产业总体，即整个国民经济的进化过程。这里所说的"进化过程"，其核心就是一个结构变化的过程。因此，产业发展包含了产业结构合理化、高度化发展的动态过程（周振华，1992；苏东水，2001），是一个不断与资源供给结构、技术结构、需求结构相适应的状态。产

---

① 刘升学编，资源型城市经济转型及第三产业发展模式选择——以湖南省耒阳市为例，湘潭大学出版社，2011.07，17.

② 苏东水主编，产业经济学，高等教育出版社，2010.08，4.

业结构合理化是指：产业与产业之间协调能力的加强和关联水平的提高。产业结构高度化是指：通过技术创新，促使产业结构由低附加值向高附加值、低加工度向高加工度、低关联水平向高关联水平，由低级向高级不断演化的过程，最终实现产业结构的动态均衡和产业素质的提高。其中，产业结构合理化是产业结构高度化的基础，脱离合理化的高度化是失去根基的；产业结构高度化是产业结构合理化的目标，在产业结构合理化的过程中，由于技术关联水平的提高，产业结构效益不断提高，进而推动产业结构向高度化方向发展。产业结构高度化与合理化相辅相成，协调有度，不断推进产业结构的优化，才能实现经济增长的质量。

现代经济增长的本质上是一个结构转换过程，不同的经济增长阶段与特定的产业结构相对应，经济增长是由主导产业依次更替的结果。具体来看，主要体现在三个转移上，即三大产业重心的转移（第一产业、第二产业、第三产业）、要素密集度的转移（劳动密集型、资本密集型、技术密集型）和产品形态的转移（初级产品、中间产品、最终产品）。产业结构高度的演进必须是在符合经济和社会发展规律的前提下进行的，并且伴随着产业结构的协调化和合理化[①]。在社会再生产过程中，产业升级是通过个别企业生产技术不断更新和改造，使生产要素不断更新和形成新的组合，并通过产业间的关联效应实现技术的扩散，引起社会生产力发生质的飞跃，带动产业整体升级。因此，产业升级首先要消除结构的不协调和低度化，促进产业良好发育，增强产业整体素质，加速产业结构转换，实现经济增长质量的提高[②]。

区域产业结构的演进遵循一定的客观规律，它不仅表现为产值或收入等总量指标的上升，而且必然伴随着产业结构的转换与升级。所谓区域产业结构是指区域内各部门、各产业之间按照一定经济技术联系所构成的比例关系。区域经济总体发展水平与区域产业结构是密切相关、相互影响的，产业结构变动是经济增长过程中所出现的必然现象，经济增长是产业结构演变的基础；另一方面，产业结构的及时合理调整又是经济总量获得新的增长的必要条件，产业结构的转换与升级促进了经济的较快增长。区域产业结构可以从量和质两个方面来考察。一是各产业间在生产规模上的比例关系，它反映资料要素在各产业之间的配置是否合理的问题。如第一、二、三产业之间，生产资料部门与消费资

---

① 张辉. 中国经济增长的产业结构效应和驱动机制［M］. 北京：北京大学出版社，2013，03：6.
② 李悦等. 产业经济学（第4版）［M］. 大连：东北财经大学出版社，2015，01：365.

料部门之间以及各产业、各部门内部之间的数量是否合乎比例,这些比例关系主要体现产业结构的量的特点。二是各产业、各部门之间以投入产出为基本内容的关联关系,以此分析产业结构优化组合带来的经济效益,它反映资源要素在各产业之间的利用效率和质的特点。区域产业结构是这两个方面的有机综合,区域经济发展不仅依赖于各产业规模的绝对扩张,而且还必须依赖于产业结构质的改善,实现产业结构的高级化。可以说,整个区域经济发展过程,同时也是技术进步推动下的区域产业结构不断转换升级的过程[①]。

产业发展就是产业不断优化升级的过程,这得益于技术创新。创新在原有产业的基础上提高了生产力水平。产业发展使各种生产要素可以从附加价值比较低的产业部门向农业部门、制造业部门、现代服务业部门转移。现代经济增长的本质是技术、产业、软硬基础设置结构的不断变革以提高生产力水平,降低交易费用。区域经济体的产业结构内生于其要素的禀赋结构,持续的经济发展是由要素禀赋的变化和持续的技术创新所推动的产业发展,那些遵循比较优势的国家或地区有着更高的增长率、更低的经济波动性和更小的不平等;全球越来越快速的要素禀赋比较优势的变化,也使得全球资源配置、产业转移和分工不断发生着新的变化[②]。经济全球化、新科技革命浪潮和产业结构新一轮大调整已形成世界经济发展的必然趋势。各国通过开放国内市场、开拓国际市场,使本国经济与国际经济联系日益密切。由此产生的产业资本跨国流动加速、产业技术跨国转移和扩散效应增强、信息跨国界传播速度加快。使产业发展路径不再单纯依赖本国的资源禀赋结构、技术进步状况和国内市场需求,而是更多地取决于国际贸易、产业转移、外国直接投资所产生的渗透于扩散效应[③]。

1.4.3.3 产城融合

城镇是人类文明的物质形态,其发展必须建立在经济基础之上。产业结构的调整与城镇化的发展并不是两道毫无关系的平行轨迹:在产业结构调整过程中,城镇化推进对第一产业的优化作用、对第二产业的提升作用及对第三产业的带动作用十分明显,而产业结构的合理调整同样需要以城市为载体,以城镇化为依托,并对城镇化的发展起着积极促进作用。城镇化的不同阶段与不同的

---

① 李钒,李娟娟,孙林霞. 区域经济学 [M]. 天津:天津大学出版社,2013,03:83.
② 林毅夫. 新结构经济学与中国发展之路 [J]. 中国市场,2012,50:3 – 8.
③ 李悦等. 产业经济学(第4版)[M]. 大连:东北财经大学出版社,2015,01:363.

产业结构相对应，图1-2给出了城镇化发展与三次产业结构变化的示意图，城镇化发展历程总体上要经历起步、加速、成熟三个阶段，城镇化的每个阶段对产业类型、规模和层次的要求不同。当城镇化进程处于起步阶段时，第一产业处于主导地位，就业容量大、技术层次低、附加值不高的第二、三产业成为吸纳农村剩余劳动力的产业，非农产业产值与就业比重逐步提高。当城镇化进程处于加速阶段时，第二产业处于主导地位，第三产业加快发展，第一产业比重持续下降。这一阶段除了劳动密集型产业之外、资本密集型产业、技术密集型产业得到快速发展，传统服务业规模壮大，逐渐成为吸纳劳动力的蓄水池，这些产业的发展促进了城镇化的发展。当城镇化进程处于成熟阶段时，第三产业比重逐步提高，最终超过第二产业，第一产业比重很低。这一阶段现代服务业与现代制造业融合发展、传统服务业改造提升，产业素质不断提高、资源集约节约利用、生态环境明显改善，城镇化发展进入提升质量注重内涵的阶段。

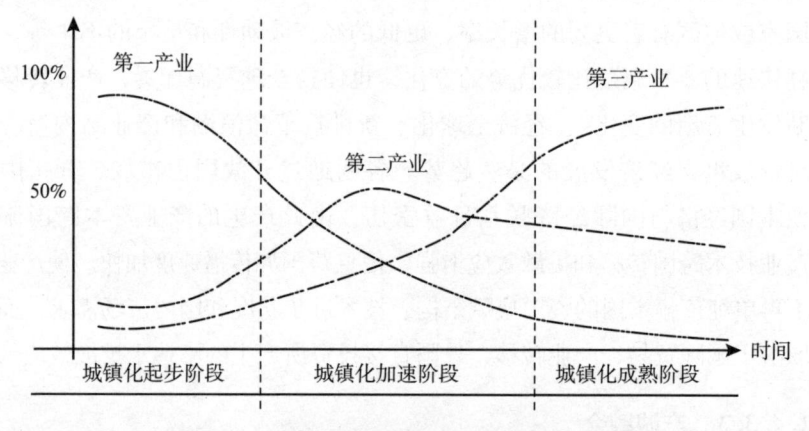

图1-2 三次产业结构演进与城镇化发展示意

资料来源：唐恢一，陆明编著．广义城市学：城乡规划系统工程，哈尔滨工业大学出版社，2013，24．作者做了修改。

城镇发展的根基是产业发展，同时也为产业的发展创造条件。城镇化促进了城镇基础设施与投资环境的改善，进而促进各层次产业的发展。这表明，城镇化的发展与产业的发展之间具有相互促进的作用，产业通过结构优化与集聚促进城镇化的发展，城镇化通过提供劳动力等要素素质的提升并为产业发展提供市场需求促进产业发展。产业发展带动了生产要素向各类城市集聚，这种要素集聚机制有利于加快城镇化进程。技术创新推动产业结构升级，新兴产业的出现也能吸纳大量就业尤其是高级专业人才的就业。产业集群是区域产业发展的一种组织形态（如各种产业园区），吸纳就业能力较强，产业集群的网络协作机制有效地促进要素集聚、配置以及融入到当地环境之中。产业集聚提高了劳动力市场的匹配效应，增加了从业人员寻找合适职位的机会，也有利于扩大就业规模。同时，在产业集群中，从业人员很容易利用这种生产组织体系的内在优势融入到地方社会网络，如果政策允许落户，可就地实现市民化，这是地方政府推进城镇化的探索方向。产城发展相互促进机制见图1-3。

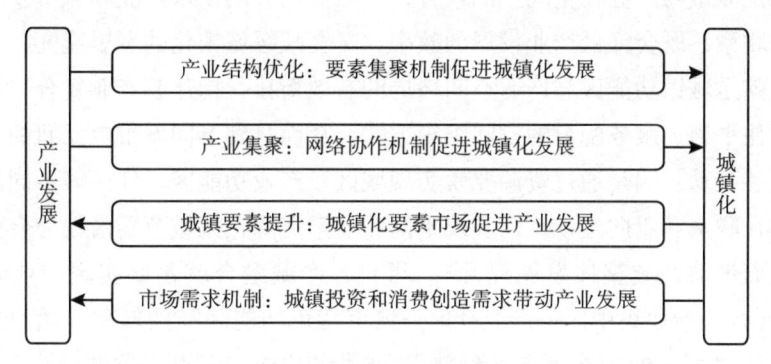

图1-3 产城发展相互促进机制示意

同时，城镇化进程推进通过投资和消费创造了巨大的市场需求，从而带动产业发展。农村剩余劳动力转向城镇就业，有机会接受城市文明的熏陶和企业提供的职业培训，从而提高自身综合素质，同时，不同类型劳动力通过劳动市场可以找到合适的就业岗位以及彼此之间在生活或工作之中也有机会互相分享专业或创新知识，这些因素都有利于提高非农产业的劳动生产率。同时，在城镇化进程中，城市集聚优势不断显现，集聚外部性使得产业发展从专业化和多样化中获益，从而降低了各种交易成本，提高产业全要素生产率。反过来，产业效率的提升是维持较强城市竞争优势的基础，也是提高城镇居民收入的有效保障。只有城镇居民可支配收入实现增长，他们的消费结构才可能实现升级，从而带动产业结构升级[①]。

产城融合是经济学家对传统城镇化反思基础上产生的，从本质上讲是一种城镇协调、可持续发展的理念。产业和城镇是相伴而生、共同发展的，产业是

---

① 叶振宇. 城镇化与产业发展互动关系的理论探讨[J]. 区域经济评论，2013，04：13-17.

城镇发展的基础，城镇是产业发展的载体。融合是把产业和城镇看作一个良性互动的有机整体，从而实现"产"与"城"协同发展，使产业依附于城镇，城镇更好地服务于产业，其核心是城镇化的发展定位是否与产业结构相符，其实质内涵是城镇社区和产业园区的融合、居住和就业的融合[①]。产城融合主要表现为以下几个方面：一是要协调城镇功能与产业发展，城镇功能包括经济功能、文化功能、居住功能、服务功能等，协调好产业功能与其他城市功能之间的关系，构建与城市发展相适应和匹配的产业体系，实现以产兴城，以城促产；二是城镇与产业在空间上的耦合，产城空间分割使得产业和城市发展缺乏必要的联系，既会降低产业发展的效率，又会减缓城镇化的发展速度；三是产城融合就是城镇功能区与产业空间格局的有效衔接，构建起产业复合、规模适度、职住平衡、服务配套的空间组织方式，从而达到不同城市单元间的有机联系和良性互动；四是通过资源要素实现城区、产业功能区、郊区等不同区域空间的内在联系和双向互动，以实现不同的要素资源在区域范围内较为合理的配置，从而带动区域整体发展提升[②]。可见，产城融合就是要实现产业园区由"工业园区—产业集中区—产业社区—城市特色功能区"的转型，从而推动经济发展从"单一的生产型园区经济"向"多功能、多点支撑的城市型经济"转型。最终达到产业与城市功能融合、空间整合、以产促城、以城兴产。

1.5 研究框架

生态环境是一个自然—经济—社会复合生态关系组成的系统，为人类生存和发展提供自然资源和生存环境，是新型城镇化及其支撑产业发展的基础。但在社会经济发展的初期阶段，粗放型工业化导致的废气、废水、固体废弃物等污染排放激增，再加上快速城镇化导致的汽车尾气排放、生活污水排放、生活垃圾处理等问题，使人们在取得经济社会发展成果、生活水平不断提高的同时，往往给生态环境带来压力与破坏。而一旦生态环境遭到污染和破坏，又会反过来制约和影响社会经济的发展。因此，正确处理城镇化、支撑产业与生态

[①] 林华. 关于上海新城"产城融合"的研究——以青浦新城为例 [J]. 上海城市规划, 2011, 05: 30-36.

[②] 李学杰. 城市化进程中对产城融合发展的探析 [J]. 经济师, 2012, 10: 43-44.

环境之间的关系是实现经济可持续发展的关键所在。要实现区域的可持续发展，不仅仅要实现新型城镇化及其支撑产业的可持续发展，还要实现生态环境的可持续发展。生态环境已经成为经济成本中的一个重要组成部分，城镇化发展速度的持续性和稳定性，在很大程度上依赖于自然环境与资源的丰裕程度和可持续的生产能力。可见，有效地保护和改善生态环境是新型城镇化及其支撑产业持续稳定发展必备的物质基础条件。因此，本书提出研究框架如图 1-4 所示。

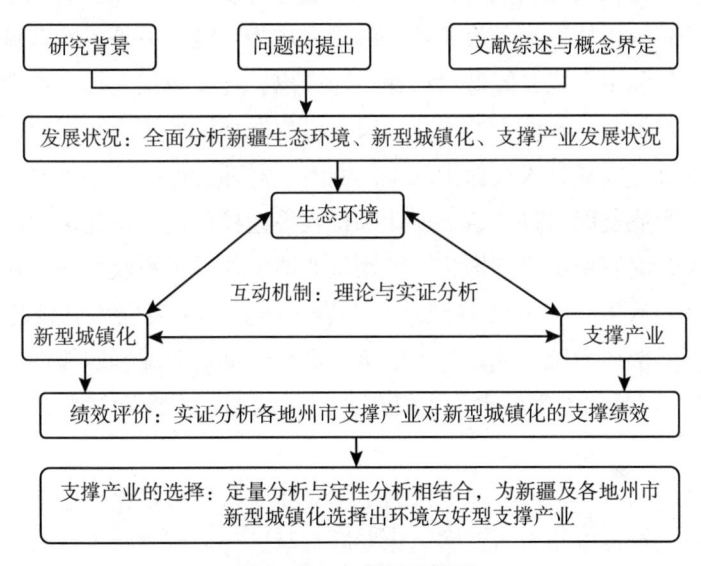

图 1-4 本书研究框架

和平与发展依然是当今世界的潮流，后金融危机时代全球经济发展面临诸多不确定因素。当前我国经济进入新常态，经济发展速度变慢，如何通过结构调整和供给侧改革转换发展动力是实现小康社会的关键。新疆作为丝绸之路经济带的核心区，新型城镇化建设面临重大发展机遇，但由于新疆干旱缺水、生态脆弱，如何选择符合客观规律的新型支撑产业显得异常重要，本书基于上述背景对生态环境约束下新疆新型城镇化的支撑产业进行全面系统的研究。在梳理已有研究文献的过程中，我们发现在生态环境条件下研究新疆新型城镇化支撑产业的文献很少，这也说明了本研究的重要性。在对生态环境、新型城镇化和支撑产业等概念进行界定的基础上，本书分别从总体状况、大气环境、水环境和污染物排放与治理等方面全面分析了新疆生态环境发展状况；从发展历程、城镇规模体系、空间布局和新型城镇化等角度系统分析了新疆城镇化发展状况；从产业产值、就业拉动和产业税收等方面分析了产业发展状况，为后续研究奠定基础。

本书的重点是探讨生态环境—城镇化—支撑产业的互动机制，我们认为三者是一个具有高度复杂性、不确定性和多层次性的开放系统。构成该复合系统的诸要素之间存在着多重关联的相互依存、相互作用关系，既相互促进又相互制约，既有积极的正面影响又有消极的负面影响。支撑产业发展为生态环境保护提供保障，为城镇化提供支撑作用。城镇化可以给环境保护提供雄厚的资金保障和技术支持，使得加大改善环境的投入成为可能。另外，新型城镇化可以改变资源粗放利用方式，降低消耗，增加产出，逐步淘汰高污染产业，发展污染小、技术含量高、耗能少的产业，减少对生态环境的压力。因此，城镇化及支撑产业发展可以提高人类保护环境的能力，对环境保护和环境质量的提高有促进作用。产业发展通过产值、就业和税收等途径促进城镇化进程，产业产值规模的扩大会促使城镇经济增长，带动就业增加并促进税收增加。随着劳动力的地域转移，从第一产业转移到第二、第三产业，这表现为城镇化水平的提高。税收不但增加为城镇建设等筹集资金，而且发挥资源配置职能促进城镇化的健康发展[①]。城镇化的发展也为支撑产业提供载体、平台和消费需求，二者之间存在双向互促关系。

在此基础上，本书以各地州市为单位对新疆新型城镇化产业支撑的绩效进行评价。通过对各地州市新型城镇化发展水平进行分析，找出新疆城镇化的区域差距，并利用面板数据模型对各地州市产业发展对城镇化支撑的效果进行评价，找出存在上述差异的原因。随后，在符合"创新、协调、绿色、开放、共享"发展理念的前提下，为新疆新型城镇化科学合理的选择支撑产业；利用韦弗—托马斯（Weaver – Thomas）模型对全疆城镇化的支撑产业进行选择，使用修正后的区位商—城镇职能分工方法对各地州市城镇化的支撑产业进行选择，并根据新疆主体功能区划分、丝绸之路经济带核心区建设和新疆"十三五"规划对各区域产业发展的定位，对各地州市城镇化支撑产业进行调整与选择。最后，结合新疆的实际情况提出保障措施。

---

① 张景华. 新型城镇化进程中的税收政策研究 [J]. 经济学家，2013 (10)：55 – 61.

第二章

新疆生态环境、新型城镇化及产业发展状况

新疆地处欧亚大陆腹地，远离海洋，气候干燥，属于典型的干旱、半干旱地区，生态环境十分脆弱。由于荒漠化以及水资源时空分布的不平衡，人类活动基本上集中在孤立的绿洲里，全区总面积166.49万平方公里，其中天然绿洲面积仅为8.65万平方公里，人工绿洲6.19万平方公里，绿洲总面积合计为14.84万平方公里，绿洲面积也不到全区总面积的9%[①]。新疆城镇及产业的形成、发展、布局与绿洲的分布紧密相关。绿洲的分布和大小取决于水资源的分布和数量，它们呈点状或带状分布，相互之间往往被山脉、戈壁、沙漠所分割，距离较远，各自形成相对独立的经济区域。绿洲的分散性、唯水性、封闭性和脆弱性致使新疆城镇化及其支撑产业的发展深受生态环境因素的制约。新型城镇化伴随着大规模的人口集中和产业结构的演变，如何处理好新型城镇化、支撑产业和生态环境的关系，在新疆这一特殊的生态脆弱地区尤其重要。

2.1 生态环境状况

新疆位于我国西北内陆干旱区，生态环境的总态势表现为：生态环境质量总体保持稳定，仍呈现部分改善与局部恶化并存的态势。其中，绿洲生态环境质量有所改善，但绿洲—荒漠过渡带以及农—牧交错带的部分区域生态环境质量仍呈恶化趋势，草地退化趋势有所减缓，城市环境空气质量有所下降，水环

[①] 韩德林. 新疆人工绿洲[M]. 北京：中国环境科学出版社，2001.

境整体状况较好,部分工业化、城镇化发展较快的地区水质受到一定影响,水环境状况不容乐观。

2.1.1 生态环境总体状况

特殊的地理位置,地形条件和干旱气候使新疆生态环境高度敏感、极为脆弱。新疆地处亚欧大陆腹地,远离海洋,我国东南季风不能达到,主要靠来自大西洋的西风气流,降水稀少,地表水资源短缺,土地荒漠面积很大。新疆极端干旱区和干旱区的面积占全疆总面积的65.5%,如果将半干旱区计算在内,其面积占全疆总面积的88.7%。全疆广大平原荒漠地区的自然环境非常严酷,盆地边缘的众多绿洲,主要依赖山区水资源而存在。经济发展过程中对生态用水的挤占,使新疆成为我国影响日趋严重的沙尘暴两大沙尘源地之一,环境自净能力下降。由于水分的匮乏,导致广大地区植被稀少,各大山系的低山带和广大平原地区呈现荒漠景观。北疆沙漠和戈壁区的植被覆盖度只有0.3%左右,而南疆荒漠区的植被覆盖度不到0.1%。荒漠植被一经破坏,恢复十分困难。新疆山区降水较多,植被覆盖度比平原大,北疆山区约为0.8%,南疆山区在0.5%以上。近年来,山区森林的大量砍伐,致使天然林面积也在减少,造成森林生态向着不利的方向发展。草原区的过度放牧,使草场退化,对草原生态的影响也很大。

新疆地域辽阔,成矿条件优越,矿产资源丰富,是我国重要的资源型省区之一。目前发现的矿产有138种,探明储量的有83种,保有储量居全国首位的有6种,居前10位的有41种。石油、天然气、煤、铁、铜、金、铬、镍、稀有金属、盐类矿产、建材非金属等蕴藏丰富。据全国第二次油气资源评价,新疆石油预测资源量208.6亿吨,占全国陆上石油资源量的30%;天然气预测资源量10.3万亿立方米,占全国陆上天然气资源量的34%。煤炭预测储量2.19万亿吨,占全国预测储量的40%。长期以来,新疆经济发展过度依赖资源开发与能源投入,再加上政府考核中的"唯GDP论",使新疆在经济发展过程中产生资源浪费和环境污染的问题较为突出。由于生态环境的脆弱性再加上人为不合理的开发,破坏了生态系统的平衡,使新疆经济增长方式与有限的生态环境承载的矛盾日益凸显。新疆环境恶化的趋势还未得到有效的控制,因此,重视生态系统的脆弱性和多样性,是一切生产活动的根本出发点。只顾眼前利益的短视行为，无法实现可持续发展的最终目标。

改革开放以来，新疆环境污染和生态破坏不断加剧，主要表现为绿洲外围的生态环境持续恶化，沙漠化对绿洲构成危害；盲目开垦和超载放牧造成大面积林地减少、草地退化；水资源的不合理利用，导致地下水水位下降，造成野生植被衰退和死亡，使荒漠化有不断扩大的趋势；绿洲内部生态环境有所改善，但土壤次生盐渍化和农业环境污染问题却日益突出；生态环境的恶化，使珍稀濒危物种资源及生物多样性保护受到严重威胁。随着城镇化与工业化的进一步发展，矿产开发对土地破坏和水环境的污染初步显现，城市环境污染进一步加重，生活污染比重加大，生态环境总体恶化的趋势仍未根本性转变，重点城市冬季大气污染尤为突出。据统计，解放前新疆森林覆盖率为1.5%，1978年降低为1.0%，随着人工造林、山区迹地更新等措施的实施，覆盖率得到了提高，1995年达到1.7%，由于人工林的生态功能不及天然林，森林整体生态功能尚未得到完全恢复。草地严重退化，面积不断缩小，1995~2009年间，草地面积以每年13.76万公顷的速度缩减，天然草地退化面积占总面积的80%，中度以上退化面积30%以上，产草量下降了30%~60%，草场退化面积每年达30万公顷。

2010年，新疆全面贯彻落实科学发展观和中央新疆工作座谈会提出的"确保新疆山川秀美、绿洲常在"的要求，坚持自治区党委七届九次全委会提出的"环保优先、生态立区"和"资源开发可持续、生态环境可持续"的理念，坚持经济建设与环境保护并重，在国民经济保持较快发展的同时，全区环境质量基本保持稳定。2012年，新疆以生态文明建设为统领，以转变经济发展方式为主线，加强对资源开发分类指导、分类管理，积极调整产业布局，加大污染防治和生态环境保护力度，努力控制主要污染物排放总量，大力推进农村环境连片综合整治，在国民经济保持较快发展的同时，全区环境质量基本保持稳定。2013年全区绿洲生态环境质量有所改善，但绿洲—荒漠过渡带以及农—牧交错带的部分区域生态环境质量仍呈恶化趋势，草地退化趋势有所减缓。2014年，全区生态环境质量总体保持稳定，仍呈现部分改善与局部恶化并存的态势，城市环境空气质量较上年有所下降。

2.1.2 大气环境状况

由于新疆干旱少雨、植被覆盖率低，再加上生产、生活的主要能源来源为煤炭，所以大气环境污染为沙尘和煤烟混合污染，自然扬尘污染是影响大气环境的主要因素，主要污染物为悬浮颗粒物、二氧化硫、氮氧化物等。各污染物浓度随季节变化而有所不同，总悬浮颗粒物在春秋两季浓度较高，二氧化硫和氮氧化物在冬季含量较大；冬春季采暖期以煤烟型污染为主，大气环境状况较差，非采暖期以沙尘污染为主，污染相对较轻。北疆城市的污染来源主要是煤烟和燃油，南疆城市污染来源主要是沙尘。新疆大气污染受降水量的影响较大，如2003年新疆总降水量偏多，沙尘天气影响程度减弱，全区沙尘暴和浮尘天气的次数与上年相当，但大范围沙尘暴的次数减少，影响范围减小，危害程度减弱。2003年南疆地区发生了3次较大的区域性沙尘暴天气和16次局部沙尘暴及浮尘天气，北疆地区发生了2次局部沙尘暴和浮尘天气。沙尘暴发生时总悬浮颗粒物监测浓度在6.46~50.65毫克/立方米范围波动，南疆地区降尘量明显大于北疆地区。随后，新疆沙尘暴发生频次和范围有所增加，但沙尘发生强度减弱。2005~2014年新疆城市大气环境质量状况见表2-1。

表2-1　　　　　　　　2005~2014年新疆大气环境质量状况

年份	大气沙尘污染状况
2003	绿洲内共发生局部沙尘暴21次，与上一年相当，其中南疆地区发生了3次较大的区域性沙尘暴天气和16次局部沙尘暴及浮尘天气，北疆地区发生了2次局部沙尘暴和浮尘天气。沙尘暴发生时总悬浮颗粒物监测浓度在6.46~50.65毫克/立方米范围波动
2005	绿洲内共发生局部沙尘污染天气57次，区域性沙尘暴4次，其中南疆3次、北疆1次。沙尘天气的高发期仍然是3~5月。沙尘暴发生时总悬浮颗粒物监测浓度范围在1.03~15.70毫克/立方米内
2007	全区绿洲内共发生4次区域性沙尘天气，45次局地性沙尘天气。沙尘天气的高发期仍为3~5月。与上年相比，区域性沙尘天气减少3次，局地性沙尘天气增加7次，沙尘天气发生频次和分布范围有所增加，但发生强度减弱。沙尘暴发生期间，总悬浮颗粒物监测浓度在0.725~28.4毫克/立方米范围波动
2009	较去年沙尘天气发生强度有所下降，但频次有所增加。沙尘暴发生期间，总悬浮颗粒物监测浓度在0.330~27.9毫克/立方米之间
2010	沙尘天气发生时，总悬浮颗粒物监测浓度在0.611~9.075毫克/立方米之间。与上年相比，全区区域性沙尘天气增加了13次，局地性沙尘天气减少了25次，沙尘天气强度有所下降，但区域性沙尘天气增加明显
2011	沙尘天气发生时，全区总悬浮颗粒物监测浓度在0.353~6.900毫克/立方米之间。与上年相比，全区区域性沙尘天气减少了5次，局地性沙尘天气减少了3次，沙尘天气发生频次有所减少

续表

年份	大气沙尘污染状况
2012	沙尘天气发生时，全区总悬浮颗粒物监测浓度在0.379~8.010毫克/立方米之间。与上年相比，全区区域性沙尘天气增加了7次，局地性沙尘天气增加了58次，沙尘天气发生频次有所增多
2013	沙尘天气发生时，全区总悬浮颗粒物监测浓度在0.379~8.010毫克/立方米之间。与上年相比，全区区域性沙尘天气增加了7次，局地性沙尘天气增加了58次，沙尘天气发生频次有所增多
2014	沙尘天气发生时，全区可吸入颗粒物浓度在0.6~24.3毫克/立方米之间。全区区域性沙尘天气减少了1次，局地性沙尘天气减少了9次，沙尘天气发生频次有所减少

资料来源：作者根据新疆环境统计公报整理。

从城市空气质量来看，环境空气污染在采暖季以煤烟型污染为主，非采暖季受沙尘影响较大，首要污染物为可吸入颗粒物。2005~2014年新疆城市空气质量达到国家一级标准的城市个数先增多后减少，所占数量较少，最多时为2个城市，绝大部分城市空气质量达到国家二级和三级标准，个别城市在有些年份空气质量低于国家三级标准，从地域分布来看，新疆北部城市阿勒泰、塔城空气质量较好，其次是天山北坡城市带，空气环境质量最差的是南疆城市。从新疆城市环境空气质量达标日数占全年的比重来看，2005~2014年城市空气质量达到Ⅰ、Ⅱ级优良天数的比重在80%左右，经历了一个先增后减的过程，2009年达到最大值85.5%，随后出现持续降低的趋势；Ⅲ级轻微度污染日数所占比重出现先较少后增多的趋势，表明城市大气环境状况先变好后恶化的趋势，Ⅳ、Ⅴ级中重度污染日数占比呈现逐步减少的趋势，所占比重由2003年的10.2%将为2014年的5.7%，有进一步抬头的趋势，新疆城市空气质量有所下降（见表2-2）。

表2-2　　　　　　　2005~2014年新疆城市空气质量状况

项目	2005年	2006年	2007年	2008年	2009年	2010年	2011年	2012年	2013年	2014年
检测城市数量（个）	19	19	20	19	19	19	19	19	19	19
一级城市数量（个）			1	1	2	2	1			
二级城市数量（个）	6	6	7	8	8	9	11	10	9	10
三级城市数量（个）	13	13	6	6	5	7	6	8	10	3

续表

项目	2005年	2006年	2007年	2008年	2009年	2010年	2011年	2012年	2013年	2014年
三级以下城市数量（个）			6	4	4					6
Ⅰ、Ⅱ级日数占比（%）	73.9	83.2	83.8	84.8	85.5	80.3	80.9	80.6	76.7	73.4
Ⅲ级日数占比（%）	15.9	12.7	12.6	12.7	12.3	15.6	15.5	15.4	17.5	20.9
Ⅳ、Ⅴ级日数占比（%）	10.2	4.1	3.6	2.5	2.2	4.1	3.6	4	5.8	5.7

资料来源：作者根据新疆环境统计公报整理。

2.1.3 水环境状况

新疆水环境整体状况较好，部分工业化、城镇化发展较快的地区水质受到一定影响，且随着经济的快速增长，水环境状况不容乐观。水环境具体表现为河流总体水质状况为优，部分流经城市段河流受到不同程度污染。伊犁河、额尔齐斯河、阿克苏河、白杨河等河流全河段水质均为优良；水磨河、克孜河、吐曼河等河流部分断面受到不同程度的污染，其中水磨河、克孜河下游断面主要超标污染指标为氨氮、化学需氧量、总磷、石油类等。全区湖库水质总体是高山或上游湖库水质较好，下游或尾闾湖库水质较差。其中，天池、喀纳斯湖、赛里木湖和艾力克湖水质优良；博斯腾湖、吉力湖水质为轻度污染，主要超标污染指标为化学需氧量；柴窝堡湖、乌伦古湖、艾比湖水质为重度污染，主要超标污染指标为总磷、化学需用量、氨氮等。大部分水库水质良好，部分水库存在不同程度的污染，八一水库、蘑菇湖水库、猛进水库水质为重度污染，主要超标污染指标为总磷、化学需氧量、氨氮等。绝大多数城市地下水水质总硬度较高，呈轻度—中度污染状况。城市地下水主要超标项目是总硬度，硫酸盐和氯化物，除地质类型等自然环境因素影响外，人为超采地下水，工业、生活排水污染也是重要的影响因素。

地表水环境方面，工业化与城镇化初期，新疆大多数地表水体水质良好，基本未受到污染或污染程度较轻。据新疆环保厅监测，1996年新疆河流大部分水质符合Ⅰ、Ⅱ类标准，少数河流流经城市段的水体污染较重，污染最严重的是水磨河。湖泊水库方面，在监测的七座湖库中有五座处于Ⅰ~Ⅲ类水质，有两座受到中度以上污染。伴随着工业化与城镇化的进一步发展，新疆水环境状况出现退化，2000年河流水质达到地面水环境质量Ⅰ、Ⅱ类标准的河长占49.0%，达到Ⅲ类标准的河长占42.4%，污染河长占8.6%。在监测的七座湖库中，青格达湖为一级水质，博斯腾湖为二级水质，乌拉泊水库和柴窝堡湖为三级水质，蘑菇湖、大泉沟水库和泉沟水库为四级水质。至2005年，河流Ⅰ~Ⅲ类水质占80.3%，Ⅳ~Ⅴ类占13.7%，劣Ⅴ类占6.0%。在监测的7座湖泊中，高山湖泊水质较好，天池、喀纳斯湖水质以Ⅱ~Ⅲ类为主。平原湖泊受到不同程度污染，博斯腾湖、赛里木湖以Ⅳ类水质为主，属轻度污染；柴窝堡湖、艾比湖、乌伦古湖三座尾闾湖均以劣Ⅴ类水质为主，属重度污染。15座水库中，以Ⅱ~Ⅲ类水质为主的水库有5座，占33.3%，其余10座水库水质均存在不同程度的污染。

2013~2014年全区河流总体水质状况为优，出入境断面水质优良，部分流经城市段河流受到不同程度污染。根据2014年河流断面监测显示，污染状况有加剧的趋势。Ⅰ~Ⅲ类优良水质断面占94.76%，比上年减少0.76个百分点，Ⅳ类轻度污染水质断面占2.91%，比上年减少0.51个百分点，Ⅴ类中度污染水质断面占0.58%，比上年增加0.62个百分点，劣Ⅴ类重度污染水质断面占1.75%，比上年增加0.65个百分点。河流水质总体状况稳定，中度—重度污染河流小幅增加。湖库水质总体是高山或上游湖库水质较好，下游或尾闾湖库水质较差。Ⅰ~Ⅲ类优良水质湖库占67.8%，Ⅳ类轻度污染水质湖库占9.7%，Ⅴ类中度污染水质湖库占3.2%，劣Ⅴ类重度污染水质湖库占19.3%，与上年相比轻—中度污染水质增加，优良和严重污染湖库减少。富营养化湖库有5个，其中八一水库和蘑菇湖水库为重度富营养，艾比湖和青格达水库为中度富营养，大泉沟水库为轻度富营养。

2.1.4 污染物排放与治理

经济发展过程中的污染物排放是造成生态环境破坏的重要因素，新疆产业结构重型化突出，石油、天然气、煤炭等能源资源工业，黑色金属重开采和加工工业产值占工业总产值的比重偏大，重型化产业结构产生大量废水、废气和固体废弃物，对新疆生态环境造成巨大压力。工业污水和城镇生活污水排放是造成水体污染的重要因素，随着新疆工业化和城镇化的发展，污水排放量快速增加，2014年新疆污水排放总量高达10.27亿吨，分别是1981年和2007年的7倍与1.5倍，其中，城镇生活污水排放量达到6.99亿吨，分别是1981年和2007年的12倍与1.5倍，城镇生活污水排放量占污水排放总量的比重由1985

年的30%增长至2014年的68%，这表明新疆经济发展过程中粗放型的用水方式，使得新疆水环境污染问题越来越严重（见图2-1）。主要表现为河流水质轻度污染，湖库水体中度污染，污染程度与工业化、城镇化发展高度相关，经济发展水平较高的北疆大于南疆，穿城而过的河流大于远离城市河流，水库污染大于湖泊。学者们认为：工业结构重型化，经济快速发展，城市人口增长较快，城市污水处理设施薄弱与处理率低是新疆水环境问题的主要原因[①]。宋香荣等（2011）指出：新疆水环境污染不仅受本年度经济增长的影响，还受上一年度变量偏离长期均衡趋势的离差的影响，短期人均GDP变化对水环境污染的短期影响很大，这意味着目前新疆对水环境的保护力度不够，经济增长付出的水环境污染的代价很大[②]。因此，必须加强对新疆污水排放的治理，尤其是加大对城镇污水的治理力度，使经济增长方式由粗放型向集约型转变。

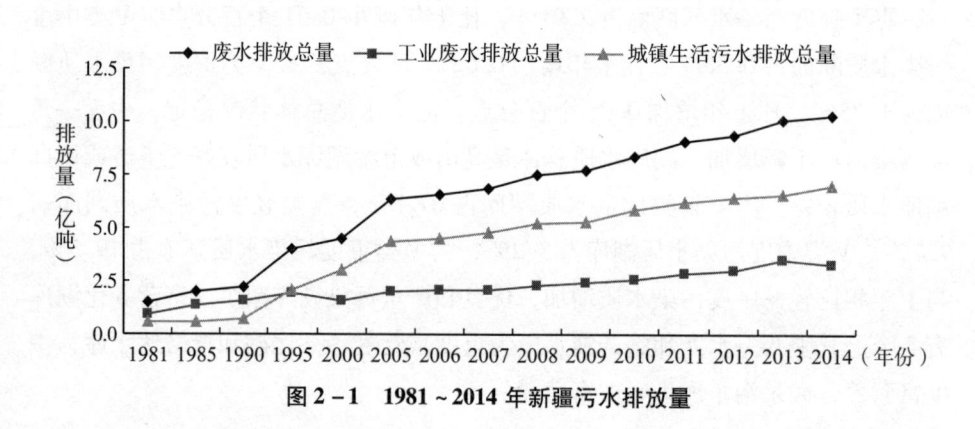

图2-1 1981~2014年新疆污水排放量

大气污染物排放方面，二氧化硫排放总量与烟尘排放总量均有大幅度的增加，2014年二者的排放量分别达到85.3万吨和81.38万吨，比1995年增加了132%和103%，比2007年增加了47%和179%，其中工业二氧化硫和烟尘的排放量增幅最大，2014年分别高达71.81万吨和67.6万吨，分别占各自总排放量的84%和83%，比1995年增加了198%和190%，比2007年增加了57%和225%，而城镇生活二氧化硫和烟尘的排放量则出现持续降低的趋势，分别

---

① 张仲伍，杨德刚，张小雷，张月芹. 新疆干旱区水环境主要问题与形成原因分析 [J]. 水土保持通报，2010（05）：173-177.

② 宋香荣，伍丽鹏，周杰. 新疆经济增长与水环境污染关系的实证研究 [J]. 生态经济（学术版），2011（02）：81-84.

由 1995 年的 12.7 万吨和 16.7 万吨降为 2014 年的 6.22 万吨和 11.54 万吨（见图 2-2）。可见，大气污染物主要来自工业排放，因此有学者指出影响新疆大气污染的主要因素是经济规模和产业结构[①]，另有学者对新疆大气环境库兹涅茨曲线进行了分析，认为人均 GDP 与二氧化硫、工业废气排放量之间的环境库兹涅茨曲线是存在的，而人均 GDP 与工业烟尘排放量之间则不存在环境库兹涅茨曲线[②]。2013 年新疆二氧化硫和氮氧化物排放总量分别比 2010 年增长 7% 和 28.2%，其中氮氧化物排放总量已超出"十二五"期间允许 15.4% 的最大增幅，超出幅度高达 12.8%，是全国总量减排工作进展缓慢的四个省区之一。2014 年全区监测的 19 个城市空气质量好于二级的优良天数比例为 73.4%，与 2012 年相比下降了 7 个百分点，部分城市空气质量呈下降趋势。

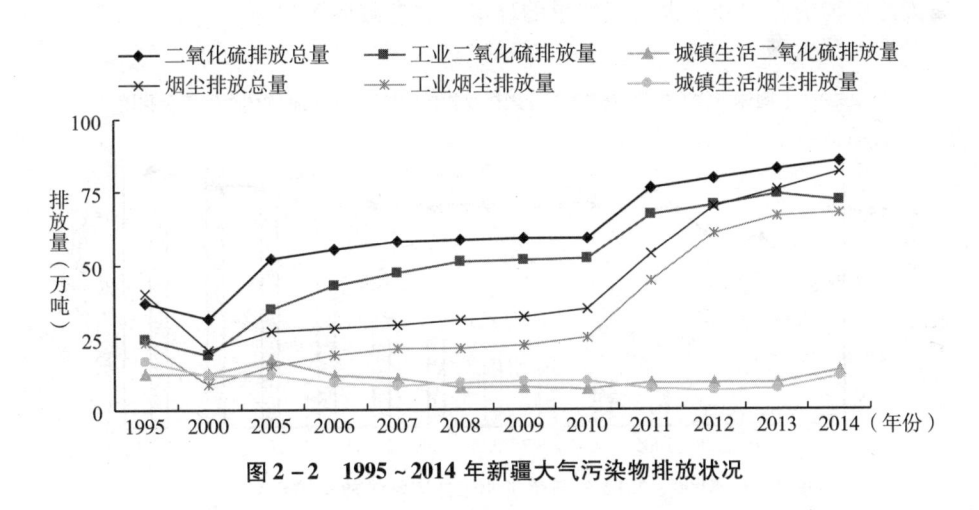

图 2-2 1995~2014 年新疆大气污染物排放状况

从工业固体废物产生、利用与排放来看，由于新疆煤电煤化工、钢铁、有色金属冶炼、化工等产业发展迅速，大量的煤炭开采过程中伴生的煤矸石、火力发电产生的粉煤灰和脱硫石膏、煤制天然气产生的煤灰渣、钢铁冶炼产生的钢渣和矿渣，以及电石法制 PVC 产生的电石渣等，2014 年新疆 GDP 占全国 GDP 总量的 1.46%，而工业固体废物产生量占全国总量的

---

① 周洁. 新疆经济发展与环境污染关系研究 [D]. 乌鲁木齐：新疆财经大学，2012.
② 陈建强，帕塔木·巴拉提. 新疆经济增长与大气质量的计量关系研究 [J]. 新疆社科论坛，2009（04）：51-56+61.

2.39%。1990~2014年新疆工业固体废物产生量大幅度增加,由1990年的389万吨增加到2014年的7789.67万吨,增长了近20倍;同期新疆对工业固体废物的综合利用率也由29%提高到55.63%,而排放量大幅下降由1990年的140万吨降低为2014年的26.84万吨(见图2-3),有近一半的工业固体废物采取自然堆放和深埋的方式进行处理。新疆风沙灾害频繁、生态环境脆弱,自然堆放会对大气环境产生影响,而深埋将对土壤和地下水造成长期影响。工业废物消极堆存不仅占用大量土地,造成人力物力的浪费,而且许多工业废渣含有易溶于水的物质,通过淋溶污染土壤和水体。粉状的工业废物,随风飞扬,污染大气,有的还散发臭气和毒气。堆存量增加将使得环境污染和安全隐患加大,大宗工业固体废物中含有的药剂及铜、铅、锌、铬、镉、砷、汞等多种金属元素,随水流入附近河流或渗入地下,将严重污染水源,大量非金属天然矿物资源的开采也引起严重的环境、生态破坏等问题。

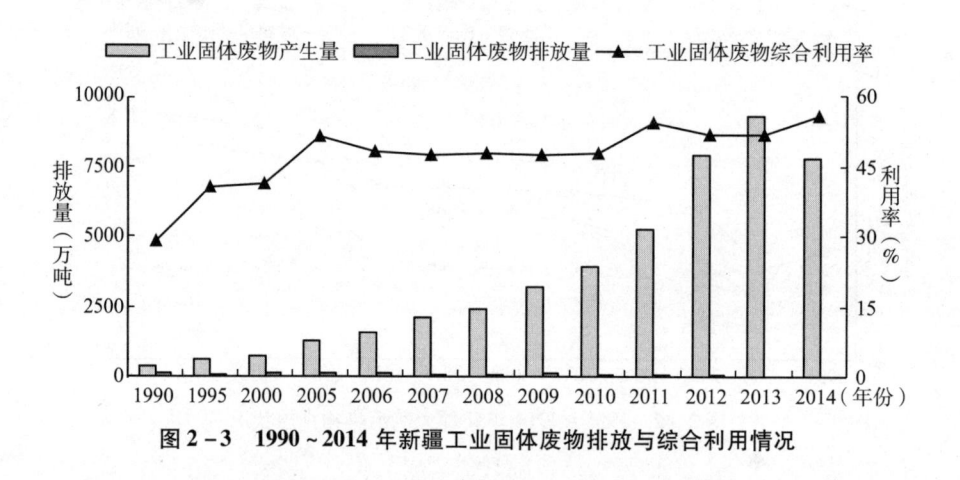

图2-3 1990~2014年新疆工业固体废物排放与综合利用情况

面对严峻的生态环境形势,新疆在经济社会发展过程中不断加强环境污染的治理和生态环境的保护。主要表现为生态环境保护机构持续完善,相关法律法规不断健全,环境污染治理总投资大幅增加。1990年新疆环境污染治理投资仅为1.24亿元,而到2009年增长到73.5亿元,尤其是2010年自治区提出"资源开发可持续、生态环境可持续"的发展理念以来,环境污染治理总投资由2010年的65亿元增加到2014年的363.32亿元,四年间翻了两番半,2014年新疆环境污染治理总投资占GDP的比重高达3.9%,远高于1.51%的全国平均水平。随着"环保优先、生态立区"的实施,在新型城镇化发展过程中更加注重城市环境基础设施建设，投资规模也持续大幅增加，2014年新疆城市环境基础设施建设投资高达127.56亿元，分别比1990年和2010年增加了525倍和3.88倍（见图2-4）。另一方面，新疆以保护天然荒漠植被和绿洲为重点，积极实施塔里木盆地周边地区生态治理、准噶尔盆地南缘防沙治沙、艾比湖流域综合治理、草地生态置换等重大生态工程；全面启动天然林保护、退耕还林、"三北"防护林体系建设等林业重点工程。目前生态环境建设成效开始逐步显现，森林覆盖率由1978年的1.03%提高到2009年的2.94%和2014的4.24%，绿洲森林覆盖率由2009年的14.95%增长至2013年的23.5%。2014年新疆已建成自治级以上自然保护区29个，其中国家级自然保护区11个，自治区级自然保护区18个，自然保护区总面积1968.93万公顷，占全区国土面积的11.82%，农村生态示范建设48个，国家级生态乡镇41个，国家级生态村7个，局部地区生态环境和人居环境明显改善。

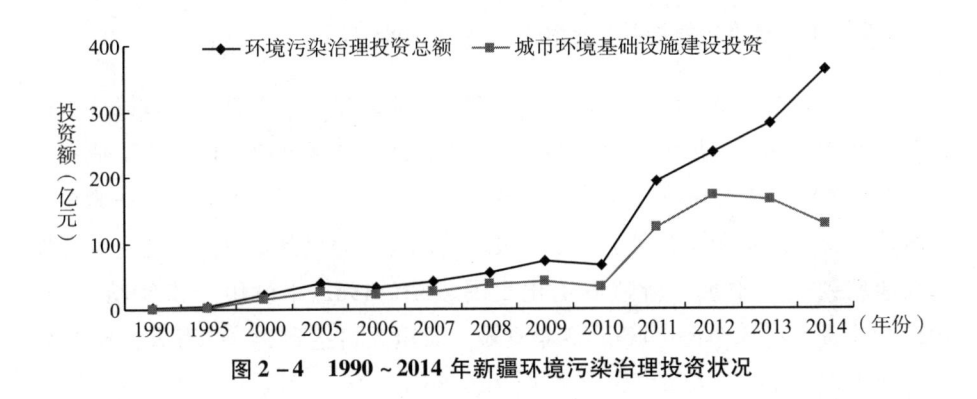

图2-4 1990~2014年新疆环境污染治理投资状况

2.2 新型城镇化发展状况

城镇化是现代化水平的重要标志，是经济和社会发展的必然趋势，城镇化对优化经济结构、促进经济增长，提高人民生活水平，促进新疆社会稳定和长治久安都具有十分重要的意义。经过60多年的发展，新疆经济水平不断提高、产业结构持续优化，带动城镇人口、城镇数量、城镇规模、建成区面积继续扩大，城镇化综合发展水平迈上新台阶。截至2014年底，新疆城镇人口达到1058.91万人，城镇化水平已达46.07%，建成区面积986平方公里；目前已拥有 26 个设市城市、68 个县城、305 个独立建制镇①，初步形成了以乌昌为核心、以南北疆铁路与主要公路干线为主轴的乌鲁木齐都市圈、克拉玛依—奎屯—乌苏、伊宁—霍尔果斯、库尔勒—尉犁、阿克苏—温宿、喀什—疏附—疏勒、和田—墨玉—洛浦等城镇组群的城镇化发展新格局。

2.2.1 城镇化发展历程

根据各国城镇化发展的共同规律，美国城市学家诺瑟姆（Ray. M. Northam，1975）将城镇化过程分为初始、加速和成熟三个不同的阶段，其轨迹像一条稍被拉平的"S"曲线。不同阶段的城镇化发展水平和速度均具有各自的特点，新疆城镇化大致可以分为城镇化发展初期、城镇化发展中期与新型城镇化发展时期三个阶段。

2.2.1.1 城镇化发展初期阶段（1949~1985 年）

新中国成立初期，国家实施平衡生产力布局战略，加大扶持少数民族地区经济发展。"一五"期间，新疆农牧业稳定发展，农垦事业、现代工矿业以及文化教育事业等也都得到较快发展。城镇建设方面，加强了以乌鲁木齐为重点的城镇建设，兵团新城石河子、工矿城市克拉玛依等也开始建设，加上各行署所在地城镇人口增加，新疆城镇化发展较快。1952 年设伊宁市和喀什市，1957 年全疆共有 3 个设市城市 83 个县城，城镇人口达到 94.07 万人，比 1949 年增加 41.14 万人，人口城镇化水平达 16.86%。1958 年掀起的"大跃进"导致基本建设膨胀，城镇人口由 1958 年的 114.37 万人上升到 1960 年的 180.04 万人，平均每年增长 28.66 万人，城镇化水平由 1958 年的 19.64%，猛升到 1960 年的 26.23%②，随后对国民经济进行调整，大力压缩城镇人口，造成这一时期的城镇人口大起大落。1958 年随着新疆石油的开发，国务院批准设置克拉玛依市，1961 年设立哈密市，1962 年撤销哈密市，城市和县城的总数量基本未变，至 1965 年城镇化水平下降到 16.95%。1949~2014 年新疆城镇化

---

① 注：其中有 7 个自治区直辖市和 3 个建制镇归兵团管理，68 个县城中乌鲁木齐县与和田县"有县无城"。
② 《新疆城镇发展与布局研究》课题组. 新疆城镇发展与布局研究 [J]. 新疆社会经济，1991（02）：8-16.

发展状况见图 2-5。

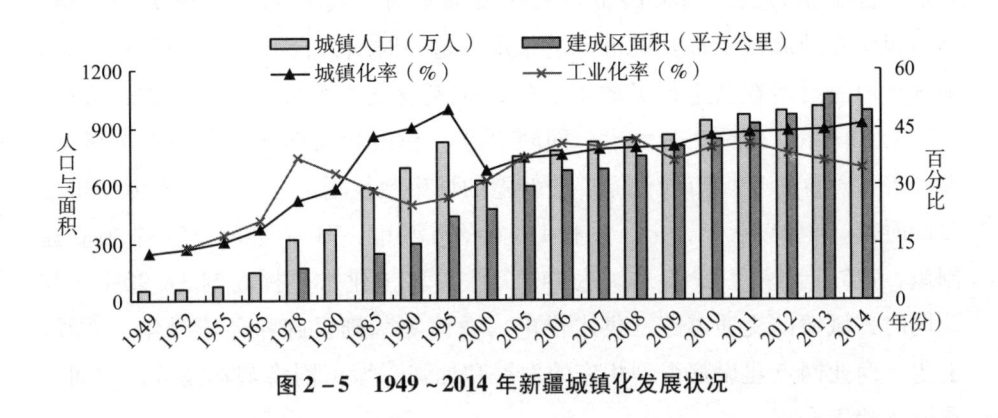

图 2-5　1949~2014 年新疆城镇化发展状况

20 世纪 60 年代初，受中苏关系破裂、中印边界发生战争的影响，中央作出了战略调整，突击进行"三线"建设，强调各地区建立独立的工业体系。1966 年又开始"文革"十年动乱，受"文革"十年动乱的干扰破坏，导致"三线"建设选址失误，工厂生产困难重重，不能发挥作用，这一时期新疆国民经济发展停滞不前，效益相对较低。受经济发展停滞与"文革"的制约，从 1966 年到 1974 年全区没有增设一个城市。这一时期，城镇非农业人口增长仅相当于人口的自然增长，人口城镇化基本上是停留在 1965 年的水平上，城镇化水平保持在 16%~17% 之间[①]。到 1974 年时，新疆共有 4 个设市城市，84 个县城，多数县城没有总体规划，没有沥青混凝土道路，没有楼房，更没有集中统一供水设施，公用设施非常落后。1975 年以后经过初步整顿，特别是党的十一届三中全会以来，由于坚持对内搞活，对外开放的政策，社会经济得到了较快发展。城镇化发展迅速，分别于 1976 年、1977 年、1979 年、1985 年设立石河子市、哈密市、库尔勒市、奎屯市，设市步伐的加快，使城镇化水平由 1975 年的 19.04% 提高到 1980 年的 22.08% 和 1985 年达到 26.36%。

2.2.1.2　城镇化发展中期阶段（1986~2009 年）

这一时期改革开放的红利不断显现，伴随着城市经济体制改革的逐步深

---

① 李春华. 新疆绿洲城镇空间结构的系统研究 [D]. 南京：南京师范大学，2006：48.

入，经济社会结构发生了历史性变化，农村剩余劳动力开始大量转移到城镇就业。面临新局面，国家调整城镇化发展方针，民政部门作出关于"地、州、盟所在地原则上都要设市"的指示。这一时期，自治区逐步对自治州和地区行政公署所在县进行了改市工作，北疆设立4个城市，即昌吉、塔城、阿勒泰、博乐，南疆3个城市，即阿克苏、和田和阿图什，东疆1个城市，即吐鲁番。这8个城市的设立，使新疆的城市数量增加了一倍，成为设市最多的时期。至1990年，全区共有16个设市城市，71个县城，57个独立建制镇，745个集镇，城镇人口达442万人，城镇化水平提高到31.90%。与此同时，城镇的交通道路、供水供电、通信等基础设施和环境绿化、文教、卫生、商业网点建设都得到相应的发展和加强，城镇网络基本完善，空间布局逐步趋于合理。

进入20世纪90年代，东部沿海地区逐步成为我国经济的增长极，强大的极化效应使大量的资金、劳动力等要素向东部聚集，西部地区发展相对滞后。再加上我国设市工作的规范化，设市人口和经济标准的提高，使新疆城镇设市步伐放慢。虽经各方努力与国家政策照顾，新疆于1992年设立阜康市、1994年设立米泉市和乌苏市，但城镇化速度明显放慢，造成新疆城镇化水平由领先变为落后全国平均水平。1990年新疆城镇化率31.90%高于全国平均水平26.41%近5.5个百分点，而到2000年新疆城镇化率仅为33.75%，低于全国平均水平36.22%约2.5个百分点。城镇化水平滞后的原因是经济发展缓慢，据测算1999年西部人均GDP仅为东部的41.3%，东、西部人均GDP相对差距比1978年扩大12.8个百分点[①]。为缩小区域经济差距、增强西部自我发展的能力，国家实施西部大开发战略。通过加快基础设施建设、环境生态整治、促进产业结构优化、大力发展科技教育和人力资源开发，实现西部地区经济社会可持续发展。得益于西部大开发政策支持，10年来新疆城镇的交通、通信、供水、供电等"硬环境"不断完善，城镇环境绿化、文教、卫生、商业网点及社会保障体系等"软环境"也取得长足发展，城镇功能逐步提升，城镇在区域经济中的增长极作用日益凸显。至2009年全疆城镇人口已增至860.21万人，其中设市城市人口为555.82万人，县城人口为229.95万人，独立建制镇人口为74.44万人，城镇化水平已达到了39.85%。

---

① 王洛林，魏后凯. 中国西部大开发战略 [M]. 北京：北京出版社，2002.

2.2.1.3 新型城镇化发展阶段（2010~2014年）

受传统体制机制制约，早期城镇化发展模式产生一系列矛盾，突出表现为：大量农业转移人口难以融入城市社会，市民化进程滞后，"土地城镇化"快于人口城镇化，建设用地粗放低效，城镇空间分布和规模结构不合理，与资源环境承载能力不匹配，城市管理服务水平不高，"城市病"问题日益突出。面临上述问题，党的十七大明确提出新型城镇化，其内涵为城乡统筹、城乡一体、产城互动、节约集约、生态宜居、和谐发展，其核心是以人为本，重要内容是提高城镇化的质量。2010年中央新疆工作会议后，新疆将推进新型城镇化作为新疆实现跨越式发展和长治久安的重要战略选择之一。自治区党委七届九次全委（扩大）会议、自治区第八次党代会提出以体制创新为先导，积极培育大城市和新的增长极，促进区域相对均衡发展和大中小城市协调发展，走内外双驱、量质并重、和谐包容、生态宜居、兵地共融的新疆特色城镇化道路，标志着新疆城镇化发展进入新阶段。2010~2014年，新疆城镇化水平由2009年的39.8%增长为2014年的46.07%，年均增长速度达1.254%，是2000~2009年10年间年均增速的两倍多。新型城镇化建设稳步推进，具体表现为：

第一，制订新型城镇化行动计划，城镇化建设更注重规划指导。自治区党委七届九次全委（扩大）会议提出：统筹城乡布局，重视城市的产业支撑作用，加快推进新型城镇化步伐，随后召开的新型城镇化发展规划专题会议，确定《新疆维吾尔自治区新型城镇化发展战略研究》等规划编制工作方案。2011年新疆开始制订新型城镇化行动计划，完善城乡规划体系；2012年将城乡规划编制列入自治区重点民生工程，投入专项资金编制各级城镇规划。已编制完成自治区、地（州）域城镇体系规划和县市总体规划，着力构建"一核两轴多组群"城镇发展格局。

第二，加大城镇交通、环保、燃气等基础设施建设力度，提升城镇公共服务能力。2011年新疆加大城市快速公交系统、城市主干道、城镇污水垃圾处理和城市园林绿化、周边绿化等基础设施建设力度，大力实施危旧房和棚户区改造工程，城镇公共服务能力和综合承载能力不断增强，人居环境明显改善。城市供水普及率、污水处理率、生活垃圾无害化处理率和燃气普及率分别为97.5%、74%、41%和89%。2012年，加快城镇供排水、道路、燃气、供热、公交等基础设施建设。乌鲁木齐市"田"字型快速路一期、"煤改气"等工程全面投入运营。全区供水普及率、污水综合处理率、生活垃圾无害化处理率和燃气普及率明显提高。城镇绿化、硬化、净化、亮化、美化进程加快,人居环境明显改善[①]。

第三,城市文化建设不断加强,塑造了多个城市文化形象,城市文化活力持续增强。如昌吉回族自治州木垒县新型城镇化以生态为本,以文化为魂,推动新型城镇化建设。2013 年木垒县新建"和好街"的商业街大门,首次将"和"文化融入城市建设之中;"守静园"以"回归自然、回归生态"为主题,将建设美丽木垒与"养心、养生"相融合,增加了多重慢城元素,坚持生态保护与人文关怀并重,成为木垒县城的城市绿肺。库车县大力实施"城市建设提升年"活动,城市品位、面貌、功能和市民生活环境进一步提升。城区 12 条道路、"三中心一广场"、集中供暖等一大批城建重点工程全面实施,苏库克社区、六建片区棚户区改造等一大批民生工程开工建设,以城区 12 组标志性雕塑为主的亮化、美化工程相继完工,相继打造城西小游园等重点绿化景观,生态、工贸相得益彰、产城融合的魅力日益显现。

第四,户籍制度弊端逐步改善,农牧民市民化稳步推进。户籍制度是目前阻碍新型城镇化发展的重要因素之一,一方面对公民基本权利的享有和实现造成了阻碍;另一方面也阻碍了"农牧民"真正地融入工作与生活的城市,形成了新的社会不公,加剧了社会矛盾。2014 年 9 月自治区出台了《关于进一步推进我区户籍管理制度改革的实施意见》,提出进一步落实和调整户籍管理政策,统一城乡户口登记制度,实行居住证制度,加快建设和共享自治区实有人口信息系统,逐步推进义务教育、就业服务、基本医疗卫生、基本养老、住房保障等城镇基本公共服务覆盖全部常住人口。强调"全面放开县级市市区、县级人民政府驻地镇和其他建制镇的落户限制"。"将随迁子女义务教育纳入城镇教育发展规划和财政保障范畴""将农(牧)业转移人口及其他常住人口纳入社区医疗卫生和计划生育服务体系,提供基本医疗卫生服务"等,上述改革必将推进新疆新型城镇化建设步伐。2010~2014 年新疆新型城镇化发展状况见表 2-3。

---

① 经济社会发展 新型城镇化稳步推进. 廖运建主编,综合处,新疆年鉴,2013,新疆年鉴社,(7),年鉴.

表 2-3　　　　　　2010~2014 年新疆新型城镇化发展状况

指标	2010 年	2011 年	2012 年	2013 年	2014 年
常住人口城镇化率（%）	42.79	43.54	44.00	44.47	46.07
户籍人口城镇化率（%）	—	37.32	37.17	36.76	35.76
建成区面积（平方公里）	838	922	960	1065	986
非农产业比重（%）	80.2	82.8	82.4	82.4	83.4
工业化率（%）	39.8	40.8	38.00	36.3	34.3
城市建成区绿化覆盖率（%）	36.4	36.6	35.9	36.4	37.5
人均公园绿地面积（公顷）	8.60	9.50	10.00	10.08	10.69
城市生活垃圾无害化处理率（%）	94.70	92.20	93.93	93.49	94.41
城市用水普及率（%）	99.20	99.20	99.13	98.08	98.21
燃气普及率（%）	95.80	96.20	96.60	96.37	97.28

资料来源：新疆统计年鉴（2011~2015）。

2.2.2　城镇规模体系结构

随着城镇化的发展，新疆城镇规模体系不断完善。截至 2014 年底，全区拥有 26 个设市城市、68 个县城、305 个独立建制镇。与 2009 年相比，城市的数量增加了 6 个，县城数量保持不变，建制镇的数量增加了 143 个。如果按照城镇人口规模，可将其划分为 7 个不同的等级。其中，人口大于 100 万人的一级城市 1 个，人口在 50 万~100 万人之间的二级城市 4 个，人口在 20 万~50 万之间的三级城市 15 个，人口在 10 万~20 万人之间的四级城市 19 个、人口在 5 万~10 万之间的五级城市 17 个，人口在 2 万~5 万人之间的六级城市 22 个，人口小于 2 万人的七级城镇 31 个（见表 2-4）。与 5 年前相比，大城市数量未发生变化，二级城市由 0 个增长为 4 个，三级城市由 7 个增加为 15 个，四级城市由 8 个增加为 19 个，上述城市数量的变化，说明新疆中等城市规模和数量的增加，城镇规模体系的优化，但与全国水平相比，依然表现出城市规模大小悬殊、城镇结构体系不合理的特征。

表 2-4　　　　　　　　2014 年新疆城镇体系等级规模结构

等级规模（万人）	城镇个数		人口数		城镇名称
	个数	%	万人	%	
100 以上	1	1.14	259.23	17.24	乌鲁木齐市
50~100	5	4.55	280.72	19.18	石河子市、喀什市、库尔勒市、伊宁市、阿克苏市
20~50	15	17.05	450.81	29.99	哈密市、昌吉市、库车县、莎车县、和田市、奎屯市、克拉玛依市、吐鲁番市、新源县、博乐市、阿图什市、阿勒泰市、乌苏市、霍城县、呼图壁县
10~20	19	21.59	290.49	19.32	沙雅县、沙湾县、阿拉尔市、和静县、温宿县、塔城市、阜康市、图木舒克市、奇台县、鄯善县、阿瓦提县、巴楚县、玛纳斯县、额敏县、墨玉县、叶城县、吉木萨尔县、疏勒县、焉耆回族自治县
5~10	17	19.32	121.23	8.06	伊宁县、五家渠市、拜城县、乌什县、精河县、皮山县、轮台县、麦盖提县、于田县、察布查尔锡伯自治县、岳普湖县、尉犁县、泽普县、和田县、新和县
2~5	22	25	79.24	5.27	伽师县、巴里坤哈萨克自治县、昭苏县、托里县、温泉县、阿克陶县、洛浦县、特克斯县、尼勒克县、英吉沙县、和硕县、巩留县、木垒哈萨克自治县、布尔津县、富蕴县、博湖县、疏附县、策勒县、福海县、托克逊县、和布克赛尔蒙古自治县、若羌县、裕民县、青河县
小于 2	9	10.23	13.94	0.93	乌恰县、哈巴河县、且末县、民丰县、塔什库尔干塔吉克自治县、吉木乃县、阿合奇县、伊吾县、柯坪县
合计	88	100	1503.25	100	略

资料来源：根据新疆统计年鉴（2015）整理而成，建制市与县城合计 88 个，不包括 305 个建制镇。

从新疆城镇的首位度指数来看，计算两城市指数、四城市指数和十一城市指数，分别为 4.12、1.46 和 1.10。根据城市位序—规模原理，理想的城市人口分布的两城市指数的数值为 2，四城市指数和十一城市指数均为 1，显然新疆城市首位度严重偏高，首位城市规模太大，其他城市经济规模与实力较弱，这不仅大大削弱了特大城市的辐射效应和聚集效应，也不利于带动小城市的发展，不利于推动全疆城镇协同发展。根据辛格（H. W. Singer，1936）提出的位序—规模分布规律①，对于一个特定的区域，城镇的规模和所有城市按人口规模排序的阵列中的位序具有一定的关系：

$$\ln R_i = \ln K - q\ln P_i \tag{2.1}$$

其中，P_i 是把所有城镇按人口规模从大到小排序后第 i 位城镇的人口数，R_i 是第 i 位城镇的位序数，实际上就是 i，即 $R_i = i$，K 为常数。计算出新疆 88 个城市的规模分布双对数坐标图（如图 2-6 所示）。由回归结果可以看出，新疆 88 个城市的回归系数为 -0.77 小于 1，说明新疆城市人口分布不均衡，偏离位序—规模分布规律，表现为：首位城市集聚能力过强，连接特大城市与中等城市的大城市数量偏多，中等城市和小城镇所占比重明显偏高的特征。从散点图的分布来看，新疆大城市与中等规模偏小，经济实力不强，产业、人口吸纳能力偏弱，对区域的极化与扩散能力不足，因此新疆应积极培育二级和三级城市，带动区域经济增长。

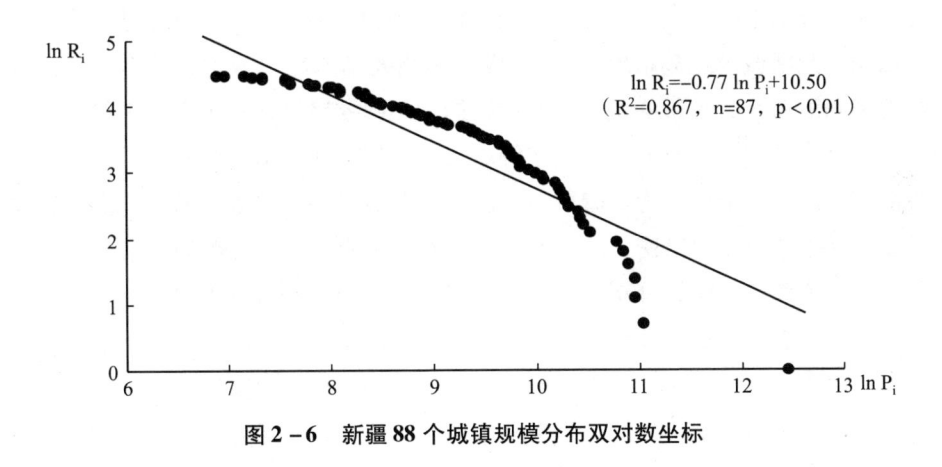

图 2-6 新疆 88 个城镇规模分布双对数坐标

2.2.3 城镇空间布局

根据自然地理环境条件和水资源的分布状况，新疆的城镇主要分布准噶尔盆地和塔里木盆地的边缘和河流流域，在空间布局上形成沿河流呈带状狭长分

---

① 王放. 中国城市化与可持续发展 [M]. 北京：科学出版社，2000.

布的形态,以及沿铁路、公路等交通干线呈串珠状线性分布形态。习惯上将新疆分为北疆、南疆和东疆,其中南北疆人口与地域相当,北疆地区经济发展水平较高,其次是东疆,南疆经济发展水平最低。2014 年新疆城镇在北疆、南疆和东疆的布局及所占比重如表 2-5 所示。可见北疆集中了新疆大部分的城市和独立建制镇,南疆县城所占份额较多,区域城镇等级设置不尽合理。

表 2-5　　　　　　　　2014 年新疆城镇分布情况

地区	北疆		南疆		东疆	
指标	数量	占比(%)	数量	占比(%)	数量	占比(%)
城市	16	61.54	8	30.77	2	7.69
县城	27	39.71	37	54.41	4	5.88
建制镇	153	50.16	126	41.31	26	8.52

资料来源:根据新疆统计年鉴(2015)整理而得。

目前,新疆城镇空间布局正逐步形成"一圈、三带"的形态,"一圈"是指乌鲁木齐都市圈,主要包括的是以乌鲁木齐和周边昌吉、阜康等城市为主形成的同心圆状城镇化分布形态;"三带"是指北疆铁路沿线地带、南疆铁路沿线地带和沿边开放地带的城镇化发展格局。北疆铁路沿线地带主要是指以克拉玛依、奎—独—乌、石河子、伊宁等城市沿交通干线所形成的串珠线状城镇分布形态,以及以上城市为基础所形成的天山北坡带状城镇分布形态。南疆铁路沿线地带主要是指以哈密、吐鲁番、库尔勒、阿克苏、喀什等城市沿交通干线所形成的串珠线状城镇分布形态,以及以上城市为基础所形成的天山南坡带状城镇分布形态。沿边开放地带主要是指以 17 个口岸为触角,以阿勒泰市、塔城市、博乐市、伊宁市、阿克苏市、阿图什市和喀什市为基础所形成的沿边带状城镇分布形态。同时,沿塔里木盆地和准噶尔盆地外缘还形成了网络状的城镇分布形态。新疆城镇空间布局主要呈圈状环形、串珠线状和带状的圈面集中、点轴发展形态,也有点面结合和点线面结合的网络状发展形态。

2.2.4　新型城镇化水平

新型城镇化是指以人为本,以科学发展观为统领,以统筹兼顾为原则,实现三个协调的城镇化:实现人口、资源、环境、经济的协调,实现大中小城市及小城镇的协调，实现城镇人口聚集与公共服务设施建设的协调①。新型城镇化由过去的重发展速度、轻质量效益的粗放式城镇化，转变为提高城市文化、公共服务，建设人类宜居的高品质城镇。城镇化的中心思想是将农村人口转移到城镇，而不是随意的物质建设。新型城镇化更加注重城乡居民的环境卫生和生活质量，更加注重城乡统筹，更加注重城乡的可持续发展。可以说新型城镇化水平应从城镇化质量的角度进行评价，更加突出城镇居民的生活质量、生存环境和公共服务。

2.2.4.1 人口城镇化水平

人口比重指标法是用人口构成的变动情况来定量反映城镇化水平的，是国内外常用的城镇化水平测量方法，主要包括城镇人口比重指标法和非农业人口比重指标法两种。其中，城镇人口比重指标法，是用一定时期内一个国家或地区内城镇人口占其总人口的比重来表示该国家或地区城镇化水平的，又称为城镇化率，是最常用的城镇化水平测度指标。非农业人口比重指标法，是用一定时期内一个国家或地区内非农业人口占其总人口的比重来表示该国家或地区城镇化水平的。其计算公式为：

$$PU = \frac{P}{U} \times 100\% \tag{2.2}$$

其中，PU 为城镇化水平，P 为城镇人口数或非农业人口数，U 为总人口数。

人口城镇化水平是表征区域城镇化发展的定量指标，它反映了区域人口职业构成、居住地的转化、城镇经济结构和城镇基础设施等的发展情况。整体来看2014 年新疆城镇人口 1058.91 万人，城镇化水平达到 46.07%，比全国平均水平低 8.7 个百分点，在西部地区属于中等偏下水平。全区城镇化发展极为不均衡，乌鲁木齐和克拉玛依两个地级市城镇化率接近 100%，北疆城镇化水平都高于全疆平均水平，南疆除巴州外其他地州城镇化水平都低于全疆平均水平，尤其是南疆三地州和田地区、喀什地区和克州城镇化水平最低。新型城镇化强调以人为本，促进公共服务的均等化。但新疆户籍人口城镇化水平与常住人口城镇化水平存在较大差距，2014 年新疆城镇户籍城镇化水平为 35.76%（见表 2 - 6），与自治区公布的城镇化水平 46.07% 相差 10.31 个百分点，与本章根据计算出

---

① 秋千. "新"与"镇"，新型城镇化的着力点 [J]. 中国西部，2013 (7)：76 - 77.

的城镇化水平63.01%相差27.25个百分点，上述差距表明户籍制度改革滞后，制约了在城镇稳定就业和生活的常住人口"市民化"进程，应切实推进户籍制度改革，解决已经转移到城镇就业的农业转移人口落户问题，提高新疆户籍人口城镇化水平，稳步推进城镇基本公共服务常住人口全覆盖。

表2-6　　　　　　　2014年新疆各地州市人口城镇化水平

地州市	年末总人口（万人）	城镇人口（万人）	城镇户籍人口（万人）	常住人口城镇化水平（%）	户籍人口城镇化水平（%）
乌鲁木齐市	266.91	259.23	193.31	97.12	72.43
克拉玛依市	29.58	29.58	29.25	100.00	98.88
吐鲁番地区	65.31	47.16	15.96	72.21	24.44
哈密地区	61.69	54.71	32.47	88.69	52.63
昌吉回族自治州	141.26	120.69	67.39	85.44	47.71
伊犁州直属县（市）	300.91	169.40	91.31	56.30	30.34
塔城地区	105.15	82.36	48.06	78.33	45.71
阿勒泰地区	67.58	38.47	27.86	56.93	41.23
博尔塔拉蒙古自治州	49.39	39.96	23.80	80.91	48.19
巴音郭楞蒙古自治州	139.87	110.25	62.50	78.82	44.68
阿克苏地区	253.05	161.22	72.52	63.71	28.66
克孜勒苏柯尔克孜自治州	59.64	35.05	15.21	58.77	25.50
喀什地区	448.82	168.55	85.19	37.55	18.98
和田地区	225.82	79.03	27.15	35.00	12.02
全区	2214.98	1395.66	791.98	63.01	35.76

资料来源：根据新疆年鉴（2015）整理而成，用统计年鉴中的城镇非农业人口作为城镇户籍人口计算。

2.2.4.2　城市经济发展水平

城市作为区域经济的增长极，在城镇化发展进程中发挥着举足轻重的作用。城市是资本、技术、劳动力、信息等生产要素的聚集地，并通过规模效应、聚集效应和扩散效应带动区域城镇化发展。城市经济在区域经济中的比重越大创造的就业机会就越多，其促进区域城镇化发展的极化与扩散作用就越强。据自治区统计局资料显示，自2012年起，在全疆建市的24个城市中，有18个城市实现地区生产总值达到5253.26亿元，占全疆GDP总量的70%，人均GDP达到61095元，超出全疆平均水平27299元。由表2-7可知，2014年新疆23个城市地区生产总值占全疆比重达到75%、非农产业占全疆比重达到80%、工业增加值比重达到86%。表明城市经济在全疆经济中的地位进一步提升，对区域经济的带动作用逐步增强。分不同城市来看，第二产业尤其是工业比重较大的城市有克拉玛依、库尔勒、阜康、石河子、昌吉等，这些城市第二产业比重均超过50%，工业化率也超过40%；而乌鲁木齐、阿拉山口、伊宁等城市的服务业占比较高，均超过60%；人均地区生产总值是衡量一个城市发展水平的重要指标，综合来看，人均地区生产总值较高的城市有：阿拉山口、克拉玛依、库尔勒、阜康、石河子、昌吉、奎屯等，较低的城市有：阿图什、和田、吐鲁番、阿勒泰、喀什等，且较高城市人均GDP是较低城市人均GDP的2~10倍，表明新疆不同城市间经济发展水平相差较为悬殊，不同城市对区域城镇化的带动作用差别较大。

表2-7　　　　　　　　2014年新疆城市经济发展情况

城市名称	地区生产总值（亿元）	第二产业比重（%）	第三产业比重（%）	工业化率（%）	人均地区生产总值（元）	地方财政收支余额（万元）	社会销售品零售总额（万元）	在岗职工平均工资（元）
乌鲁木齐市	2461.47	36.81	62.08	31.14	70428	-641810	9068442	62688
克拉玛依市	847.67	75.49	23.91	82.05	153084	-203217	557799	81744
吐鲁番市	71.07	25.71	49.08	18.47	25467	-112745	222533	51379
哈密市	308.94	53.78	38.58	34.98	65335	-93837	673339	54070
昌吉市	359.00	51.94	37.42	42.65	74482	-115583	894300	57219
阜康市	143.17	59.39	22.41	49.84	85116	-66507	291357	55355
伊宁市	188.71	26.38	70.11	12.99	35715	-155421	684520	49140
奎屯市	115.08	39.73	54.41	26.99	73888	-60363	227860	50491
塔城市	73.38	20.55	52.54	7.09	44074	-129967	162457	43463
乌苏市	195.98	51.84	19.11	43.97	58852	-127802	138525	37422
阿勒泰市	55.17	17.84	66.55	6.26	28612	-153449	230922	39591
博乐市	129.72	31.26	46.38	19.98	49513	-132627	260696	45857
阿拉山口市	44.50	22.40	77.60	18.62	170084			59685
库尔勒市	739.26	77.57	17.00	71.26	126234	-119417	598934	61522
阿克苏市	161.21	26.30	62.24	15.88	31309	-124658	580549	51024
阿图什市	38.95	25.65	59.17	15.96	14583	-175108	98969	43843
喀什市	180.59	37.24	58.48	26.16	29610	-338577	634508	51447

续表

城市名称	地区生产总值（亿元）	第二产业比重（%）	第三产业比重（%）	工业化率（%）	人均地区生产总值（元）	地方财政收支余额（万元）	社会销售品零售总额（万元）	在岗职工平均工资（元）
和田市	55.09	36.12	56.73	17.28	16608	-163755	160061	54488
石河子市	292.85	59.23	37.22	45.74	81370	-65024	778260	56825
阿拉尔市	256.2		11.34			-13384		49521
图木舒克市	60		32.93			-15446		52564
五家渠市	215					-22536		55537
北屯市	50					-4700		
全国平均	—	25575	39.70	—	46.30		—	32736

资料来源：根据新疆统计年鉴（2015）和新疆年鉴（2015）整理而成。

2.2.4.3 社会城镇化水平

随着新疆全面建成小康社会步伐的加快，城镇居民收入、生活与公共服务水平均显著提高，社会城镇化建设取得长足进步；但受"重城轻乡"二元公共服务体制的制约，新疆农村居民收入、生活与公共服务长期低于城镇水平。产生上述差异的深层原因是政府财力的不足和公共财政职能的缺位，所形成的独特的户籍管理体制以及附着在城镇户籍上的社会福利保障，拥有城镇户籍就可以获得教育、医疗、社保、住房等各种社会福利，而农村户籍将获得截然不同的公共服务供给保障，从而使得户籍身份成为一种相对稀缺的社会资源，也成为当前阻碍"人的城镇化"的现实障碍。由于受到城乡二元制度、经济发展差异、自身禀赋等各种元素的影响，新疆农村居民的收入增长速度远远落后于城镇居民，城乡之间的收入差距呈日益扩大的趋势。1990年，新疆城乡居民人均收入差距为630元，城乡收入比为1.92∶1。到2014年，人均收入差距扩大为14490.2元，收入比已达到2.66∶1。如果把义务教育、基本医疗、基本社会保障等基本公共服务考虑在内，城乡实际收入比将达5∶1～6∶1。城镇居民在教育、文化和娱乐等方面的支出是农村居民的2.9倍，医疗保健支出是农村居民的1.83倍，这一方面表明城乡消费的巨大差距，同时也表明新疆社会城镇化水平不断提高。受教育人口比重与互联网接入率等指标也反映出新疆的城镇化水平。2014年新疆城乡社会发展差异情况见表2-8。

表 2-8　　　　　　　　2014 年新疆城乡社会发展差异

指标	可支配收入（元/人）	消费支出（元/人）	教育、文化和娱乐支出（元）	医疗保健支出（元）	初中及以下（%）	高中及以上（%）	每百户计算机接入互联网（台）
城镇	23214.0	17684.5	1741.04	1310.93	41.3	58.6	51.00
农村	8723.8	7365.3	600.71	717.18	90.8	9.2	8.27
全疆	15096.6	11903.7	1102.23	978.31	64.3	35.5	31.11

资料来源：根据新疆统计年鉴（2015）和新疆调查年鉴（2015）整理而成。

2.2.4.4　生态环境城镇化水平

随着"环保优先、生态立区"发展战略的实施，新疆城镇化进程中更加重视生态环境建设。具体表现为：城镇污水处理、生活垃圾无害化处理水平大幅上升，城镇绿地面积持续增加，城镇集中供热扎实推进，通过"园林城市"创建改善城镇生态环境。2011 年新疆城镇污水处理率达到 74% 以上、生活垃圾无害化处理率达到 41% 以上。而到 2014 年，污水处理总量达 57775 万立方米，污水集中处理率达 87.5%，同比增长 0.77%；生活垃圾处理总量约为 506 万吨，生活垃圾无害化处理率达 84.2%，同比增长 6.18%。2012 年新疆城市建设区绿化覆盖率达到 33.92%，人均公共绿地达到 9.54 平方米，高于全国平均水平。2014 年建成区绿化覆盖率达到 37.5%，人均公共绿地达到 10.7 平方米。2014 年新疆加强了城镇供热节能管理，稳步推进供热计量改革，严格执行新建建筑节能强制性标准，加快实施既有建筑节能改造，新建节能建筑 3000 万平方米，完成既有建筑节能改造 1160 万平方米。大力推进可再生能源建筑应用，加快发展绿色建筑，建成各类项目 195 万平方米。2012 年新疆拥有国家园林城市 7 个，县城 5 个，自治区园林城市 8 个，县城 23 个。9 个城市城区获得"中国人居环境范例奖"，石河子市获得"联合国迪拜人居环境范例奖"和"中国人居环境奖"。2014 年底，现有自治区园林城市（城区、城镇）35 个、国家园林城市 19 个，自治区节水型城市 1 个，奎屯市等 5 个城市被列入国家智慧城市试点名单，107 个城镇被确定为全国重点镇。

2.3 新疆产业发展状况

随着新疆经济高速增长，产业结构也不断地优化调整，三次产业均呈现良好的发展态势。1978年，新疆三次产业结构为35.8∶47.0∶17.2，表现出"二一三"产业格局。经过30多年的发展，第一产业产值份额逐年下降，第二产业保持稳定，第三产业则快速上升。到2014年，三次产业结构演变为16.6∶42.6∶40.8，形成更加合理协调的"二三一"产业格局，服务业规模已与第二产业相当，逐渐代替第二产业成为经济发展的引擎，实现了由农业经济向工业经济进而向服务经济的转变。经过30多年的发展，目前，新疆已形成了以棉花和粮食为主题的农业生产体系。以石油加工、炼焦及核燃料加工业、石油和天然气开采业为主导，电力、热力的生产和供应业、化学原料及化学制品制造业、黑色金属冶炼及压延加工业、农副食品加工业和纺织业等门类齐全，产品丰富，较为完善的现代化工业体系。服务业方面，逐步形成了以批发零售业、交通运输、仓储和邮政业为主体的传统服务业，以金融业、房地产业等为主体的现代服务业，和以公共管理和社会组织、科教文卫等为主体的公共服务业；对全国的经济增长、稳定边疆发挥了重要的作用。

2.3.1 三次产业产值结构状况

新疆三次产业结构演进可分为三个阶段：第一个阶段是农村经济体制改革和农业大发展时期，时间从1978年到1990年。十一届三中全会以后，农村经济体制改革拉开序幕，1981年家庭联产承包责任制确立，生产的积极性被带动起来，带动农业发展快速。这一时期，新疆坚持农业在国民经济中的基础地位，加大农业投资力度，凭借丰富的光、热等自然资源禀赋迅速成为全国的农业生产基地，第一产业在此时期占新疆生产总值比重由1978年的35.8%上升到1990年的39.8%。这一时期，第二产业占比呈减少趋势，由1978年的47%减少至1990年的31.8%；第三产业所占比重较小，但呈现逐渐上升的趋势。特别是1985年以来，新疆减少重工业以及非生产性建设投资，增加轻工业、交通以及邮电投资，第三产业得到迅速的增长，此阶段新疆仍表现为"一二三"的产业结构格局。

第二个阶段是产业结构演进的低端优化阶段,时间从1991年到2002年。1991年是新疆三次产业结构出现的第一个交叉点,三次产业形成"三足鼎立"的发展格局,此后第一产业所占比重大幅降低,第二产业和第三产业所占比重大幅增加。随着"一黑一白"战略和优势资源转换战略的实施,新疆资源优势产业如煤炭、石油工业得到较快发展,加上新型工业化进程的推进,工业占据新疆国民经济的主导地位,产业结构由"一二三"演变为"二三一",发生了质的飞跃;第二产业的发展和基础设施的不断完善,使第三产业得到了快速发展,1995年以后产业结构逐步演化为"三二一"的格局,第一产业则呈现持续下降的趋势。第三个阶段是产业结构深化发展阶段,时间是从2003年至今。这一时期,国家实施西部大开发战略和对口援疆政策为新疆提供了重要的发展机遇,第二产业迎来快速发展时期,产业结构由初期的"三二一"发展为"二三一",第二产业重新夺回新疆经济的"火车头"地位,占比最高的2008年曾接近50%。2011年以来,新疆第三产业进入快速发展时期,尤其是丝绸之路经济带战略的提出以及新疆作为"核心区"的定位,使经济结构由工业主导向服务型主导转型,第三产业占比首次超过50%,对经济增长的贡献率明显高于第一、第二产业,正在形成高层次的"三二一"格局。

从图2-7中可以看出,1978~2014年新疆产业结构变化的总趋势是:第一,第一产业产值占比由1978年的35.8%逐步上升到最大值1982年的43.1%,随后呈波浪式下降的趋势,到2014年占比仅为16.6%,在三次产业中所占比重最低;第二,第二产业变化趋势较为稳定。1978~1979年第二产业占GDP比重较高,达到47.0%,从1980年开始第二产业产值占比逐年降低,到1991年第二产业产值占比才有所增加,到2004年以后成为稳定的第一大产业,至2008年第二产业占比达到最大值49.5%,随后又呈现下降趋势。其中,工业产值占新疆GDP比重由1978年的37.1%降至1991年的25%,随后又增至2008年的42%,变动趋势与第二产业的基本一致,建筑业占比基本稳定在8%左右,波动幅度不大;第三,第三产业产值比重在三次产业中产值结构比重最低,1990年之前基本处在30%以下,但一直呈现上升的趋势。1990年以后,得益于旅游业、对外贸易的发展,新疆的服务业快速发展,到1995年第三产业占GDP的比重超过第二产业,占据主导地位。2003年后,新疆第三产业产值结构比重呈现下降的趋势,与此同时第二产业快速增长,第二产业在新疆地区生产总值中所占份额最大。作为丝绸之路经济带建设的"核心区",新疆提出建设"五大中心",为服务业发展提供重要的战略机遇,目前,新疆经济正在从工业经济向服务经济的转型中,未来一段时间内,第三产业将成为拉动新疆经济增长的引擎。

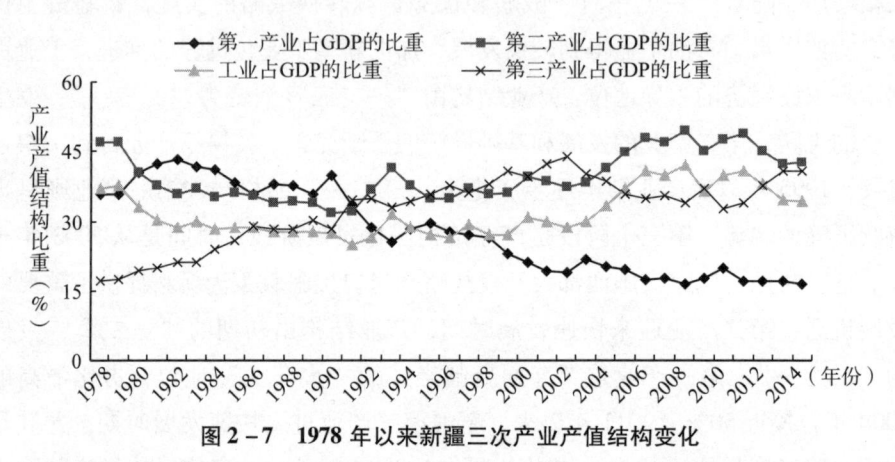

图2-7 1978年以来新疆三次产业产值结构变化

资料来源:新疆维吾尔自治区统计局. 新疆统计年鉴(2015)[z]. 北京:中国统计出版社,2015.

2.3.1.1 第一产业内部结构变化

从图2-8中可以看出,新疆第一产业以农业为主,农业在第一产业内部所占比重在70%以上,牧业在第一产业内部所占比重在20%以上,林业、渔业所占比重非常小,林业平均占比接近2%,渔业平均占比仅为0.61%,农林牧渔服务业占比在3%左右。1978年以来,新疆农业为主的地位始终没有发生变化。从第一产业内部的变动趋势来看,变动幅度均不明显,农业比重略有下降的趋势,牧业比重在波动中有升有降,林业、渔业比重波动不明显,在第一产业生产总值中一直处于较低的水平。从农业内部结构来看,新疆主要种植棉花和粮食作物,且棉花种植比重逐渐增加,粮食种植比重则不断减少,新疆已成为我国重要的优质棉基地,棉花产量占到全国的60%以上,为发展纺织服装业奠定了良好的原材料基础。到2014年,新疆农业、林业、牧业、渔业和农林牧渔服务业比重为71.25∶1.80∶23.73∶0.71∶2.50。

图 2-8　1978 年以来新疆第一产业内部结构变化

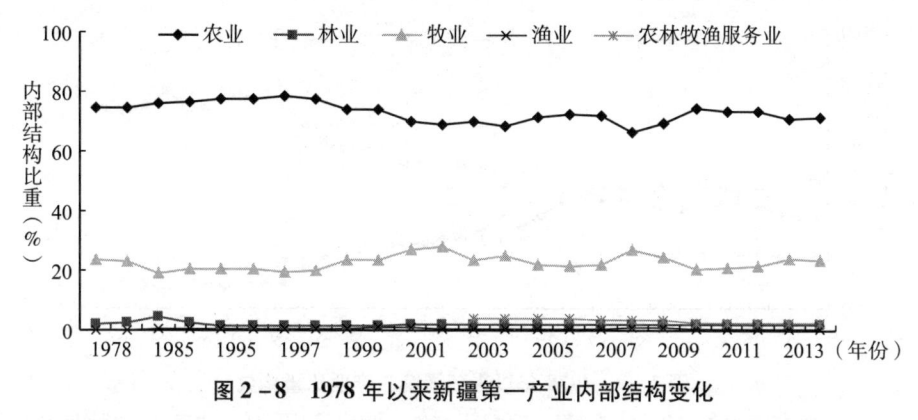

资料来源：新疆维吾尔自治区统计局. 新疆统计年鉴（2015）[z]. 北京：中国统计出版社，2015.

2.3.1.2　第二产业内部结构变化

新疆的第二产业发展迅速，在生产总值中所占的比例逐年提高，由于受自身资源禀赋的制约，新疆自从工业化初期起，重工业一直占据主导地位，轻工业比重偏低，建筑业比重基本稳定在20%左右。从图2-9可以看出，1990年之前，轻工业略低于重工业，之后重工业占工业的比重一路提升，已占到工业总产值的90%以上。1978年轻工业与重工业的比重分别为41.6%和58.4%，重工业发展较快，以年平均增长速度24%发展，而轻工业的年平均增长速度仅为10%左右。从新疆重工业内部结构分析，2008年采掘、原料工业所占比重偏大，占到了89.31%，加工工业比重偏低，只占10.69%，2009年采掘、原料工业所占比重有所降低，占到了84.42%，加工工业比重提高，占到15.58%，2010年采掘、原料工业所占比重占到了87.01%，加工工业比重占到12.99%，表明新疆工业仍处于以初级加工为主的发展阶段，新疆工业结构的明显特征表现为采掘工业为主的重工业比重较大，这种偏重型的工业结构使得新疆大部分产品仍是初级产品，加工程度较低，新疆仍处于资源开发与初加工阶段，产业链条比较短，附加值较低，所生产的产品主要用于其他地区生产产品的需要，不能满足终极市场对产业的需求①。建筑业在新疆第二产业内部所占比重较低，波动幅度较大。1997年后，建筑业对新疆国民生产总值的贡献超过了轻工业。

---

①　高志刚. 新疆循环经济发展实证分析与模式构建 [M]. 北京：石油工业出版社，2009，79-84.

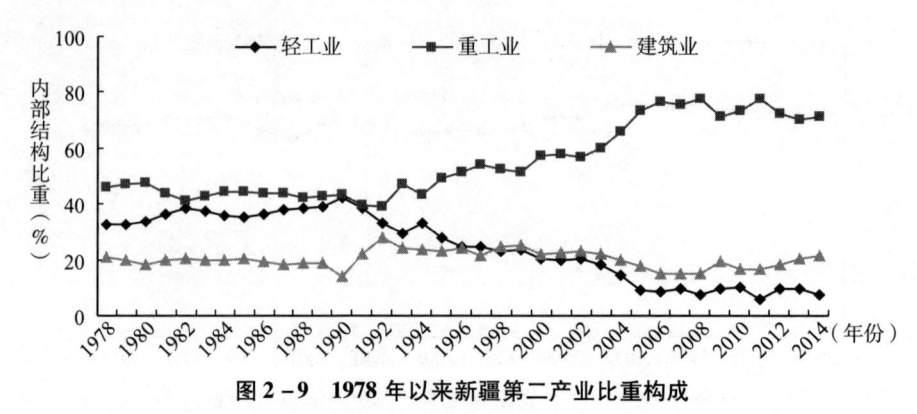

图 2-9　1978 年以来新疆第二产业比重构成

资料来源：新疆维吾尔自治区统计局. 新疆统计年鉴（2015）[z]. 北京：中国统计出版社，2015.

长期以来，新疆轻重工业结构失调的问题从未得到根本解决，因此新疆的工业结构偏向于重工业，尤其是石油石化产业"一业独大"的格局难以改变。工业内部各行业均发展迅速，其中，主要工业行业如石油和天然气开采业、石油加工、炼焦及核燃料加工业、黑色金属冶炼及压延加工业、电力、热力的生产和供应业、纺织业、农副食品加工业等工业占比较大。2014 年，上述产业工业总产值和工业销售产值分别达到 9431.76 亿元和 9159.74 亿元，分别占全疆工业比重的 65% 以上，成为推动经济发展的支柱产业（见表 2-9）。近几年，随着现代煤化工、有色金属产业快速兴起，装备制造、新能源、电子信息、生物医药等战略新兴产业发展壮大，推动非石油工业快速发展。非石油工业增加值的比重由 2009 年的 37.9% 提高至 2013 年的 56%，改变了石油工业'一业独大'的产业格局，使新疆工业结构不断优化。

表 2-9　2014 年新疆重点行业主要指标占全区规模以上工业比重

主要行业	工业总产值（亿元）	占全区比重（%）	工业销售产值（亿元）	占全区比重（%）
石油和天然气开采业	1400.37	14.8	1381.83	15.1
石油加工、炼焦及核燃料加工业	1768.73	18.8	1758.10	19.2
黑色金属冶炼及压延加工业	660.99	7.0	623.29	6.8
电力、热力的生产和供应业	996.32	10.6	993.68	10.8
化学原料及化学制品制造业	684.21	7.3	651.78	7.1
纺织业	136.78	1.5	132.34	1.4
农副食品加工业	474.31	5.0	441.79	4.8
合计	9431.76	65.0	9159.74	65.2

资料来源：新疆维吾尔自治区统计局. 新疆统计年鉴（2015）[z]. 北京：中国统计出版社，2015.

2.1.4.3 第三产业发展状况

新疆第三产业的发展相对于第一产业、第二产业起步晚，但近来发展较快。改革开放以来，第三产业先后经历了缓慢发展、快速发展与全面发展三个阶段，目前已经以物流、金融等为主体的产业体系，成为经济增长的重要支撑和吸纳劳动力的主要渠道，在优化产业结构、实现产业协调发展等方面产生越来越重要的影响。1978年新疆第三产业产值占地区生产总值的比重为17.2%，20世纪90年代初，围绕建设"以乌鲁木齐为中心的连接区内外的公路、铁路、民航、通信组成的综合运输体系和邮电通信网络"这个基本思想，新疆的交通、邮电等基础设施建设和服务得到加强，到2000年提高到39.5%。由于产业结构优化的内在需求及政府对服务业经营的开放，为加快新疆生产性服务业如金融、保险、信息、咨询等行业的发展提供了发展的契机。2013年新疆被确定为丝绸之路经济带的核心区，为新疆现代服务业的发展提供了重要的机遇。2014年新疆第三产业产值占地区生产总值的比重为40.8%。近十年来，新疆第三产业产值占地区生产总值的比重变化不大，但服务业内部结构逐步优化（见图2-10）。

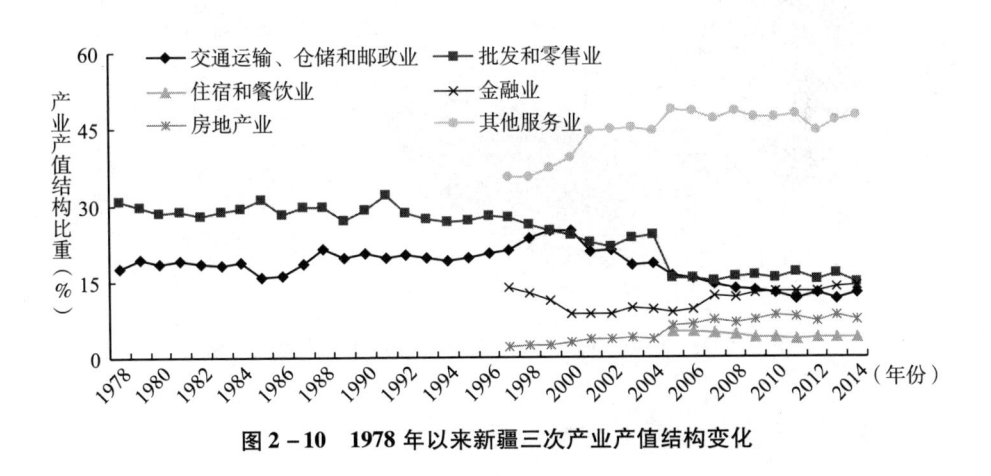

图2-10 1978年以来新疆三次产业产值结构变化

2010~2014年新疆服务业产值由1766.69亿元增长为3785.90亿元，增加了114%。从服务业内部结构来看，传统服务业如交通运输、仓储和邮政业、住宿和餐饮业，特别是批发零售业继续保持优势地位；公共管理和社会组织、科教文卫等6个靠财政供养或与财政供养相关的法人单位数量比上年稍有下降,但是仍占主要地位;现代服务业如房地产业、信息业、商务服务业等单位数量逐渐增加,并进入了新的发展时期①。2014 年公共管理、社会保障和社会组织、批发和零售业、金融业、交通运输、仓储和邮政业、教育、房地产分别占到服务业总产值的 16.92%、14.55%、14.18%、12.69%、9.04% 和 7.44%,合计占到服务业总产值的 74.81%。2014 年公共管理、社会保障和社会组织、金融业、房地产、水利、环境和公共设施管理业、居民服务、修理和其他服务业较 2010 年有较大幅度增加,其他服务业占比均呈缓慢下降趋势。总体而言,传统服务业占比有所下降,现代服务业中比重持续增加,表明新疆服务业内部结构逐步优化(见图 2 – 11)。

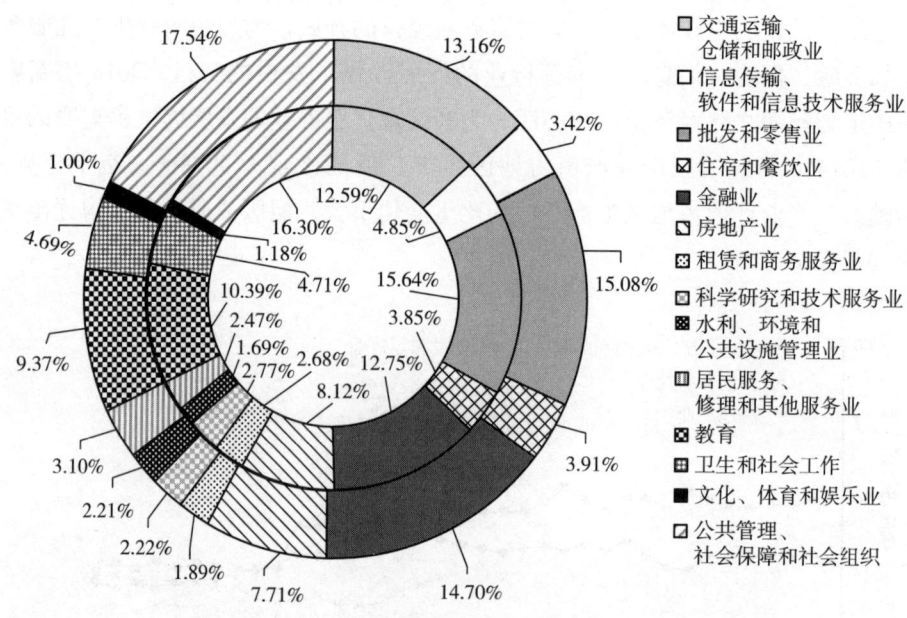

图 2 – 11 2010 ~ 2014 年新疆服务业各行业所占比重变化

2.3.2 三次产业就业结构状况

随着新疆产业结构的调整,就业结构也发生了相应的变化,但由于各产业

---

① 王彦芳,高志刚. 新疆服务业发展问题及趋势研究 [J]. 新疆职业大学学报,2015 (04):27 – 32 + 54.

对就业拉动的差异及不同产业劳动生产率的差异,导致就业结构与产业结构存在一定的偏差。1978年新疆就业人员总计491.25万人,其中第一、第二、第三产业分别为353.99万人、70.42万人和66.84万人,三次产业的就业比重分别为72.06%、14.33%和13.61%。伴随着经济发展及产业结构的调整,劳动力逐渐由第一产业流向第二、第三产业。2014年新疆就业人员总计1135.24万人,其中第一、第二、第三产业分别为515.21万人、181.3万人和438.73万人,三次产业的就业比重分别为45.38%、15.97%和38.65%。1978~2014年,新疆第一产业就业比重大幅下降,第二产业就业比重小幅增加,第三产业就业比重大幅上升(见图2-12)。通过分析可以发现,第三产业成为劳动力的蓄水池,第一产业转移出的劳动力主要在第三产业就业,第二产业就业吸纳能力较弱。

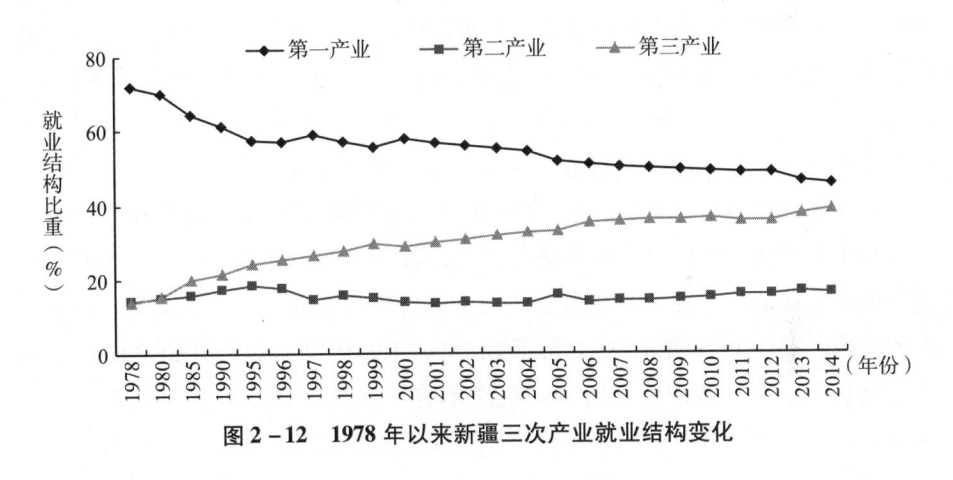

图2-12 1978年以来新疆三次产业就业结构变化

2.3.2.1 产业比较劳动生产率分析

衡量就业结构的产业差异可以采用三次产业的比较劳动生产率:即一个部门的产值比重同在该部门就业的劳动力比重的比率,它反映该部门1%的劳动力所生产的产值在整个国民总产值中的比重,即不同部门劳动力对产值的贡献程度。如果要素自由流动、各产业均衡发展,那么每一产业的产值比重应等于就业比重,那么该比率等于1。比率越大说明该部门劳动生产率越高,一般二、三产业比较劳动生产率高,变动轨迹呈现倒U型特征。经济发展的过程就是劳动力不断由低劳动生产率部门向高劳动生产率部门的转移过程,由于二、三产业部门劳动力能创造较多的产值,劳动要素不断由第一产业转移到

二、三产业,边际生产率下降,产出开始减少。第一产业比较劳动生产率的变动轨迹则呈现 U 型特征,是由于农业部门劳动生产率较低,劳动力为寻求更高的回报逐渐转向二、三产业,随着劳动投入数量的减少,农业机械化、规模化的发展将提高农业部门的劳动生产率。产业的比较劳动生产率(B)公式为:

$$B_i = \frac{g_i/g}{L_i/L} \tag{2.3}$$

进一步构建比较劳动生产率差异指数 S:

$$S = \sqrt{\sum_{i=1}^{3}(B_i - 1)^2/3} \tag{2.4}$$

式中:g_i/g 和 L_i/L 分别代表区域第 i 产业产值比重和劳动力比重;B_i 为第 i 次产业比较劳动生产率,B_i 值越大,说明该产业 1% 的劳动力所生产的产值在国民总产值中的比重越大,产业部门劳动力生产效率高,该产业的发展潜力越大。S 反映各产业比较劳动生产率离散程度,测度产业发展的平衡性。其值越大,越离散,说明各产业发展越不平衡,劳动在产业间转移的需求越大。根据公式(2.3)和公式(2.4)计算新疆 1978~2014 年三次产业比较劳动生产率和比较劳动生产率差异指数,并与全国水平作比较。

从表 2-10 中可以看出,自 1978 年来,新疆第一产业比较劳动生产率值一直小于 1 且呈小幅波动下降趋势,说明新疆第一产业劳动生产率相对其他产业较低,农业部门存在大量剩余劳动力难以转移到非农产业。全国第一产业比较劳动生产率由 1978 年的 0.40 降低到 2006 年的 0.25,之后开始增加到 2014 年达到 0.31,意味着农业部门劳动生产率有所提高,符合 U 型变化趋势。新疆与全国相比第一产业劳动率较高,说明农业在新疆具有重要的地位且具有比较优势。新疆第二产业比较劳动生产率在"八五"和"九五"时期较低,2000 年以后随着"优势资源转换战略"的实施,工业水平得到显著的提高,比较劳动生产率迅速提高,并且高于同期全国水平。说明新疆第二产业是具有增长潜力的部门,但也表明第二产业就业创造能力有限,产业的发展并未吸纳新劳动力进入。第三产业比较劳动生产率除 2008 年、2010 年外,其余时期均超过 1 但变化不大,和全国水平较为接近。说明第三产业劳动力的部门贡献一直较大,劳动力产值贡献程度变化较稳定。从各产业均衡发展视角来看,全国比较劳动生产率差异指数呈逐步减小的趋势,说明三次产业发展朝均衡方向演变;而新疆的比较劳动生产率差异指数呈波动变化趋势,表明新疆市场在产业发展中的作用不强,产业发展更多受政府政策影响;大部分年份新疆比较劳动生产率差异指数高于全国水平,反映新疆三次产业间发展不平衡,劳动力等要素在产业间的流动受到制约。

表 2-10　　1978~2014 年新疆和全国三次产业比较劳动生产率和比较劳动生产率差异指数

年份	新疆				全国			
	一产 B1	二产 B2	三产 B3	S	一产 B1	二产 B2	三产 B3	S
1978	0.50	3.28	1.27	1.36	0.40	2.75	2.01	1.22
1980	0.58	2.71	1.27	1.03	0.44	2.63	1.69	1.07
1985	0.60	2.28	1.29	0.79	0.45	2.05	1.74	0.81
1990	0.65	1.83	1.33	0.55	0.44	1.91	1.75	0.75
1995	0.51	1.90	1.47	0.65	0.38	2.03	1.36	0.73
2000	0.38	2.80	1.32	1.12	0.29	2.02	1.45	0.76
2005	0.38	2.88	1.08	1.15	0.26	1.97	1.32	0.73
2010	0.40	3.21	0.90	1.33	0.26	1.61	1.28	0.58
2011	0.35	3.12	0.95	1.28	0.27	1.56	1.24	0.55
2012	0.35	2.90	1.05	1.16	0.28	1.49	1.26	0.52
2013	0.37	2.59	1.08	0.99	0.30	1.45	1.22	0.50
2014	0.37	2.67	1.06	1.03	0.31	1.43	1.18	0.48

2.3.2.2　产业结构的偏离度和偏差系数

产业结构的偏离度是各产业增加值的比重与相应的劳动力比重的差异程度。主要指就业结构与产值结构之间的匹配格局,如果二者匹配度高经济增长速度就较快。就业结构与产值结构偏离度 φ1 和偏差系数 φ2 计算公式:

$$\varphi 1 = \frac{GDP_i/GDP}{L_i/L} - 1 \quad (2.5)$$

$$\varphi 2 = \sum_{i=1}^{n} |GDP_i/GDP - L_i/L| \quad (2.6)$$

式中,GDP_i/GDP 为第 i 产业 GDP 产值所占比重,L_i/L 为第 i 产业就业人员所占比重。φ1 为大于 1 的正值表明产值比重大于就业比重,意味着该产业劳均产值较大,存在较大的就业空间;φ1 值为负意味着该产业劳均产值较低,该产业存在着劳动力冗余;结构偏差系数 φ2 的绝对值越小,产值结构与就业结构发展越均衡,结构性失业或隐蔽失业就越小。根据式(2.5)和式(2.6)计算 1978~2014 年新疆产业结构偏离度与偏差系数。

由图 2-13 可知,新疆第一产业就业产业结构偏离度为负值,说明其产值比重小于就业比重，第一产业劳动生产率较低，存在大量的剩余劳动力。第一产业结构偏离度的变化基本上呈波浪式上升趋势，先由1978年的0.50下降到1990年的0.35，再上升到2008年的0.69后下降到2014年的0.63，说明新疆第一产业就业结构与产业结构的不协调性在增加，劳动力转出的存在巨大的压力，劳动力向二三产业转移存在产业结构、体制机制和风俗习惯的障碍。

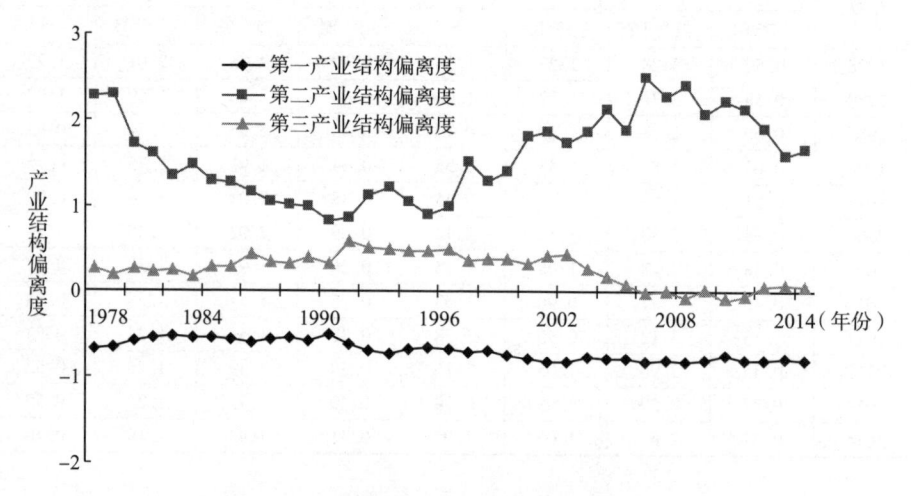

图2-13 新疆第三产业就业结构偏离度分析

新疆第二产业就业产业结构偏离度为正值，数值很大且波动较大，表明第二产业产值构成大于其就业构成，虽然产值较大但劳动吸纳能力不强。从第二产业结构偏离度变动趋势来看，呈现先下降后上升再下降的趋势。从1978年的2.28下降到1990年的0.83，说明新疆第二产业的劳动生产率有所下降，第二产业发展不够充分，再加上新疆第二产业从业人员较高的技术水平需求限制，其他产业劳动力很难转入第二产业。随后伴随着工业化的发展开始上升，由1995年的0.90逐渐上升到2006年的2.50后降为2014年的1.67，说明第二产业生产总值中占较大比重的是以石油、天然气为主的原材料加工型行业，对劳动力的吸纳程度低，再加上新疆特色棉纺、医药等产业发展规模较小，对劳动力的吸纳能力更有限。近几年第二产业就业产业结构偏离度的降低，说明新疆非石油制造业发展较快，对就业的带动作用增强。

新疆第三产业结构偏离度大部分为正，其数值较第一、第二产业接近于0，并呈现先增后减再增的趋势。说明新疆第三产业就业与产值的发展还是比较协调的,已成为吸纳劳动力、促进城镇化发展的重要产业。"十五"期间新疆第三产业结构偏离度有明显变小的趋势,"十一五"以来新疆第三产业结构偏离度变为负值,说明第三产业创造劳动就业岗位低于第三产业整体水平,缺乏吸引就业的新动力,但"十二五"期间这种状况发生了变化,第三产业结构偏离度由负变正,并呈现逐步增大的趋势,反映出第三产业在促进经济发展、吸纳劳动力方面开始发力。

图 2-14 反映的是新疆三次产业结构的偏差系数,在不同的发展阶段,就业产业发展的差距不同。可以分为两个阶段:第一个阶段是 1978~1990 年,除个别年份外,新疆三次产业结构的偏差系数呈现下降的趋势,说明新疆产业结构与就业结构呈现逐渐协调的发展态势;第二个阶段是 1990 年以后,呈缓慢波动上升的趋势,说明新疆就业产业结构存在失衡的压力,进一步说明存在产业结构调整的空间。

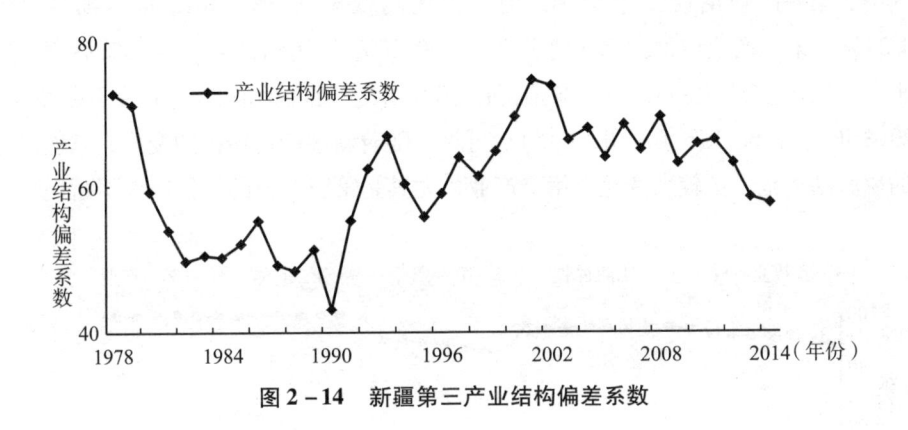

图 2-14 新疆第三产业结构偏差系数

2.3.3 三次产业纳税结构状况

产业发展为税收提供基础税源的同时,税收政策对产业发展也起到调节作用。税收为城镇建设与公共服务筹集资金,并且通过调节资源配置促进城镇化的健康发展,不同产业的税收直接影响着各个产业的发展和对城镇化的贡献。税收与产业发展存在着互为因果的关系,伴随着劳动力从第一产业到第二、三产业的转移,城镇化水平持续提高。为吸纳更多的人口,城镇需要增加基础设施投资与公共服务投入,政府财政支出的来源在于产业发展所提供的收税。人力资本提升、产业结构优化和投资规模扩张都会促使城镇经济增长,并促进税收增加，从而完成城镇化的税收支持模式。随着城镇化建设步伐的加快，产业不断集聚和升级，企业生产方式和居民生活方式发生变革，一批相适应的新型服务业应运而生，原有的服务业规模也将扩大，税源渠道得到拓宽，进而促进税收总量的增长。也就是说，税收为城镇化建设提供了强有力的支持，而城镇化建设又反作用于税收①。

2.3.3.1 三次产业税收结构

1978年到2000年新疆三次产业税收由3.9亿元增长为64.5亿元，其中第一产业（农牧业各项②）税收占比由1978年的11%降低为1993年的4%；1994年我国实施分税制改革，新疆第一产业税收比重跳跃式增长为13%，至2000年降低为9%；与此相对应第二、三产业（工商税收）纳税比重基本维持在90%左右，成为新疆税收的主体。2001年以来，三次产业纳税比重表现为波浪式变化：其中，第一产业纳税比重最小，历年占比均低于0.5%，2012年达到最大值0.34%，第二产业纳税占比均超过50%，在2007年达到最大值64.8%后逐年减小，第三产业纳税占比不断增强，在2007年达到最小值35.1%后不断变大，2014年达到46.71%（见图2-15）。可见，随着新疆产业结构的变化，三次产业的税收结构也发生较大变化，第二产业，尤其是第三产业的纳税比重不断提高。

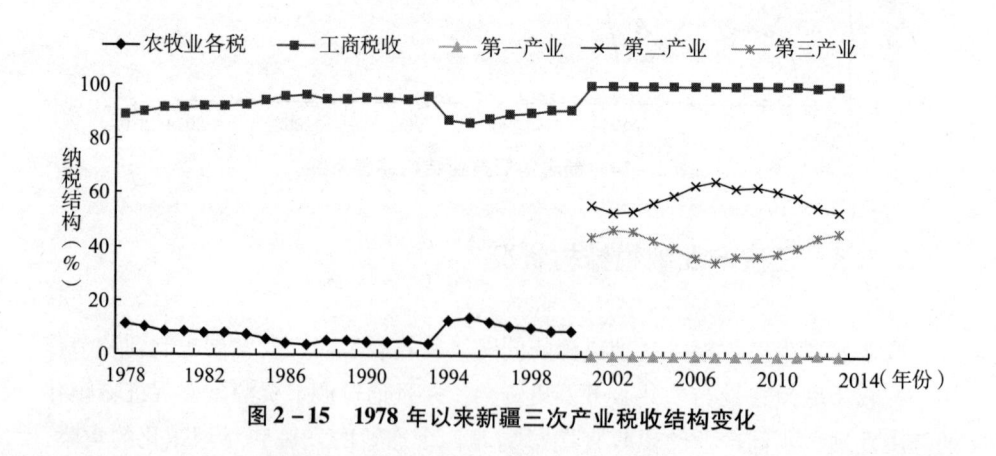

图2-15 1978年以来新疆三次产业税收结构变化

---

① 张景华. 新型城镇化进程中的税收政策研究 [J]. 经济学家，2013, 10: 55-61.
② 注：由于统计口径的变化，本书部分三次产业税收数据作了替代。2001年之前统计年鉴中只有农牧业各项税收和工商业税收，本书用农牧业各项税收代替第一产业税收，工商税收代替第二、三产业税收，数据均来自《新疆五十年》2001年之后用三次产业税收数据均来自历年《中国税务年鉴》。

从三次产业税收比重的内部结构来看，2010～2014年三次产业总税收由1092.87亿元增长为1773.58亿元，增加了62%，其中，第一产业纳税额由1.20亿元增长为4.60亿元，增加了284%，第二产业纳税额由671.62亿元增长为957.10亿元，增加了42%，第三产业纳税额由223.86亿元增长为527.77亿元，增加了136%，成为税收增加的生力军。从细分产业来看，2010年纳税前三位的产业分别为制造业、采掘业、批发和零售业，三个行业纳税比重占当年产业纳税比重的近70%，2014年纳税比重最大的三个产业依然是这三个产业，但纳税比重仅占当年的57%。可见，工业和传统服务业对新疆税收的贡献正在降低，而现代服务业如房地产业、金融业、商务服务业等的纳税比重不断增加。2014年制造业、采矿业、批发和零售业、住宿和餐饮业纳税比重都呈下降趋势，尤其是制造业大幅下降8.68个百分点，而房地产业、建筑业、金融业、租赁和商务服务业纳税比重显著提高，表明新疆产业的纳税结构逐步优化。

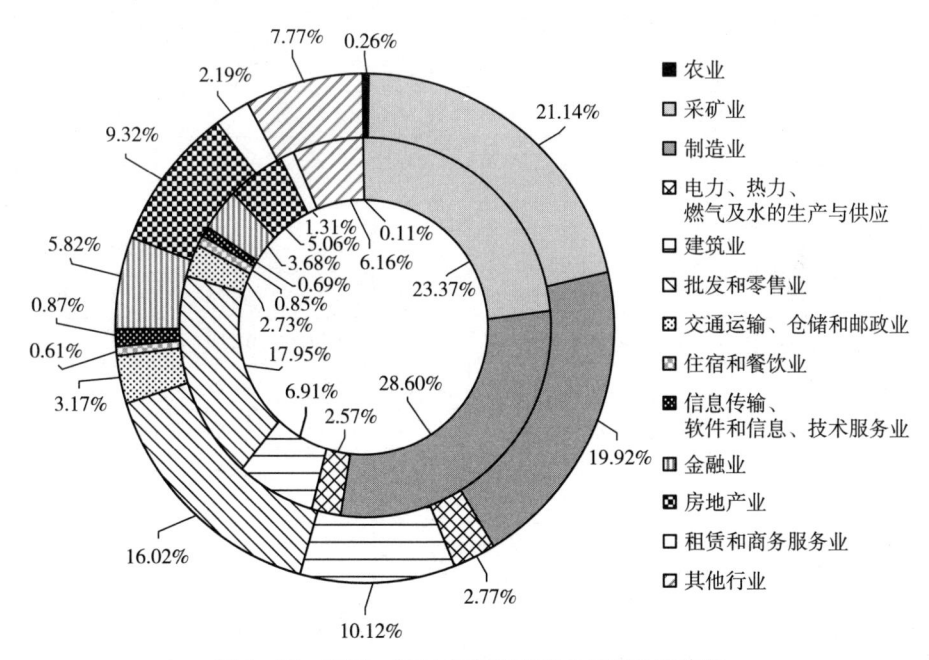

图2－16　2010～2014年新疆各产业纳税比重变化

2.3.3.2　三次产业税负与税收弹性

宏观税负和税收收入弹性系数是定量分析税收与经济关系的重要指标，其是否处于合理水平是保证政府公共产品供给与经济健康发展的关键。三次产业宏观税负,即三次产业税收占其国内生产总值的比重,宏观税负水平合理与否对于保证政府履行其在城镇化发展中的职能所需财力,发挥税收的经济杠杆作用有着重要意义。三次产业税收弹性为各产业税收增加百分比与其国内生产总值增加的百分比。当税收弹性大于1,表明税收富有弹性,税收增长速度快于产业经济的增长速度,反之则反是;当税收弹性等于1,表明税收为单位弹性,税收增长速度与产业经济增长速度同步。理论界一般认为,税收弹性在0.8~1.2之间是比较合理的。表2-11给出了新疆三次产业宏观税收与税收弹性。

表2-11 2001~2014年新疆三次产业宏观税负与税收弹性

年份	第一产业			第二产业			第三产业		
	税收规模（亿元）	宏观税负（%）	税收弹性	税收规模（亿元）	宏观税负（%）	税收弹性	税收规模（亿元）	宏观税负（%）	税收弹性
2001	0.00	0		99.17	17.28		78.55	12.48	
2002	0.00	0	20.48	105.66	17.52	1.28	93.19	13.23	1.57
2003	0.00	0	3.08	124.96	17.37	0.95	107.76	14.29	2.23
2004	0.01	0	7.02	176.18	19.27	1.51	132.45	15.61	1.83
2005	0.02	0	8.44	228.37	19.61	1.08	155.13	16.69	1.80
2006	0.02	0	2.34	299.69	20.54	1.24	172.78	16.33	0.82
2007	0.05	0.01	8.85	377.33	22.90	2.01	204.89	16.43	1.04
2008	1.65	0.24	349.12	481.71	23.26	1.08	286.92	20.19	2.86
2009	1.24	0.16	-2.48	498.50	25.83	-0.51	294.83	18.57	0.24
2010	1.20	0.11	-0.09	671.62	25.91	1.01	420.06	23.78	3.77
2011	1.79	0.14	8.85	846.28	26.23	1.06	577.39	25.72	1.38
2012	5.73	0.44	16.51	925.55	27.27	1.79	735.49	26.08	1.07
2013	4.60	0.32	-1.75	957.10	26.77	0.64	811.88	23.64	0.48
2014	5.49	0.36	2.66	1005.56	25.46	0.48	886.23	23.41	0.89

资料来源:中国税务统计年鉴和新疆统计年鉴。

从税收规模来看,2001年以来新疆第一产业的税收呈波动上升的趋势,税收总额从2001年的10万元增加到2014年的5.49亿元,增加了5亿多元。

第二章　新疆生态环境、新型城镇化及产业发展状况

这种大幅增长的节点在2008年和2012年表现较为明显，这与全国第一产业税收比重下降的情况相比存在一定的差异，因为新疆是全国优质棉基地和林果产业大区，棉花加工与水果初加工等环节需要交纳一定的税收。虽然第一产业税收规模呈大幅上升的趋势，但占三次产业总税收的比重依然很低，2014年第一产业税收仅占三次产业税收总额的0.29%，而国家为支持新疆棉花产业发展的资金高达200多亿元，因此，农业税负很轻还存在大量的补贴。

非农产业尤其是工业是新疆产业税收和城镇化建设资金的主要来源，其中，第二产业税收收入占税收收入规模和比重较高，是新疆产业税收收入的支柱，且呈现快速增长的趋势。税收总额由2001年的99.17亿元增加到2014年的1005.56亿元元，增长了10.14倍。第二产业税收占三次产业税收的比重呈波动下降趋势，由2001年的55.80%增长为2007年的64.80%后，下降为2014年的53%，虽然占比依然是最大的但下降趋势不可阻挡。第三产业是新疆三次产业税收的生力军，表现出接替第二产业的巨大潜力。第三产业税收占比呈现波动性先降后升的变化趋势，2001年第三产业税收占比为44.20%，增加为2002年的46.86%后一路下降，到2007年达到最小值35.19%，随后呈现持续增加的趋势，到2014年达到46.71%。目前，随着新疆服务业的快速发展和产业结构的进一步优化，第三产业的纳税比重将逐步上升，必将成为产业税收的主要来源。

从产业税负来看，新疆第一产业宏观税负非常小，尤其是2001~2007年税收负担可以忽略，2008年的税负为0.24%，到2014年波动上升为0.36%，虽然有所上升，但税负依然较小。非农产业税收负担都呈逐年上升的态势，其中，第二产业税负高于第三产业税负，由2001年的17.28%波动上升到2014年的25.46%，增加了8.18个百分点，第二产业中采掘工业、石油石化产业已经成为税收收入的主要来源。第三产业税负从2001年的12.48%上升到2014年的23.41%，上升了10.93个百分点，是三次产业中税负上升幅度最大的产业，其生力军的作用不断凸显。最后，从整体上来看，新疆宏观税负水平也是呈逐年上升的态势，由2001年11.91%波动上升为2014年的20.46%，13年间上升了8.54个百分点。

从产业税收弹性系数来看，第一产业变化幅度较大，第二、三产业变化很小。第一产业税收弹性系数波动非常大，但由于其所占比重很小对整体税收的影响基本可以忽略。第二产业的波动趋势比较小，2001~2014年间，有一段

时间税收弹性系数处在 0.8~1.2 的合理区间内，2007 年新疆第二产业税收弹性为 2.01，受金融危机导致的国际原油价格下跌影响，石油石化工业大幅减产、利润下降，直接影响到新疆的税收，2009 年第二产业税收弹性下降到最低值 -0.51。第三产业的税收弹性系数波动幅度大于第二产业，12 年间税收弹性系数在 0.8~1.2 合理区间的年份只有四个，2010 年的弹性最大为 3.77，2009 年的值最小仅为 0.24，主要是受"七五"事件对全疆服务业产生不利影响，其他年份较为正常。

第三章

新疆生态环境、城镇化与支撑产业互动机制分析

城镇化、支撑产业与生态环境是相互影响的复杂系统，城镇化及支撑产业的发展往往伴随着生态环境先恶化后改善的发展态势，即库兹涅茨所描述的经济发展与生态环境间存在的倒 U 型曲线关系。改革开放以来，新疆产业结构不断优化、经济快速增长、城镇化大幅提高，与此同时环境污染和生态破坏也不断加剧，城市环境污染、生活污染进一步加重，生态环境总体恶化的趋势仍未得到根本性转变。作为西部落后省区、生态脆弱区和少数民族聚集区，新疆城镇化及其支撑产业的发展承载着调结构、转方式、增收入的重要职能，同时也是全面建设小康社会的必由之路，是实现社会稳定与长治久安的重要选择。生态环境的脆弱性决定了传统的发展道路不利于新疆新型城镇化和产业可持续发展，因此，本章将从定性与定量两个方面梳理新疆生态环境、城镇化与支撑产业的互动机制，以便为促进新型城镇化、支撑产业和生态环境良性发展提供理论基础。

3.1 生态环境、城镇化与支撑产业的作用途径与机制

城镇化是调整产业结构、转变增长方式、扩大内需的重要平台，在推动经济社会发展过程中发挥越来越重要的作用。在传统发展模式驱动下，新疆城镇化布局逐步完善、城镇功能不断提升，城镇在经济发展中的增长极作用逐渐凸显。然而，随着城镇数量与规模的扩大、城镇结构和功能的转变，城镇化及支撑产业对自然资源的需求不断增加，对生态环境产生诸多不利影响，打破了经

济与生态的原有联系与平衡，进而引发出一系列的生态环境问题。可见，生态环境—城镇化—支撑产业是一个具有高度复杂性、不确定性和多层次性的开放系统，诸要素之间既相互促进又相互制约，存在正负反馈两个方面，三者的交互作用机理如图3-1所示，图中"+、-"分别表示正向影响与负向影响。新疆生态环境、城镇化与支撑产业除具备上述互动机制的一般表现外，由于其资源丰富、生态脆弱、相对封闭，三者的作用机制还具备新疆自身的特殊性。

　　三者之中，生态环境为城镇化及支撑产业的发展提供物质基础和资源条件，良好的生态环境有利于城镇吸纳劳动、资本等生产要素，为支撑产业发展创造良好的基础。支撑产业是推动城镇化的重要动力，在城镇化发展的早期阶段主要靠第二产业作为支撑产业，这些采矿业、制造业、水电燃气的生产和供应以及建筑业，而这些部门大多采用高消耗、高污染的粗放型生产方式，必然会对生态环境带来破坏。过度的城镇化和高污染、高耗能的支撑产业不可避免地对生态环境和资源系统带来巨大压力，从而延缓城镇化进程和支撑产业的升级。与此同时，城镇化及支撑产业的发展也为生态环境建设提供重要的资金支持和技术保障，一方面，随着城镇化的发展和人们的文明程度的提升，发展过程中将更加注重生态环境，支撑产业的发展将增加政府税收将更多地投入到生态环境的治理中；另一方面，伴随着城镇化及支撑产业的发展，治理生态环境的技术创新将大量出现，会对生态环境产生有利影响。

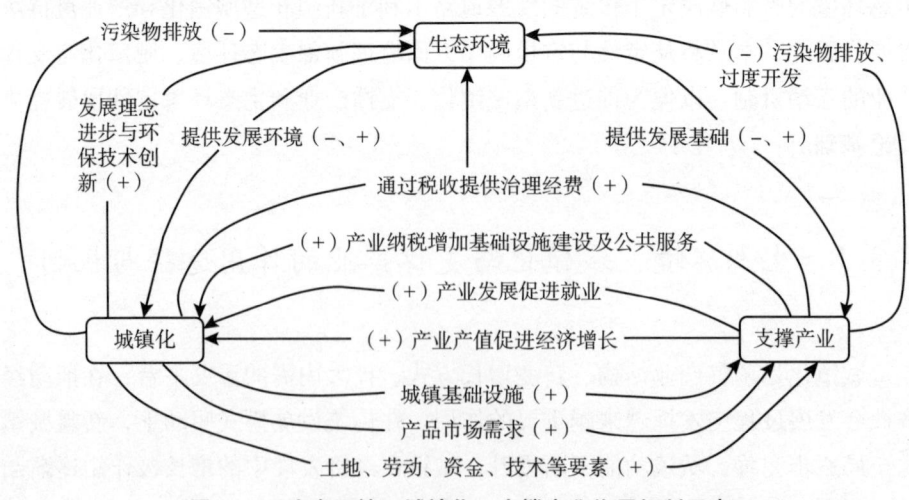

图3-1　生态环境—城镇化—支撑产业作用机制示意

3.1.1 生态环境与城镇化互动机制

在城镇化与生态环境之间的相互关系方面，大量研究表明城镇化与生态环境存在倒 U 型曲线关系，即伴随着城镇化的发展生态环境先恶化，但城镇化发展到一定水平后生态环境逐渐好转。发达国家和地区的发展实践充分证明了库兹涅茨曲线的存在，但不同区域库兹涅茨曲线的表现形式存在较大差异。学者们对环境的库兹涅茨曲线进行了大量的检验，格里斯曼和克鲁格（Gorssman & Krueger，1995）对 66 个发达国家的城市经济水平与城市生态环境质量进行检验，发现两者存在倒 U 型曲线的关系，首次证实了环境库兹涅茨曲线假说[①]。但发展中国家或地区城镇化进程中是否存在库兹涅茨倒 U 型曲线？转折点又处在城镇化发展的什么阶段？王家庭、王璇（2011）基于城市环境库兹涅茨曲线对 28 个省市地区进行研究发现，城镇化与环境污染之间存在倒 U 型曲线的关系，且当城镇化率超过 33.84% 时，环境污染恶化程度会随着城镇人口比重增加而恶化[②]。可见，在城镇化对生态环境的影响是双向的，粗放式的城镇化发展方式将导致环境污染恶化，而发展理念的改变与技术创新将导致生态环境改善。

新疆人口向城镇的集聚对生态环境造成一定的压力，2014 年新疆的城镇人口达到 1058.91 万人，比 10 年前增加了 368.8 万人（2004 年），城镇人口的大幅增加必然要消耗更多的资源，加速了对环境资源的掠夺。同时，城镇人口活动增多将排放更多的污染物，2014 年新疆城镇化生活污水排放量达到 6.99 亿吨，比 10 年前增加了 2.92 亿吨，给环境的自我调控带来了更大的压力，给生态环境增加了负担，增加了生态系统的压力。同时，随着城镇化的推进发展理念逐渐改变，由初期的只注重经济增长转变为更加注重生态环境的保护，随着"环保优先、生态立区"发展理念在城镇化实践中的实施，生态环境得到一定的改善。2014 年新疆城市环境基础设施建设投资额高达 127.56 亿元，比 10 年前增加了近 100 亿元。同时，由技术进步导致的能源消费结构变

---

① Gene M Grossman, Alan B Krueger. Economic Growth and the Environment [J]. The Quarterly Journal of Economics, 1995, 110 (2): 353 – 377.

② 王家庭，王璇. 我国城市化与环境污染的关系研究——基于 28 个省市面板数据的实证分析 [J]. 城市问题, 2010, 11: 9 – 15.

化,使2014年新疆城镇生活二氧化硫排放量、城镇生活烟尘排放量达到13.49万吨和11.54万吨,分别比10年前降低了3万吨和0.2万吨。上述排放物的变化趋势说明新疆城镇化库兹涅茨曲线正处在转折阶段。

3.1.2 城镇化与支撑产业互动机制

随着经济的增长和人均收入水平的提高,产业结构由第一产业为主向第二产业为主,继而向第三产业转变,这一转变过程中会带动劳动力、资本等要素向城镇集聚,由此推动城镇化进程(库兹涅茨,1989)[1]。格莱泽(Gleaser,2005)认为城市化的成功与否与它适应产业结构的能力息息相关[2],只有与城镇发展相匹配的产业才能推进城镇化进程。在城镇化发展的中期阶段,第二产业尤其是工业为城镇化提供动力,但随着城镇化的发展服务业逐渐代替工业,通过完善城镇服务功能成为推动城镇化发展的主要动力。同时,城镇功能的完善和服务的提升为产业发展提供良好的基础,孙久文,周玉龙(2014)发现当城镇化率小于35%或71%时,城镇化的发展能有效推动第三产业的发展,但对第二产业发展推动作用不如第三产业。而城镇化发展的其他阶段,产业结构受城镇化的影响并不明显[3]。林文生(2013)利用VECM模型对1978年以来上海第二、第三产业发展、外来人口及城镇化之间的长期动态关系进行了检验,发现第二产业发展是城镇化的长期驱动力,外来人口上升和城镇化对第二、第三产业发展有短期内的促进作用和长期内的阻碍作用[4]。可见,不同区域在不同时期城镇化与支撑产业的互动机制存在差异。

新疆城镇化水平与全国平均水平差距不断拉大,2014年低于全国平均水平8.7个百分点。究其原因是产业支撑作用弱,新型城镇化发展动力不足。目前,新疆工业化正处在由初级阶段向中级阶段的过渡时期,农牧业现代化和现代服务业正在发展之中,特别是新疆的工业结构呈重型化,就业系数较低,对

---

[1] 库兹涅茨. 现代经济增长[M]. 北京:北京经济学院出版社,1989.
[2] Edward L. Glaeser. Reinventing Boston: 1630~2003 [J]. Journal of Economic Geography, 2005, (5): 119 - 153.
[3] 孙久文,周玉龙. 中国产业发展与城镇化互动研究——基于面板门槛回归模型的视角[J]. 学习与实践,2014,(11): 5 - 12.
[4] 林文生. 上海产业发展、外来人口及城镇化关系研究[J]. 人口与经济,2013,(4): 39 - 45.

城镇化的促进作用有限,严重制约了城镇化发展①。据统计,2014年新疆工业与服务业增加值分别为3179.6亿元与3785.9亿元,分别占全国的1.39%与1.23%,低于1.68%的人口占比。再加上工业中重工业占比较大,服务业中传统服务业占主体地位,2014年规模以上工业增加值中重工业比重达到91.15%,传统服务业占比高达70.15%,远高于全国平均水平。由于工业发展基础薄、服务业发展动力不足、产业结构层次低等原因导致经济增长效益低、就业带动作用差、财政收入不足,难以支撑新疆城镇化发展。产业发展创造的就业机会不足,导致大量农村富余劳动力无法得到有效转移,城镇人口得不到有效集聚,城镇作为产业发展的平台职能难以发挥作用,难以承载技术含量高、绿色低碳的新型产业与高科技产业。

3.1.3 支撑产业与生态环境互动机制

生态环境是为支撑产业发展提供物质基础,同时容纳支撑产业的污染物排放进行生态修复,支撑产业的发展在初级阶段向生态环境过度索取,在高级阶段演变为环境友好型产业,在促进城镇化发展的同时更加注重生态文明建设。相关学者研究了产业结构对生态环境的影响。张海峰,白永平等(2008)研究了青海省产业结构变动对生态环境的影响,指出青海省产业结构的生态环境指数波动较大,特别是最近几年来,产业结构的生态环境影响指数上升很快达到研究时段最高点,需实施基于生态环境保护的长效产业政策②。韩峰,李浩(2010)对湖南省产业结构对生态环境的作用机制进行了实证研究,研究结果显示,生态环境综合质量随着产业结构的不断优化而稳步提高,产业结构变迁是影响总体环境质量的关键因素③。王薇(2014)发现我国城市化水平、产业结构和碳排放之间存在长期的均衡关系,城市化水平提高是导致碳排放量增加的原因,碳排放量增加是第二产业增长的格兰杰原因;从三者之间的动态影响关系来看,城市化水平、第二产业对碳排放的影响具有滞后效应,且长期的影

---

① 闫海龙,胡青江.新型城镇化发展中面临的主要困难问题及对策分析——以新疆自治区为例[J].柴达木开发研究,2014,02:13-16.
② 张海峰,白永平等.青海省产业结构变化及其生态环境效应[J].经济地理,2008(5):748-751.
③ 韩峰,李浩.湖南省产业结构对生态环境的影响分析[J].地域研究与开发,2010(5):89-98.

响显著[①]。可见，学者们大多探究产业发展对生态环境的影响，而对生态环境对支撑产业的影响机理研究较少。

众所周知，新疆地域辽阔，矿产资源丰富。石油、天然气、煤炭预测储量分别占全国陆上石油资源量的 30%、34% 和 40%，为石油、天然气开采，石化、煤化工等产业发展奠定良好的资源基础，再加上新疆远离我国经济核心区、大市场，缺乏发展劳动密集型、技术密集型产业的环境基础，导致新疆经济过度依赖资源型产业和重工业。而另一方面，新疆干旱缺水、生态环境脆弱、生态修复能力差，新疆支撑产业的快速发展，高消耗、高污染企业的进入，使绿洲生态功能快速退化，绿洲生态环境承载力受到极大的挑战。2014 年新疆"三废"排放中二氧化硫排放总量与烟尘排放总量分别达到 85.3 万吨和 81.38 万吨，其中，工业排放量分别占 84% 和 83%；新疆 GDP 占全国 GDP 总量的 1.46%，而工业固体废物产生量占全国总量的 2.39%。说明支撑产业快速发展的同时，对生态环境造成的污染也日趋严重，支撑产业的发展所面临的生态环境约束日趋严峻。

3.2 生态环境、城镇化与支撑产业脉冲响应分析

3.1 节从理论角度阐释了生态环境、城镇化和支撑产业三者间相互影响的机理，并结合新疆的实际情况，分别从城镇化与生态环境、城镇化与支撑产业、支撑产业与生态环境三个方面定性讨论了它们之间两两相互作用的途径与机制。那么这种作用机制在新疆是否存在？如果存在相互作用的大小如何？本节将利用向量自回归模型检验上述作用机制。

3.2.1 模型选择

虽然上一节提出了生态环境、城镇化与支撑产业三者间的互动机制，但以往研究文献表明，生态环境与城镇化、生态环境与经济增长、生态环境与产业发展、城镇化与产业发展存在一定的相关性，本章提出的作用途径与机制并未

---

① 王薇. 城市化、产业结构与碳排放的动态关系研究——基于 VAR 模型的实证分析 [J]. 生态经济，2014 (11)：27 – 35.

第三章　新疆生态环境、城镇化与支撑产业互动机制分析

给出规范的经济理论基础，因此难以用建立在经典经济理论之上的计量模型进行分析。好在西姆斯（C. A. Sims, 1980）在 1980 年提出向量自回归模型（vector autoregressive model），并将其引入经济学研究之中。这种模型不以经济理论为基础，它采用多方程联立的形式进行回归。在模型的每一个方程中，内生变量对模型的全部内生变量的滞后项进行回归，从而估计全部内生变量的动态关系。因此，适合本章对新疆生态环境、城镇化与支撑产业数量关系探析。向量自回归（VAR）是基于数据的统计性质建立模型，VAR 模型把系统中每一个内生变量作为系统中所有内生变量的滞后值的函数来构造模型，从而将单变量自回归模型推广到由多元时间序列变量组成的"向量"自回归模型。VAR 模型是处理多个相关经济指标的分析与预测的模型之一，广泛应用于经济系统动态性分析。

VAR 模型的数学表达式为：

$$y_t = \Phi_1 y_{t-1} + \cdots + \Phi_p y_{t-p} + H x_t + \varepsilon_t \quad t = 1, 2, \cdots, T \quad (3.1)$$

其中，y_t 是 k 维内生变量列向量，x_t 是 d 维外生变量列向量，p 是滞后阶数，T 是样本个数。$k \times k$ 维矩阵 Φ_1，Φ_2，$\cdots$，Φ_p 和 $k \times d$ 维矩阵，H 是待估计的系数矩阵。ε_t 是 k 维扰动列向量，它们相互之间可以同期相关，但不与自己的滞后值相关，且不与等式右边的变量相关，假设 $\sum$ 是 ε_t 的协方差矩阵，是一个（$k \times k$）的正定矩阵。式（3.1）可以展开表示为：

$$\begin{bmatrix} y_{1t} \\ y_{2t} \\ \vdots \\ y_{kt} \end{bmatrix} = \Phi_1 \begin{bmatrix} y_{1t-1} \\ y_{2t-1} \\ \vdots \\ y_{kt-1} \end{bmatrix} + \cdots + \Phi_p \begin{bmatrix} y_{1t-p} \\ y_{2t-p} \\ \vdots \\ y_{kt-p} \end{bmatrix} + H \begin{bmatrix} x_{1t} \\ x_{2t} \\ \vdots \\ x_{kt} \end{bmatrix} + \begin{bmatrix} \varepsilon_{1t} \\ \varepsilon_{2t} \\ \vdots \\ \varepsilon_{kt} \end{bmatrix} \quad (3.2)$$

即含有 k 个时间序列变量的 VAR(p) 模型由 k 个方程组成。

脉冲响应函数。在实际应用中，由于 VAR 模型是一种非理论性的模型，它无须对变量作任何先验性约束，因此在分析 VAR 模型时，往往不分析一个变量的变化对另一个变量的影响如何，而是分析当一个误差项发生变化，或者说模型受到某种冲击时对系统的动态影响，这种分析方法称为脉冲响应函数（IRF）。方差分解是通过分析每一个结构冲击对内生变量变化（通常用方差来度量）的贡献度，进一步评价不同结构冲击的重要性。因此，方差分解给出对 VAR 模型中的变量产生影响的每个随机扰动的相对重要性的信息。根据 VMA（∞）表示，提出方差分解方法，定量而准确地把握变量间的影响关系。

对于任何一个 VAR 模型都可以表示成为一个无限阶的向量 MA(∞) 过程。

$$Y_{t+s} = U_{t+s} + \psi_1 U_{t+s-1} + \psi_2 U_{t+s-2} + \cdots + \psi_s U_t + \cdots \tag{3.3}$$

其中 $\Psi_s = \dfrac{\partial Y_{t+s}}{\partial U_t}$ 为第 i 行第 j 列中的元素，表示令其他误差项在任何时期都不变的条件下，当第 j 个变量 y_{jt} 对应的误差项 u_{jt} 在 t 期受到一个单位的冲击后，对第 i 个内生变量 y_{it} 在 t+s 期造成的影响。

$$\frac{\partial y_{i,t+s}}{\partial u_{jt}}, \quad s = 1, 2, 3, \cdots \tag{3.4}$$

把 Ψ_s 中第 i 行第 j 列元素看作是滞后期 s 的函数称作脉冲响应函数（impulse-response function），脉冲响应函数描述了其他变量在 t 期以及以前各期保持不变的前提下，$y_{i,t+s}$ 对 $u_{j,t}$ 时一次冲击的响应过程。

方差分解的数学解释如下：

$$\begin{aligned} \text{MSE}(\hat{Y}_{t+s|t}) &= E[(Y_{t+s} - \hat{Y}_{t+s|t})(Y_{t+s} - \hat{Y}_{t+s|t})'] \\ &= \Omega + \Psi_1 \Omega \Psi_1' + \Psi_2 \Omega \Psi_2' + \cdots + \Psi_{s-1} \Omega \Psi_{s-1}' \end{aligned} \tag{3.5}$$

其中 $\Omega = E(u_t u_t')$。

考察每一个正交化误差项对 $\text{MSE}(\hat{Y}_{t+s|t})$ 的贡献。把 u_t 变换为正交化误差项 v_t。

$$u_t = M v_t = m_1 v_{1t} + m_2 v_{2t} + \cdots m_N v_{Nt}$$

$$\begin{aligned} \Omega = E(u_t u_t') &= (m_1 v_{1t} + m_2 v_{2t} + \cdots m_N v_{Nt})(m_1 v_{1t} + m_2 v_{2t} + \cdots m_N v_{Nt})' \\ &= m_1 m_1' \text{Var}(v_{1t}) + m_2 m_2' \text{Var}(v_{2t}) + \cdots + m_N m_N' \text{Var}(v_{Nt}) \end{aligned} \tag{3.6}$$

把用上式表达的 Ω 代入（3.5）式，并合并同期项，得到式（3.7）：

$$\begin{aligned} \text{MSE}(\hat{Y}_{t+s|t}) = \sum_{j=1}^{N} \text{Var}(v_{jt}) (m_j m_j' + \Psi_1 m_j m_j' \Psi_1' + \\ \Psi_2 m_j m_j' \Psi_2' + \cdots + \Psi_{s-1} m_j m_j' \Psi_{s-1}') \end{aligned} \tag{3.7}$$

则 $\dfrac{\text{Var}(v_{jt})(m_j m_j' + \Psi_1 m_j m_j' \Psi_1' + \cdots + \Psi_{s-1} m_j m_j' \Psi_{s-1}')}{\sum\limits_{j=1}^{N} \text{Var}(v_{jt})(m_j m_j' + \Psi_1 m_j m_j' \Psi_1' + \cdots + \Psi_{s-1} m_j m_j' \Psi_{s-1}')}$ 表示正交化的

第 j 个新息对前 s 期预测量 $\hat{Y}_{t+s|t}$ 方差的贡献百分比[1]。

---

[1] 张晓桐. 计量经济分析 [M]. 北京：经济科学出版社. 2003.

3.2.2 指标体系的构建

3.2.2.1 指标体系构建

根据研究需要构建生态环境指标体系、城镇化与支撑产业指标体系等三个指标体系。生态环境指标体系的构建根植于能源消耗和排放,现代经济是能源驱动的经济,能源在产业发展和城镇生活中被大量消费。在能源的消费过程中人们需要的是能量,而同步排放的废气、废尘和废渣返回生态环境之中,考验着生态环境的承载力。鉴于大部分的空气污染物都与能源消费特别是煤和石油的消费直接相关,CO_2 的排放量更与能源消耗量有明显的正相关关系[1],因此可以用能源消费量作为环境污染程度的一个代理变量[2]。本研究用能源消费总量(X_1)和清洁能源消费占比(X_2)代表生态环境。近年来,城镇化的发展对生态环境的影响主要集中在以能源为依托的支撑产业发展对区域空气、水质等环境要素的污染方面[3]。煤炭消费的主要污染物是烟尘颗粒物和 SO_2,石油燃料和原料排放出大量 NO_2 和颗粒物,工业生产和城镇生活产生大量的废水。借鉴以往研究文献,用废水排放量(X_3)、工业废气排放量(X_4)、工业固体废物排放量(X_5)代表环境污染情况。最后,随着城镇化建设的推进,人们的发展理念将会更加注重生态文明,投入更多的资金进行生态环境治理,因此用生态环境治理投入(X_6)代表生态环境的改善。

城镇化指标体系的构建,研究指出城镇化是指非农产业在城镇集聚,农村人口不断向城镇转移,使城市(镇)数量增加、规模扩大,城市生产与生活方式向农村扩散、城市物质文明和精神文明向农村普及的经济、社会发展过程。国际上通用的衡量城镇化水平的指标是城镇化率,即城镇人口占总人口的百分比,但城镇人口的统计口径与数据存在差异。但有学者认为外国的城镇人口一般包括小城市的人口,中国国家统计局的数据则包括建制镇的人口,中国

---

[1] 郝宇,廖华,魏一鸣. 中国能源消费和电力消费的环境库兹涅茨曲线:基于面板数据空间计量模型的分析[J]. 中国软科学,2014,01:134-147.

[2] Suri V, Chapman D. Economic Growth, Trade and Energy: Implications for the Environmental Kuznets Curve [J]. Ecological Economics, 1998, 25: 195-208.

[3] 王姗姗,徐吉辉,邱长溶. 能源消费与环境污染的边限协整分析[J]. 中国人口·资源与环境,2010,04:69-73.

的建制镇基本上相当于外国的小城市[①]。因此，本章用城镇人口（X_7）表示城镇规模，城镇常住人口比重（X_8）代表城镇化水平，但考虑到没有城镇户籍的城镇常住人口（农牧民工）无法享受完整的公共服务，本节用城镇户籍人口占比（X_9）代表公共服务的城镇化水平。王国刚（2010）指出我国经济增长动力正处在由工业经济为主体向工业经济与城镇经济为主体的转变阶段，城镇化进程就是有效解决目前严重短缺的"住、行、学"等问题，而"住、行、学"主要指住宅、学校、医院和道路等城镇经济产品[②]，因此本节用建成区面积（X_{10}）代表城镇化的另一主要方面。

支撑产业指标体系的构建，产业是现代城市、城市群发展的物质基础，产业成长是城市群形成与发展的核心支撑。区域特色优势产业内部规模经济效应使得特色优势产业逐步发展成为城镇的主导产业，在主导产业带动下相关产业也会获得发展，从而不断促进城市群的形成和发展[③]，进而带动区域城镇化进程，而支撑城镇化的产业为第二、第三产业，因此本书用非农产业产值比重（X_{11}）和第三产业产值比重（X_{12}）代表产业的经济支撑作用。实现新型城镇化的关键，在于通过产业发展提供足够的就业机会，发挥产业集聚效应，吸引大量进城农民并逐渐使农民向市民转化[④]。产业发展是就业发展的物质载体，产业规模决定就业规模，产业结构决定就业结构，产业提升决定就业发展[⑤]。本章用非农产业就业比重（X_{13}）和第三产业就业比重（X_{14}）代表产业的就业支撑作用。研究指出税收收入与城镇化率之间存在着长期的协整关系[⑥]，城镇基础设施建设、教育、医疗、社会保障等都需要大量资金作保障[⑦]。因此，用非农产业纳税比重（X_{15}）和非农产业税收占财政支出比重（X_{16}）代表产业对城镇化的税收支撑作用。新疆生态环境、城镇化和支撑产业指标体系详见表3-1。

[①] 简新华，黄锟. 中国城镇化水平和速度的实证分析与前景预测 [J]. 经济研究，2010，03：28-39.
[②] 王国刚. 城镇化：中国经济发展方式转变的重心所在 [J]. 经济研究，2010，12：70-81+148.
[③] 罗洪群，肖丹. 产业集聚支撑的川渝城市群发展研究 [J]. 软科学，2008，12：102-105.
[④] 汪大海，周昕皓，韩天慧，曾雪寒. 新型城镇化进程中产业支撑问题思考 [J]. 宏观经济管理，2013，08：46-47.
[⑤] 郭军，刘瀑，王承宗. 就业发展型经济增长的产业支撑背景研究 [J]. 中国工业经济，2006，05：24-31.
[⑥] 王曙光，张小锋. 促进城镇化发展的税收政策分析与建议 [J]. 中国行政管理，2015，09：87-92.
[⑦] 张鸿武，王珂英. 城镇化建设速度与质量协调发展的税收政策探讨 [J]. 税务研究，2013，09：28-31.

表3-1　　　　　新疆生态环境、城镇化和支撑产业指标体系

一级指标	二级指标	单位	指标特征	指标含义
生态环境	能源消费总量 X_1	万吨标准煤	负向	人口规模
	清洁能源占比 X_2	%	正向	用地规模
	废水排放量 X_3	亿吨	负向	污染物排放
	工业废气排放量 X_4	亿标立方米	负向	污染物排放
	工业固体废物排放量 X_5	万吨	负向	污染物排放
	生态治理投入 X_6	亿元	正向	经济规模
城镇化	城镇人口 X_7	万人	正向	城乡一体化
	城镇常住人口比重 X_8	%	正向	社会发展
	城镇户籍人口占比 X_9	%	正向	城镇化质量
	建成区面积 X_{10}	平方公里	正向	居民生活
支撑产业	非农产业产值比重 X_{11}	%	正向	非农产业发展
	第三产业产值比重 X_{12}	%	正向	服务业发展
	非农产业就业比重 X_{13}	%	正向	非农产业就业
	第三产业就业比重 X_{14}	%	正向	服务业就业
	非农产业纳税比重 X_{15}	%	正向	产业税收贡献
	非农产业税收占财政支出比重 X_{16}	%	正向	产业税收贡献

3.2.2.2　数据处理方法

本节利用熵值法对上述指标进行合成，熵值法是一种客观赋权法，根据各项指标观测值所提供的信息的大小来确定不同指标的权重。在信息论中，熵是系统有序化程度的一种度量。一个系统越是有序，信息熵就越低；反之，一个系统越是混乱，信息熵就越高。根据熵的特性，我们可以通过计算熵值来判断一个方案的随机性及无序程度，也可以用熵值来判断某个指标的离散程度，指标的离散程度越大，该指标对综合评价的影响越大。因此，可根据各项指标的变异程度，利用信息熵这个工具，计算出各个指标的权重，为多指标综合评价提供依据。如果设有 m 个方案，n 项评价指标，形成原始指标数据矩阵 $X = (X_{ij})_{m \times n}$，对于某项指标 X_{ij}，指标值 X_{ij} 的差距越大，则该指标在综合评价中所起的作用越大；如果某项指标的指标值全部相等，则该指标在综合评价中不起作用。

熵值法求权重的计算过程如下：

（1）数据矩阵。

$$A = \begin{pmatrix} X_{11} & \cdots & X_{1m} \\ \vdots & \vdots & \vdots \\ X_{n1} & \cdots & X_{nm} \end{pmatrix}_{n \times m}$$ 其中 X_{ij} 为第 i 个方案第 j 个指标的数值。

(2) 数据的非负数化处理。

对于正向指标：

$$X'_{ij} = \frac{X_{ij} - \min(X_{1j}, X_{2j}, \cdots, X_{nj})}{\max(X_{1j}, X_{2j}, \cdots, X_{nj}) - \min(X_{1j}, X_{2j}, \cdots, X_{nj})} + 1,$$
$$i = 1, 2, \cdots, n; j = 1, 2, \cdots, m$$

对于逆向指标：

$$X'_{ij} = \frac{\max(X_{1j}, X_{2j}, \cdots, X_{nj}) - X_{ij}}{\max(X_{1j}, X_{2j}, \cdots, X_{nj}) - \min(X_{1j}, X_{2j}, \cdots, X_{nj})} + 1,$$
$$i = 1, 2, \cdots, n; j = 1, 2, \cdots, m$$

对于适度指标：

$$X'_{ij} = \frac{1}{1 + |X_{ij} - X_{js}|} + 1, i = 1, 2, \cdots, n; j = 1, 2, \cdots, m$$ 其中，X_{js} 为标准值，即最适宜值。

为了方便起见，仍记非负化的数据为 X_{ij}。

(3) 计算第 j 项指标下第 i 个方案占该指标的比重。

$$P_{ij} = \frac{X_{ij}}{\sum_{i=1}^{n} X_{ij}} (j = 1, 2, \cdots, m)$$

(4) 计算第 j 项指标的熵值。

$$e_j = -k \times \sum_{i=1}^{n} P_{ij} \ln(P_{ij}),$$ 其中 $k > 0$，ln 为自然对数，$e_j \geq 0$。式中常数 k 与样本数 m 有关，一般令 $k = \frac{1}{\ln m}$，则 $0 \leq e \leq 1$。

(5) 计算第 j 项指标的差异系数

对于第 j 项指标，指标值 X_{ij} 的差异越大，对方案评价的作用越大，熵值就越小；差异系数 $g_j = 1 - e_j$，则：g_j 越大指标越重要。

(6) 求权数。

$$W_j = \frac{g_j}{\sum_{j=1}^{m} g_j}, j = 1, 2, \cdots, m$$

3.2.2.3 数据处理

本书原始数据来源于《新疆统计年鉴》(2015)《新疆五十年：1955－2005》《中国税务年鉴》(2002~2015)《中国劳动统计年鉴》(2015)等统计年鉴。部分指标作如下说明：第一，对于生态环境指标中，清洁能源消费占比(X_2)用能源消费中太阳能、风能和天然气消费所占比重；同时，为消除通货膨胀对货币投入的影响，生态环境治理投入(X_6)用生态环境治理投入总额除以相应年份的 GDP 指数。第二，支撑产业指标中，非农产业纳税比重(X_{15})与非农产业税收占财政支出比重(X_{16})数据中，1978~2004 年非农产业税收额数据来自《新疆五十年：1955~2005》统计资料中的工商业税收，2005 年以后的数据来自于历年《中国税务年鉴》中第二产业和第三产业税收总额。第三，城镇化指标中，本书用非农业人口比重代表城镇户籍人口占比(X_9)。

缺失数据的补充和失真数据的调整，针对小部分缺失数据，本书对建成区面积(X_{10})缺失指标利用内插法补充，对生态环境治理投入(X_6)指标利用外插法进行补充。由于新疆在 1982 年全国第三次人口普查时，正在进行大量的设市、设县、设镇工作，导致城镇人口统计过程中包含大量农业人口，导致较长一段时期内新疆城镇人口统计虚高①，直到 2000 年，按照国家统计局人口密度超过 1500 人/平方公里的市辖区、市、镇人口为城镇人口的规定，新疆城镇人口大幅度降低，如 2000 年新疆城镇人口 624.18 万人、城镇化率 33.75%，分别比 1999 年减少 300 多万人和 18.59%，这明显与城镇化发展的实际情况不符。因此本节利用 1949~2014 年的新疆城镇人口数据，以城镇人口(y)为因变量、年份(x)为自变量，通过多项式回归方法对 1983~1999 年的城镇人口进行修正，回归方程为：$y = 0.188x^2 - 730.78x + 710203$，拟合优度 $R^2 = 0.9889$。

按照熵值法分别计算生态环境(Eco)、城镇化(Urb)、支撑产业(Ind)各指标的权重，并分别带入三个指标合成公式：

$$Eco = 0.1250 \times X_1 + 0.2620 \times X_2 + 0.1873 \times X_3 + 0.1030 \times X_4 + 0.1133 \times X_5 + 0.2095 \times X_6 \tag{3.8}$$

---

① 穆哈拜提. 帕热提. 新疆城镇化与经济发展互动关系研究[D]. 北京：中国农业大学，2015.

$$Urb = 0.2844 \times X_7 + 0.2368 \times X_8 + 0.2179 \times X_9 + 0.2609 \times X_{10} \quad (3.9)$$

$$Ind = 0.2180 \times X_{11} + 0.1444 \times X_{12} + 0.1429 \times X_{13} + 0.1751 \times X_{14} + 0.1661 \times X_{15} + 0.1536 \times X_{16} \quad (3.10)$$

计算出生态环境、城镇化与支撑产业的合成指标,由图3-2可知,1978~2014年间新疆生态环境在2001年左右达到最优后不断恶化,2014年有所好转但相较以前仍处在较差的水平;城镇化呈拉长的"S"型增长趋势,支撑产业在2009年之前高于城镇化水平,在之后被低于城镇化水平。

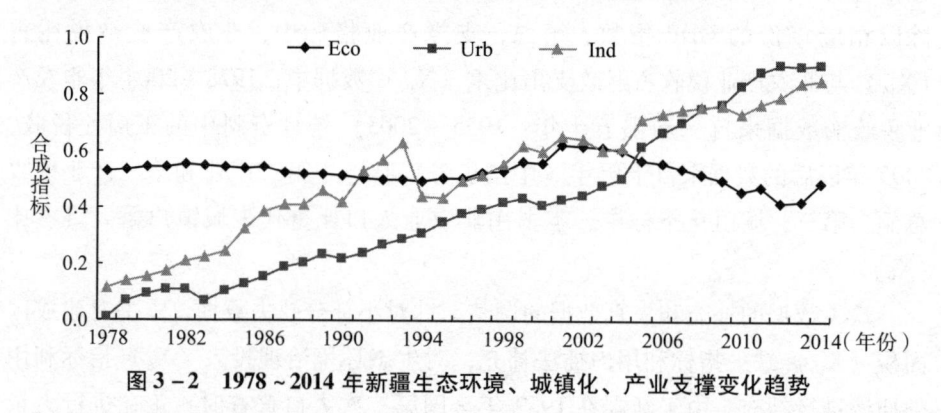

图3-2 1978~2014年新疆生态环境、城镇化、产业支撑变化趋势

3.2.3 脉冲响应分析

根据上述数据,按照熵值法合成1978~2014年新疆生态环境、城镇化和支撑产业发展水平数据如表3-2所示,本节将用VAR模型对三者间的相互关系进行检验。进行VAR回归前,为消除数据间的波动性,先对表3-2中的数据取对数,再进行VAR回归。

表3-2 1978~2014年新疆生态环境、城镇化、支撑产业发展水平

年份	生态环境发展水平	城镇化发展水平	支撑产业发展水平	年份	生态环境发展水平	城镇化发展水平	支撑产业发展水平
1978	0.528559	0.008557	0.116359	1997	0.523368	0.396914	0.516425
1980	0.543814	0.097009	0.156068	1998	0.528527	0.419258	0.556123
1981	0.545281	0.110281	0.177219	1999	0.567456	0.434287	0.618595
1982	0.554643	0.110012	0.209899	2000	0.560595	0.411855	0.602241
1983	0.54902	0.069399	0.222993	2001	0.623214	0.430241	0.652623
1984	0.544104	0.104765	0.246499	2002	0.619052	0.444128	0.646617
1985	0.540672	0.131152	0.326866	2003	0.613333	0.480965	0.602697

续表

年份	生态环境发展水平	城镇化发展水平	支撑产业发展水平	年份	生态环境发展水平	城镇化发展水平	支撑产业发展水平
1986	0.543091	0.156101	0.386056	2004	0.605144	0.505358	0.612615
1987	0.526077	0.188352	0.410224	2005	0.56847	0.620882	0.715218
1988	0.520495	0.202842	0.409555	2006	0.560638	0.671549	0.737073
1989	0.519448	0.233045	0.461293	2007	0.540223	0.702997	0.750635
1990	0.51273	0.219008	0.421104	2008	0.520776	0.752763	0.761795
1991	0.502642	0.241806	0.52873	2009	0.498882	0.77226	0.76339
1992	0.501962	0.271141	0.570054	2010	0.461999	0.835725	0.736026
1993	0.501685	0.291134	0.629241	2011	0.47684	0.884811	0.770625
1994	0.49609	0.308205	0.441667	2012	0.421454	0.907889	0.79412
1995	0.504731	0.348209	0.435087	2013	0.422622	0.906212	0.84352
1996	0.503464	0.381757	0.496481	2014	0.490014	0.912054	0.853274

3.2.3.1 平稳性检验与滞后阶数的判断

为了避免"伪回归"现象的发生，必须对各时间序列进行平稳性检验，这也是建立 VAR 模型的必要条件。本节使用 ADF 检验法，在模型中包含常数项和趋势项的情况下，利用 Eviews6.0 软件分别对三个变量进行平稳性检验。表3-3 给出了生态环境（ln(Eco)）、城镇化（ln(Urb)）、支撑产业（ln(Ind)）一阶差分的平稳性检验，结果显示：一阶差分后，生态环境与城镇化的 ADF 检验值均小于 1% 显著水平下的临界值，支撑产业的 ADF 值小于 5% 显著水平下的临界值，拒绝原假设，说明各时间序列的一阶差分序列不存在单位根，即一阶差分序列是平稳的。三个变量的检验的 P 值均小于 0.05，亦能表明变量是 I（1）序列。

表3-3　　　　　　　单位根检验结果

变量	检验类型 (c, t, k)	ADF 值	临界值 1%	临界值 5%	临界值 10%	P 值	结论
$\Delta\ln(\text{Eco})$ *	(c, t, 3)	-4.1984	-3.6463	-2.9540	-2.6158	0.0024	平稳
$\Delta\ln(\text{Urb})$ *	(c, t, 0)	-5.1406	-3.6268	-2.9458	-2.6115	0.0002	平稳
$\Delta\ln(\text{Ind})$ **	(c, t, 0)	-3.2974	-3.6268	-2.9458	-2.6115	0.0224	平稳

注：c、t、k 分别表示截距项、趋势项和滞后阶数，滞后期的标准参考 AIS 和 SC 准则。Δ 表示一阶差分，* 表示在 1% 的显著性水平下通过检验，** 表示在 5% 的显著性水平下通过检验。

建立 VAR 模型之前，需要首先确立 VAR 模型的滞后阶数，也就是变量的滞后期。滞后期的确定非常重要，因为它的大小会直接影响随机误差项的自相关性，并导致参数估计的非一致性。使用 Eviews6.0 对上述 3 个变量滞后阶数进行判断，得到表 3－4 的结果。从表中的结果可以发现，LR、FPE、AIC、SC 和 HQ 五个准则均通过了滞后 1 期的检验，因此，本书选择建立滞后 1 期的 VAR 模型。

表 3－4　　　　　　　　滞后阶数判断结果

Lag	LogL	LR	FPE	AIC	SC	HQ
0	18.15	NA	0.0001	－0.8913	－0.7566	－0.8454
1	117.36	175.0694*	0.0000*	－6.1975*	－5.6588*	－6.0138*
2	119.95	4.1224	0.0000	－5.8208	－4.8781	－5.4993
3	126.38	9.0687	0.0000	－5.6693	－4.3225	－5.2100

注：* 表示在 5% 的显著性水平下该标准选择的滞后阶数。

3.2.3.2　VAR 模型回归分析

确定 VAR 模型滞后阶数以后，建立生态环境（ln(Eco)）、城镇化（ln(Urb)）、支撑产业（ln(Ind)）的 VAR(1) 模型如下：

$$\begin{bmatrix} \ln(\text{Eco})_t \\ \ln(\text{Urb})_t \\ \ln(\text{Ind})_t \end{bmatrix} = C + \Phi \begin{bmatrix} \ln(\text{Eco})_{t-1} \\ \ln(\text{Urb})_{t-1} \\ \ln(\text{Ind})_{t-1} \end{bmatrix} + \varepsilon_t \quad (3.11)$$

其中 ln(Eco)、ln(Urb)、ln(Ind) 为内生变量，常数项 C 为外生变量，$C = (c_1 c_2 c_3)'$，系数矩阵 $\Phi = \begin{bmatrix} a_{11} & a_{12} & a_{13} \\ a_{21} & a_{22} & a_{23} \\ a_{31} & a_{32} & a_{33} \end{bmatrix}$，随机误差项 $\varepsilon_t = (\varepsilon_{1t} \quad \varepsilon_{2t} \quad \varepsilon_{3t})' \sim N(0, \Omega)$，iid.，且每一个误差项非自相关，但是随即误差项之间可能相关。使用 Eviews6.0 对三个变量进行 VAR(1) 回归分析，得到结果如式（3.12）所示。

$$\begin{pmatrix} \ln(\text{Eco})_t \\ \ln(\text{Urb})_t \\ \ln(\text{Ind})_t \end{pmatrix} = \begin{pmatrix} 0.0506 \\ 1.4705 \\ 0.1485 \end{pmatrix} + \begin{pmatrix} 0.8576 & -0.0031 & -0.0070 \\ -0.4980 & 0.3677 & 0.7218 \\ -0.0266 & 0.0393 & 0.8357 \end{pmatrix} \begin{pmatrix} \ln(\text{Eco})_{t-1} \\ \ln(\text{Urb})_{t-1} \\ \ln(\text{Ind})_{t-1} \end{pmatrix} + \varepsilon_t$$

(3.12)

将回归结果分别写成三个方程的形式如下：

$$\ln(\text{Eco})_t = 0.0506 + 0.8576\ln(\text{Eco})_{t-1} - 0.0031\ln(\text{Urb})_{t-1} - 0.0070\ln(\text{Ind})_{t-1} + e_t$$
$$(1.15066)\quad(9.43248)\quad\quad(-0.13784)\quad\quad(-0.17036)$$
$$R^2 = 0.752532 \quad\quad F = 32.43653$$

(3.13)

由式（3.13）的回归结果可以看出，回归的 R^2 为 0.7525 拟合优度较好，新疆生态环境受上一年度生态环境、城镇化和支撑产业的影响，回归系数分别为 0.8576、-0.0031 和 -0.0070，其中，上年度生态环境的系数为正（T 值为 9.432）且绝对值较大，说明生态环境更多受自身发展的影响，城镇化和支撑产业对生态环境发展产生负面影响，但影响程度十分有限，其中，支撑产业对生态环境的负面影响是城镇化的 2 倍多，且两个回归该系数的 T 值较小，说明城镇化与支撑产业对生态环境的影响并不显著。新疆干旱缺水生态环境脆弱，水资源是决定新疆生态环境的关键，但新疆城镇化与支撑产业用水量不足全疆用水量的 5%，农业用水占到新疆水资源总量的 90% 以上，荒地开垦以及农业用水挤占了生态用水，是影响新疆生态环境的重要原因。

$$\ln(\text{Urb})_t = 1.4705 - 0.4980\ln(\text{Eco})_{t-1} + 0.3677\ln(\text{Urb})_{t-1} + 0.7218\ln(\text{Ind})_{t-1} + e_t$$
$$(6.51699)\quad(-1.0667)\quad\quad(3.18267)\quad\quad\quad(3.50759)$$
$$R^2 = 0.914642 \quad\quad F = 114.2979$$

(3.14)

由式（3.14）的回归结果可以看出，回归的拟合优度 R^2 为 0.9146，说明解释变量可以解释因变量变化 90% 以上的原因；新疆城镇化受上一年度生态环境、城镇化和支撑产业的影响，回归系数分别为 -0.4980、0.3677 和 0.7218，T 值分别为 -1.0667、3.1827 和 3.5076。回归结果表明：第一，城镇化发展水平越高生态环境水平越低，现阶段城镇化的发展以牺牲生态环境为代价，但回归系数的显著性水平不高，可能有其他原因影响生态环境；第二，城镇化发展受上一期城镇化水平的影响，上期城镇化综合发展水平每提高 1 个百分点，可推动本期城镇化提高 0.37 个百分点，且作用效果十分显著；第三，城镇化发展受支撑产业的作用最大，支撑产业每提高 1 个百分点，可推动城镇化提高 0.72 个百分点，且作用效果十分显著。可见，推动新疆城镇化发展的重要动力还在于支撑产业，但生态环境的容纳量决定了必须转变传统的城镇化和支撑产业发展模式。

$$\ln(\text{Ind})_t = 0.1485 - 0.0266\ln(\text{Eco})_{t-1} + 0.0393\ln(\text{Urb})_{t-1} + 0.8357\ln(\text{Ind})_{t-1} + e_t$$
$$(1.61425) \quad (-0.13986) \quad (0.83379) \quad (9.96268)$$
$$R^2 = 0.965244 \qquad F = 296.2363$$

(3.15)

由式（3.15）的回归结果可以看出，回归的拟合优度 R^2 为 0.9652，说明解释变量可以解释因变量变化 96% 以上的原因；新疆支撑产业受上一年度生态环境、城镇化和支撑产业的影响，回归系数分别为 -0.0266、0.0393 和 0.8357，T 值分别为 -0.1399、0.8338 和 9.9627。回归结果表明：第一，生态环境每提高 1 个百分点，支撑产业将会降低 0.02 个百分点，表明支撑产业的发展受到生态环境"瓶颈"的制约，生态环境的容量已无法支持传统的支撑产业发展模式，但回归系数的显著性并不高；第二，城镇化每提高 1 个百分点带动支撑产业提高 0.04 个百分点，表明城镇化对支撑产业发展的服务职能不足，城镇对产业的要素供给、市场提供等方面不足以为产业发展创造良好的环境；第三，前期支撑产业每提高 1 个百分点，本期支撑产业将提高 0.84 个百分点，表明现有支撑产业发展的路径依赖较强，同时该产业发展占用的大量资源与要素不利于新兴产业的发展。

3.2.3.3 脉冲响应分析

脉冲响应是分析当模型受到某种冲击或当一个误差项发生变化时，对系统产生的动态影响。生态环境、城镇化及支撑产业三者间虽然相互依赖、相互影响，但由于受各自领域相关政策的影响，各自的发展又具有独立性，会对其他两个变量产生一定的冲击影响。从图 3-3 中可以看出，当在本期给城镇化一个正冲击后，其对生态环境的影响在前 3 期快速增大，从第 4 期以后开始产生稳定的响应；这表明城镇化发展后通过污染物的排放给生态环境带来负向冲击，而且这一冲击具有显著的负向作用和较长的持续效应。同时，当在本期给支撑产业一个正冲击后，对生态环境的影响前期较小，但后期影响稳定增大；这表明支撑产业的发展所排放的污染物对生态环境带来持续扩大的负向冲击效应。可见，城镇化及支撑产业的发展均会对生态环境产生负面影响，因此转变传统的发展方式成为实现新疆经济、社会、生态可持续发展的必然选择。

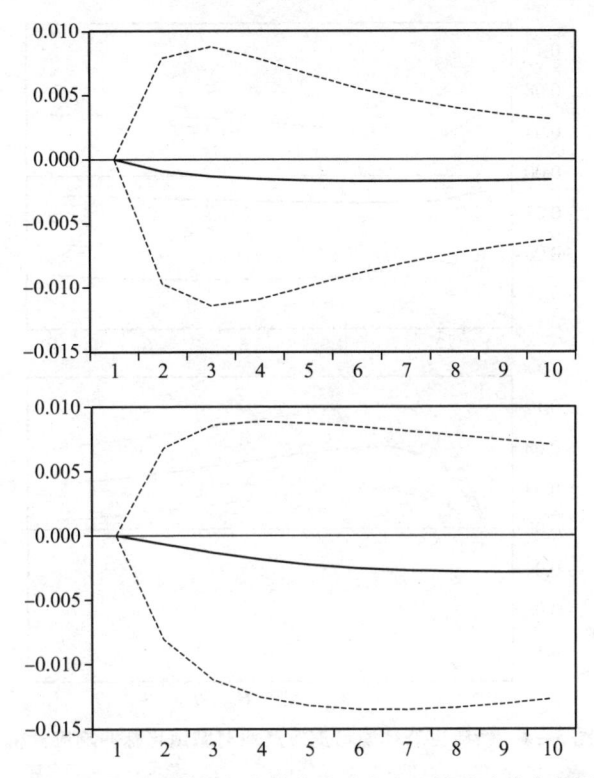

图3-3 新疆城镇化与支撑产业对生态环境脉冲响应分析

从图3-4中可以看出，当在本期给生态环境一个正冲击后，对城镇化的负向影响在当期就会显现，在第3期达到最大值后对城镇化的负向影响开始减小，表明现阶段生态环境水平的提高与城镇化发展之间存在难以克服的矛盾，当前的发展理念及科技水平难以实现二者和谐发展，生态环境对城镇化的负向影响可能是生态环境的修复占用本应投入城镇化建设的资金、资源等要素，对城镇化建设产生滞后延缓效应。图3-4还表明，当在本期给支撑产业一个正冲击后，对城镇化的影响快速增加，在第3期达到最大值后开始减小，表明支撑产业的发展通过税收-财政支出效应和就业效应对城镇化带来长久持续的支撑效应。因此，新疆应通过发展支撑产业解决城镇化滞后的问题，尤其要发展环境污染小的第三产业，加快城镇化发展速度。

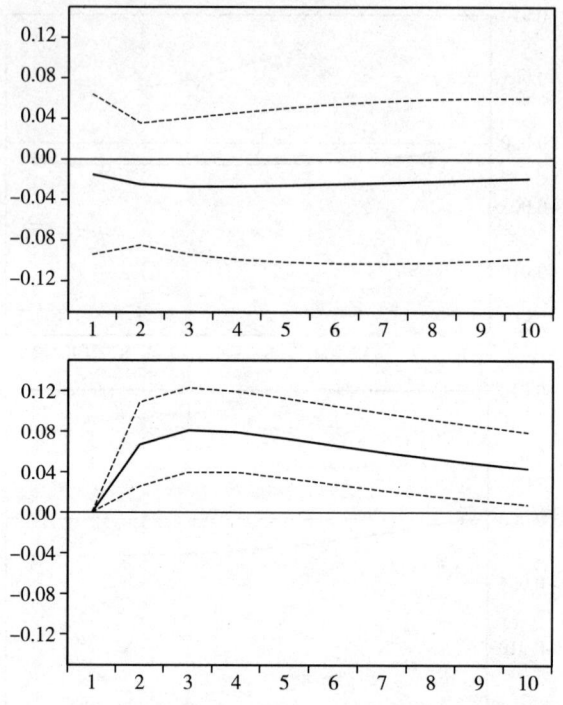

图 3-4　新疆生态环境与支撑产业对城镇化脉冲响应分析

从图 3-5 中可以看出，当在本期给生态环境一个正冲击后，对支撑产业的影响在当期就会显现，但会逐渐减小，并在第 3 期由正转负在第 8 期稳定，这表明生态环境的改善将为支撑产业的发展提供良好的基础，但生态环境容纳污染物存在一定的限度，超过这一限度就会对支撑产业的发展产生负面效应。同时图 3-5 也表明，当在本期给城镇化一个正向冲击后，对支撑产业的影响在本期就会显现，且在第 2 期达到最大值后开始衰减，表明城镇化对支撑产业的作用弱于支撑产业对城镇化的作用，城镇对形成支撑产业的技术、市场、管理支持作用不强，产城融合有待进一步深化。

3.2.3.4　方差分解分析

根据方差分解理论，分别测量了三个变量与它们前一期的三个变量之间的相互贡献程度，时间为 30 期，结果如表 3-5 所示。由表 3-5 可知，前期生态环境、城镇化与支撑产业分别对本期生态环境产生正向和负向影响，生态环境 98% 以上受自身发展的影响，城镇化和支撑产业对生态环境的影响很小，

第三章 新疆生态环境、城镇化与支撑产业互动机制分析

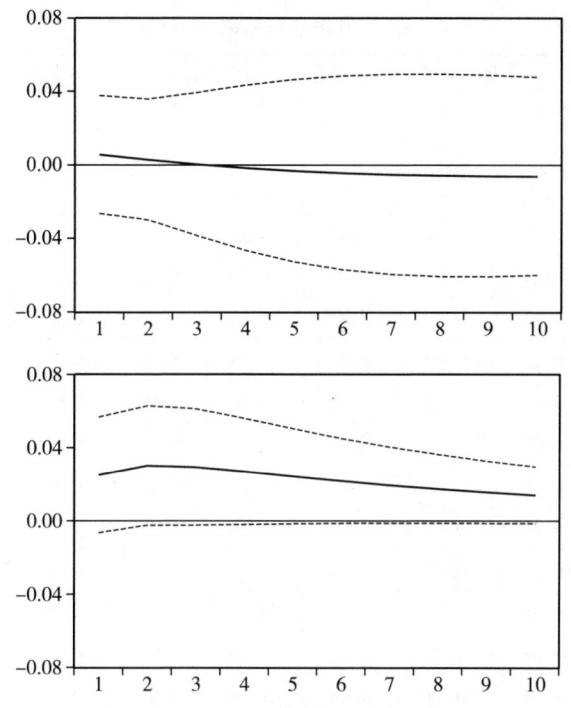

图3-5 新疆生态环境与城镇化对支撑产业脉冲响应分析

30期时分别为0.47%和1.36%,这可能是因为新疆地域辽阔、城镇十分分散,城镇化及支撑产业的发展仅对城镇周边环境产生一定负面影响,对整个新疆生态环境的影响可以忽略不计。当然,由于城镇生活着大量的人口,且城镇人口还将进一步增加,这种环境污染也应受到高度重视。从影响城镇化的三个变量来看,前一期生态环境、城镇化与支撑产业对当期城镇化影响的贡献分别为:5.39%,59.85%和34.76%,且城镇化自身对城镇化的影响作用越来越小,生态环境尤其是支撑产业对城镇化的影响逐渐变大。表明生态环境对城镇化的影响在15期后基本稳定,支撑产业对城镇化的影响在18期后也基本稳定,支撑产业对城镇化影响最大。从生态环境、城镇化和支撑产业对支撑产业的影响来看,30期时对支撑产业的贡献分别为:1.34%、14.05%和84.61%。表明生态环境对支撑产业的影响很小,城镇化对支撑产业的平台服务作用十分有限。

表 3–5 方差分解结果

期数	生态环境对三个变量的分解			城镇化对三个变量的分解			支撑产业对三个变量的分解		
	生态环境	城镇化	支撑产业	生态环境	城镇化	支撑产业	生态环境	城镇化	支撑产业
1	100.00	0.00	0.00	0.40	99.60	0.00	0.33	6.71	92.96
2	99.97	0.02	0.01	1.14	92.61	6.25	0.24	9.43	90.33
3	99.90	0.05	0.04	1.84	84.82	13.34	0.18	11.04	88.78
4	99.82	0.09	0.10	2.42	78.70	18.88	0.16	12.01	87.83
5	99.71	0.12	0.17	2.90	74.23	22.87	0.18	12.62	87.20
6	99.60	0.15	0.25	3.29	70.96	25.75	0.22	13.03	86.75
7	99.47	0.18	0.34	3.62	68.54	27.85	0.28	13.31	86.41
8	99.35	0.22	0.44	3.89	66.70	29.41	0.36	13.50	86.14
9	99.23	0.25	0.53	4.12	65.29	30.58	0.44	13.64	85.91
10	99.11	0.27	0.62	4.32	64.19	31.48	0.53	13.75	85.72
11	98.99	0.30	0.71	4.49	63.33	32.18	0.62	13.82	85.56
12	98.89	0.32	0.79	4.64	62.65	32.72	0.70	13.88	85.42
13	98.79	0.34	0.87	4.76	62.10	33.14	0.78	13.92	85.30
14	98.71	0.36	0.93	4.86	61.66	33.47	0.85	13.95	85.19
15	98.63	0.38	1.00	4.95	61.31	33.74	0.92	13.98	85.10
16	98.56	0.39	1.05	5.03	61.03	33.95	0.98	14.00	85.02
17	98.50	0.40	1.10	5.09	60.79	34.11	1.03	14.01	84.96
18	98.44	0.41	1.14	5.15	60.61	34.25	1.08	14.02	84.90
19	98.40	0.42	1.18	5.19	60.45	34.36	1.12	14.03	84.85
20	98.36	0.43	1.21	5.23	60.33	34.44	1.16	14.04	84.80
21	98.32	0.44	1.24	5.26	60.23	34.51	1.19	14.04	84.77
22	98.29	0.44	1.27	5.29	60.15	34.57	1.22	14.04	84.74
23	98.26	0.45	1.29	5.31	60.08	34.61	1.24	14.05	84.71
24	98.24	0.45	1.30	5.33	60.02	34.65	1.26	14.05	84.69
25	98.22	0.46	1.32	5.34	59.98	34.68	1.28	14.05	84.67
26	98.21	0.46	1.33	5.36	59.94	34.70	1.30	14.05	84.65
27	98.20	0.46	1.34	5.37	59.91	34.72	1.31	14.05	84.64
28	98.18	0.46	1.35	5.38	59.89	34.74	1.32	14.05	84.63
29	98.18	0.47	1.36	5.38	59.87	34.75	1.33	14.05	84.62
30	98.17	0.47	1.36	5.39	59.85	34.76	1.34	14.05	84.61

3.3 生态环境、城镇化与支撑产业双对数模型分析

为了进一步厘清生态环境、城镇化与支撑产业间的互动机制，本节将采用双对数模型与主成分回归相结合的方法对三者间的相互影响进行深入研究。研究思路是：对生态环境、城镇化及支撑产业各子指标进行主成分分析和回归分析，依次对变量进行适应性检验，提取公因子，然后对新变量进行参数估计，还原原始解释变量，最后得出实证结果。主成分回归（PCR）基本原理是：利用主成分分析将解释变量转换成若干个主成分，提取出来的主成分是原有解释变量的线性组合，并且彼此不相关。再将因变量关于主成分进行回归，最后，根据主成分与原有解释变量之间的对应关系，求得原始变量的回归系数。具体步骤为：第一步，为了使结果不受到量纲的影响，借助 SPSS 软件，通过统计描述命令，把原始数据标准化，调整后的指标分别记为：$zlnX_i$（$i=1, 2, 3, \cdots, 16$）；第二步，求特征值和方差贡献率，提取主成分；第三步，做正交变换，根据各因子得分系数计算各主成分得分，获得新的主成分自变量；第四步，借助 Eviews 软件，用因变量与新的主成分变量进行回归分析；最后，通过相关公式计算，获得各个原始解释变量的影响系数。

本书拟构建如下 3 个双对数回归模型：一是以生态环境（$\ln(Eco)$）为被解释变量，城镇化及支撑产业各子指标为解释变量，构建城镇化及支撑产业发展对生态环境影响的分析模型；二是以城镇化（$\ln(Urb)$）发展水平为被解释变量，支撑产业和生态环境各指标为被解释变量，构建支撑产业发展和生态环境对城镇化影响的分析模型；三是以支撑产业（$\ln(Ind)$）为被解释变量，城镇化和生态环境各指标为解释变量，构建城镇化和生态环境对支撑产业影响的分析模型。

3.3.1 城镇化与支撑产业对生态环境的影响分析

城镇化与支撑产业发展对生态环境影响的双对数线性模型如式（3.16），其中，ε_t 为随机误差项，表示模型未能考虑的其他随机因素影响，β_i（$i=7, \cdots, 16$）为因素 X_i（$i=7, \cdots, 16$）对生态环境的弹性系数，即当 X_i 增长 1 个百分

点时，生态环境将会变化 $\beta_i\%$，由此计算城镇化及支撑产业各子指标对生态环境的影响。

$$\ln(\text{Eco}) = \beta_0 + \beta_i \sum_{i=7}^{16} X_i + \varepsilon_t \quad (i = 7, \cdots, 16) \qquad (3.16)$$

3.3.1.1 主成分分析

运用 SPSS17.0 软件进行主成分分析。首先通过因子适合度的检验，得到 KMO 检验值为 0.859，Bartlett 球形度检验的近似 χ^2 统计量为 815，自由度 45 下的显著性水平为 0，结果十分显著，说明指标变量能够进行因子分析。因子分析的特征值与方差贡献率见表 3-6。根据特征值大于 1，总方差累积量大于等于 85% 的原则，提取前两个公因子，其中，第一个公因子解释了原数据 63.755% 的信息，第二个因子解释了原数据 25.930% 的信息。两个公因子的累积方差达到 89.684%，可以较好地反映所选指标的大部分信息。

表 3-6　　　　　　　　　解释变量的总方差

成分	初始特征值			提取平方和载入			旋转平方和载入		
	合计	方差的%	累积%	合计	方差的%	累积%	合计	方差的%	累积%
1	7.949	79.486	79.486	7.949	79.486	79.486	6.375	63.755	63.755
2	1.020	10.199	89.684	1.020	10.199	89.684	2.593	25.930	89.684
3	0.632	6.318	96.003						
4	0.209	2.092	98.095						
5	0.105	1.047	99.142						
6	0.056	0.562	99.704						
7	0.014	0.139	99.843						
8	0.008	0.075	99.918						
9	0.006	0.064	99.982						
10	0.002	0.018	100.000						

提取方法：主成分分析。

根据各因子得分系数矩阵，两主因子得分可表示为：

$F_1 = 0.985z\ln X_7 + 0.951z\ln X_8 + 0.961z\ln X_9 + 0.989z\ln X_{10} + 0.938z\ln X_{11}$
$\quad + 0.815z\ln X_{12} + 0.978z\ln X_{13} + 0.989z\ln X_{14} + 0.639z\ln X_{15} - 0.553z\ln X_{16}$ (3.17)

$$F_2 = -0.01 z\ln X_7 - 0.051 z\ln X_8 - 0.052 z\ln X_9 + 0.07 z\ln X_{10} + 0.063 z\ln X_{11}$$
$$+ 0.518 z\ln X_{12} + 0.151 z\ln X_{13} + 0.078 z\ln X_{14} - 0.453 z\ln X_{15} + 0.709 z\ln X_{16}$$

3.3.1.2 回归分析

用 Eviews6.0 软件进行回归分析。计算 F_1、F_2 的值，再与 $\ln(Eco)$ 回归，用 Eviews6.0 估计得到估计结果。根据回归结果，DW 值等于 0.2897，经过查 DW 分布表，在 5% 的显著性水平下 $d_L = 1.36$，$d_U = 1.59$，可以判断存在正序列相关性。因此，用科克伦—奥科特迭代法对模型进行修正，即在原模型的解释变量中加入 AR(1)，修正后的模型为：

$$\ln(Eco) = 0.2400 - 0.0454 F_1 + 0.0045 F_2 + 0.8490 AR(1)$$
$$T = 3.9437 \quad -0.8645 \quad 0.1473 \quad 8.4244$$
$$P = 0.0004 \quad 0.3938 \quad 0.8838 \quad 0 \quad (3.18)$$
$$R^2 = 0.7543 \quad \bar{R}^2 = 0.7312$$
$$F = 32.7379 \quad DW = 1.6857$$

修正后的模型 DW 值为 1.6857，查 DW 分布表，在 5% 显著性水平下，$n = 37$，$k = 4$ 时，$d_L = 1.31$，$d_U = 1.66$，$d_U < DW < 4 - d_U$，说明残差序列已不存在序列相关性。并且顺利通过方程的 F 检验和 t 检验，明显提高了模型的拟合优度，然后，用 Harvey 异方差检验判别是否存在异方差性，检验结果显示接受同方差假设，说明回归方程的残差不再有异方差性。因此，修正模型后得到的回归结果很有效，结果非常理想。

根据 $z\ln X_i = (\ln X_i - \overline{\ln X_i})/\sqrt{D_{X_i}}$，其中，$\sqrt{D_{X_i}}$ 的值为 $\ln X_i$ 序列的标准差，将 F_1、F_2 代入上述回归结果进行还原，从而得到城镇化及支撑产业各指标的生态环境弹性估计值（见表 3 - 7）。

表 3 - 7　　城镇化及支撑产业各指标的生态环境弹性估计值

β_7	β_8	β_9	β_{10}	β_{11}	β_{12}	β_{13}	β_{14}	β_{15}	β_{16}
-0.0130	-0.0220	-0.0284	-0.0123	-0.0462	-0.0599	-0.0451	-0.0219	0.1444	-0.0471

3.3.1.3 回归结果分析

由主成分分析和回归分析可以看出，第一主成分在城镇人口 X_7、城镇常

住人口比重 X_8、第三产业就业比重 X_{14}、城镇户籍人口占比 X_9、建成区面积 X_{10}、非农产业产值比重 X_{11} 和非农产业就业比重 X_{13} 等指标上赋值较大，这些指标代表了经济数量与规模增长的方面，本书将其定义为经济增长主成分；第二主成分在第三产业产值比重 X_{12}、非农产业纳税比重 X_{15} 和非农产业税收占财政支出比重 X_{16} 等指标上赋值较大，这些指标代表了现阶段经济结构的优化升级，呈现了经济发展质量的优化，本书将其定义为经济发展主成分。结合回归结果来看，第一主成分对生态环境的回归系数为 -0.0454，说明传统追求 GDP 的经济增长方式对生态环境产生负面影响，第二主成分对生态环境的回归系数为 0.0045，说明注重发展质量的协调、可持续的经济发展可以促进生态环境的改善；但第二主成分的回归系数远远小于第一主成分的结果也表明，改革开放 30 年来，新疆高耗能、高污染的传统经济发展模式依然难以改变，转变发展方式任重道远。从建立回归方程需要加入 AR(1) 模型也表明，城镇化及支撑产业的发展对生态环境的影响是长期的，因此在经济发展中应更加注重经济发展对生态环境影响的长期效应。

从各子指标对生态环境的弹性系数来看，还原后的城镇化 4 个子指标的生态环境弹性系数均为负值，对生态环境影响较大的是城镇常住人口比重和户籍人口比重，表明城镇化发展尤其是城镇人口的增加造成较大生态环境压力，但与支撑产业相比城镇化的发展对生态环境的影响较弱。支撑产业的 6 个子指标中，除非农产业纳税比重对生态环境的弹性系数为正数之外，其他变量对生态环境的弹性系数均为负数，弹性系数较大的子指标有：第三产业产值比重、非农产业产值比重和就业比重，说明新疆依然处于环境库兹涅茨曲线的左端，还未达到"拐点"，总体来看，支撑产业对生态环境产生负面影响。上述结果验证了本章提出的生态环境—城镇化—支撑产业互动机制，即随着城镇化及支撑产业的发展，发展理念的转变、科学技术的进步和财政税收的增加会促进生态环境的改善，但由于受数据的可获得性制约，本书并未把发展理念的转变和科学技术的进步纳入城镇化及支撑产业的综合指标中，我们调研的实际情况反映了这一论断。

3.3.2 生态环境和支撑产业对城镇化的影响分析

生态环境和支撑产业发展对城镇化影响的双对数线性模型如式（3.19），其中，ε_t 为随机误差项，表示模型未能考虑的其他随机因素影响，β_i ($i=1$，…，6，10，…，16) 为因素 X_i ($i=1$，…，6，10，…，16) 对城镇化的弹性系数，即当 X_i 增长 1 个百分点时，城镇化将会变化 $\beta_i\%$，由此计算生态环境和支撑产业各子指标对城镇化的影响。

$$\ln(\text{Urb}) = \beta_0 + \beta_i \sum_{i=1}^{16} X_i + \varepsilon_t \quad (i=1,\cdots,6,10,\cdots,16) \quad (3.19)$$

3.3.2.1 主成分分析

进行因子适合度检验，得到 KMO 检验值为 0.849，Bartlett 球形度检验的近似 χ^2 统计量为 1105，自由度 66 下的显著性水平为 0，结果十分显著，说明指标变量能够进行因子分析。因子分析的特征值与方差贡献率见表 3-8。根据特征值大于 1，总方差累积量大于等于 85% 的原则，提取前两个公因子，其中，第一个公因子解释了原数据 63.211% 的信息，第二个因子解释了原数据 27.264% 的信息。两个公因子的累积方差达到 90.475% 的信息，可以较好地反映所选指标的大部分信息。

表 3-8　　　　　　　　　　解释变量的总方差

成分	初始特征值			提取平方和载入			旋转平方和载入		
	合计	方差的%	累积%	合计	方差的%	累积%	合计	方差的%	累积%
1	9.810	81.752	81.752	9.810	81.752	81.752	7.585	63.211	63.211
2	1.047	8.723	90.475	1.047	8.723	90.475	3.272	27.264	90.475
3	0.706	5.883	96.358						
4	0.215	1.795	98.154						
5	0.102	0.846	99.000						
6	0.053	0.444	99.444						
7	0.035	0.293	99.737						
8	0.016	0.131	99.868						
9	0.008	0.071	99.939						
10	0.004	0.031	99.970						
11	0.003	0.022	99.992						
12	0.001	0.008	100.000						

提取方法：主成分分析。

根据各成分得分系数矩阵得到两个主成分的线性表达式如下：

$$F_1 = -0.987z\ln X_1 + 0.947z\ln X_2 - 0.987z\ln X_3 - 0.979z\ln X_4 - 0.951z\ln X_5$$
$$+ 0.98z\ln X_6 + 0.973z\ln X_{11} + 0.805z\ln X_{12} + 0.969z\ln X_{13} + 0.985z\ln X_{14}$$
$$+ 0.627z\ln X_{15} - 0.56z\ln X_{16} \tag{3.20}$$
$$F_2 = -0.005z\ln X_1 - 0.107z\ln X_2 - 0.105z\ln X_3 + 0.011z\ln X_4 + 0.111z\ln X_5$$
$$- 0.012z\ln X_6 + 0.087z\ln X_{11} + 0.536z\ln X_{12} + 0.176z\ln X_{13} + 0.1z\ln X_{14}$$
$$- 0.426z\ln X_{15} + 0.704z\ln X_{16}$$

3.3.2.2 回归分析

计算 F_1、F_2 的值，再与 $\ln(Urb)$ 回归。根据回归结果，DW 值等于 1.0611，经过查 DW 分布表，在 5% 的显著性水平下 $d_L = 1.36$，$d_U = 1.59$（n = 37，k = 3），可以判断存在正序列相关性。因此，在原模型的解释变量中加入 AR(1) 进行回归，此时 DW 值为 0.9694，在 5% 的显著性水平下 $d_L = 1.31$，$d_U = 1.66$（n = 37，k = 4），可以判断存在正序列相关性。再用主成分得分与城镇化（$\ln(Urb)$）回归得到含有 AR(1) 和 AR(2) 的回归方程如下：

$$\ln(Urb) = 3.5791 + 0.7461F_1 - 0.2644F_2 + 0.6276AR(1) - 0.1116AR(2)$$
$$T = 79.9140 \quad 13.2621 \quad -6.6771 \quad 3.9294 \quad -1.7778$$
$$P = 0 \quad\quad 0 \quad\quad 0 \quad\quad 0.005 \quad 0.0856$$
$$R^2 = 0.9796 \quad\quad \bar{R}^2 = 0.9736 \tag{3.21}$$
$$F = 314.9468 \quad\quad DW = 1.9865$$

模型的拟合优度高达 97.36%，在 5% 的显著性水平下，通过了 F 检验和 T 检验，说明回归方程和回归系数非常有效。加入 AR(1) 和 AR(2) 后回归方程的 DW 值为 1.9865，$1.72 = d_U < DW = 1.9865 < 4 - d_U = 2.28$，已不存在序列相关性，上述模型的回归结果已经很有效。利用标准化数据与原数据之间的线性关系还原后，得到生态环境和支撑产业各指标对城镇化的弹性估计值如表 3-9 所示。

表 3-9　生态环境和支撑产业各指标对城镇化的弹性估计值

β_1	β_2	β_3	β_4	β_5	β_6	β_{11}	β_{12}	β_{13}	β_{14}	β_{15}	β_{16}
-0.0986	0.1323	-0.1410	-0.0660	-0.0550	0.0313	0.6598	0.5358	0.5611	0.3052	-0.2287	0.1953

3.3.2.3 回归结果分析

由主成分分析和回归分析可以看出,第一主成分在生态环境子指标能源消费总量 X_1、废水排放量 X_3、工业废气排放量 X_4 和工业固体废物排放量 X_5 等指标上赋值较大且为负值,在清洁能源占比 X_2 和生态治理投入 X_6 指标上赋正值也比较大;在支撑产业的子指标非农产业产值比重 X_{11}、非农产业就业比重 X_{13}、第三产业就业比重 X_{14} 和产值比重 X_{12} 等指标上赋值较大,故将第一主成分定义为支撑产业传统发展模式对城镇化的推进作用,因为 F_1 的大小与生态环境大部分指标呈反方向变化。第二主成分在各指标的赋值与第一主成分呈现出互补性,因此定义第二主成分 F_2 为新型城镇化所需要的支撑产业。由回归结果可以看出,第一主成分即要素驱动、环境破坏型的支撑产业发展方式依然是新疆城镇化的重要推动力,F_1 每提高1个百分点,城镇化水平将提高0.75个百分点;第二主成分对城镇化发展呈负向影响作用,这表明新疆新型城镇化所需要的支撑产业的发展还十分微弱,当前不但不能成为推动城镇化的主要动力,还在一定程度上制约了城镇化的发展。最后从回归方程需要加入AR(1)和AR(2)来看,支撑产业对城镇化的促进作用是长期的,前两期支撑产业和生态环境的发展分别会对城镇化产生正向和负向不同的作用。

从各子指标对城镇化的弹性系数来看,还原后的生态环境6个子指标中能源消费总量和废水、工业废气、工业固体废物排放量的城镇化弹性系数均为负值,而清洁能源占比和生态治理投入的城镇化弹性系数为正值,表明碳排放与"三废"排放严重阻碍城镇化的发展,而绿色发展、生态治理能大幅度的促进城镇化进程。支撑产业的6个子指标中,除非农产业纳税比重对城镇化的弹性系数为负数之外,其他变量对城镇化的弹性系数均为正数,表明支撑产业是推进城镇化的核心动力。从各子指标的弹性系数来看,非农产业产值比重、第三产业产值比重、非农产业就业比重、第三产业就业比重对城镇化的弹性系数分别为:0.6598、0.5358、0.5611、0.3052,即上述四个变量每提高1个百分点将推进城镇化提高2个百分点,可见支撑产业作为推动城镇化的力量的作用之大;另外,在税收与城镇化关系方面,非农产业纳税比重和非农产业税收占财政支出比重分别对城镇化产生大小基本相当但方向相反的作用,非农产业纳税比重越高也代表企业税负越重,从而对城镇化产生负面影响,而非农产业税收占财政支出比重越大,则表示区域经济发展的内生动力越强,提供公共产品和服务的能力越强,因而促进了城镇化的发展。

3.3.3 生态环境和城镇化对支撑产业的影响分析

生态环境与城镇化对支撑产业发展影响的双对数线性模型如式(3.22),其中 ε_t 为随机误差项,表示模型未能考虑的其他随机因素影响,β_i($i=1$,2,3,…,10)为因素 X_i($i=1$,2,3,…,10)对支撑产业的弹性系数,即当 X_i 增长1个百分点时,支撑产业将会变化 $\beta_i\%$,由此计算生态环境与城镇化各子指标对支撑产业的影响。

$$\ln(\text{Ind}) = \beta_0 + \beta_i \sum_{i=1}^{10} X_i + \varepsilon_t \quad (i = 1, 2, 3, \cdots, 10) \quad (3.22)$$

3.3.3.1 主成分分析

运用 SPSS17.0 软件进行主成分分析。首先通过因子适合度的检验,得到 KMO 检验值为 0.849,Bartlett 球形度检验的近似 χ^2 统计量为 1103,自由度 45 下的显著性水平为 0,结果十分显著,说明指标变量能够进行因子分析。因子分析的特征值与方差贡献率见表 3-10。根据特征值大于 1,总方差累积量大于等于 85% 的原则提取公因子,第一个公因子解释了原数据 95.113% 的信息,可以较好地反映所选指标的大部分信息,因此生态环境与城镇化的子指标共提取一个公因子。

表 3-10　　　　　　　　解释变量的总方差

成分	初始特征值			提取平方和载入			旋转平方和载入		
	合计	方差的%	累积%	合计	方差的%	累积%	合计	方差的%	累积%
1	9.511	95.113	95.113	9.511	95.113	95.113			
2	0.191	1.913	97.026						
3	0.151	1.508	98.534						
4	0.067	0.673	99.208						
5	0.045	0.445	99.653						
6	0.016	0.158	99.810						

续表

成分	初始特征值			提取平方和载入			旋转平方和载入		
	合计	方差的%	累积%	合计	方差的%	累积%	合计	方差的%	累积%
7	0.012	0.121	99.932						
8	0.005	0.046	99.978						
9	0.001	0.013	99.991						
10	0.001	0.009	100.000						

提取方法：主成分分析。

根据各因子得分系数矩阵，主因子得分可表示为：

$$F = -0.995zlnX_1 + 0.933zlnX_2 - 0.989zlnX_3 - 0.986zlnX_4 - 0.966zlnX_5 \\ + 0.981zlnX_6 + 0.995zlnX_7 + 0.975zlnX_8 + 0.938zlnX_9 + 0.992zlnX_{10} \quad (3.23)$$

3.3.3.2 回归分析

用 Eviews6.0 软件进行回归分析。计算公因子 F 的值，再与 ln（Ind）回归，用 Eviews6.0 估计得到估计结果。根据回归结果，DW 值等于 0.1584，经过查 DW 分布表，在 5% 的显著 $d_L = 1.42$，$d_U = 1.53$ 性水平下，可以判断存在正序列相关性，$LM = nR^2 = 24 \times 0.2494 = 5.9919 > \chi^2_{0.05}(1) = 3.84$，也发现存在一阶自相关。因此，用科克伦—奥科特迭代法对模型进行修正，即在原模型的解释变量中加入 AR(1)，修正后的模型为：

$$\ln(Ind) = 1.5791 + 0.2515F_1 + 0.8409AR(1)$$
$$T = 10.4571 \quad 2.2161 \quad 15.2659$$
$$P = 0 \quad 0.0337 \quad 0 \quad (3.24)$$
$$R^2 = 0.9673 \quad \overline{R}^2 = 0.9653$$
$$F = 488.4055 \quad DW = 1.9765$$

修正后的模型 DW 值为 1.9765，查 DW 分布表，在 5% 显著性水平下，n = 37，k = 3 时，$d_L = 1.36$，$d_U = 1.59$，$d_U < DW < 4 - d_U$，说明残差序列已不存在序列相关性。并且顺利通过方程的 F 检验和 T 检验，明显提高了模型的拟合优度，然后，用 Harvey 异方差检验判别是否存在异方差性，检验结果显示接受同方差假设，说明回归方程的残差不再有异方差性。因此，修正模型后得到的回归结果很有效，结果非常理想。

根据 $z\ln X_i = (\ln X_i - \overline{X_i})/\sqrt{D_{X_i}}$，其中，$\sqrt{D_{X_i}}$ 的值为 $\ln X_i$ 序列的标准差，将 F 代入上述回归结果进行还原，从而得到生态环境和城镇化各指标的支撑产业弹性估计值（见表 3 – 11）。

表 3 – 11　　生态环境和城镇化各指标的支撑产业弹性估计值

β_1	β_2	β_3	β_4	β_5	β_6	β_7	β_8	β_9	β_{10}
–0.0329	0.0544	–0.0396	–0.0226	–0.0235	0.0107	0.0736	0.1571	0.1926	0.0500

3.3.3.3　回归结果分析

由主成分分析和回归分析可以看出，主成分 F 在生态环境 6 个子指标和城镇化的 4 个子指标上的赋值都很大，在生态环境子指标：能源消费总量 X_1、废水排放量 X_3、工业废气排放量 X_4 和工业固体废物排放量 X_5 上赋值为负，因此我们把这个主成分定义为环境友好型城镇化发展模式。结合回归结果来看，主成分对支撑产业的回归系数为 0.2515，说明环境友好型城镇化每增长 1 个百分点，支撑产业将提高 0.25 个百分点，虽然城镇化对支撑产业产生推动作用，但作用相对较小。加入 AR(1) 的模型也表明，环境友好型城镇化对支撑产业的作用具有长期效应和滞后效应。从各子指标对支撑产业的弹性系数来看，还原后的生态环境 6 个子指标中能源消费总量、废水排放量、工业废气排放量和工业固体废物排放量的支撑产业弹性系数为负数，表明生态环境容量已无法再容纳高耗能和高排放产业；而绿色能源消费占比和生态治理投入的支撑产业弹性系数为正数，表明生态环境水平的提高将促进支撑产业的发展，印证了"改善生态环境就是发展生产力"的说法。还原后的城镇化 4 个子指标的支撑产业弹性系数为正数，表明城镇化的发展通过多种途径促进支撑产业的发展，其中，城镇户籍人口占比和城镇常住人口比重两个指标的弹性系数最大，分别为 0.1571 个和 0.1926，即城镇户籍人口和常住人口城镇化率每提高 1 个百分点，支撑产业将分别提高 0.1571 个和 0.1926 个百分点，总体来看，城镇化综合水平每提高 1 个百分点，支撑产业提高约 0.5 个百分点，可见现阶段支撑产业对城镇化的推动作用远远大于城镇化对支撑产业的作用，城镇化对支撑产业的培育作用有待进一步提升。

第四章

新疆新型城镇化产业支撑绩效评价

新疆生态环境、城镇化及支撑产业间通过污染物排放、税收—财政支持、发展理念转变、生产要素与基础设施供给等途径存在复杂的相互作用机制,通过实证分析我们发现:城镇化与支撑产业均对生态环境产生负向影响,支撑产业对城镇化的支持作用较强,但城镇化对支撑产业的服务职能不足。以人为本的新型城镇化,除强调实现人口、资源、环境、经济的协调,实现大中小城市及小城镇的协调,实现城镇人口聚集与公共服务设施建设的协调外,在新疆社会稳定和长治久安的进程中,更为重要的是实现不同区域、不同民族聚集区的协调发展;因此,科学评价不同区域城镇化的产业支撑绩效,为城镇化滞后地区选择环境有效、绩效优良的支撑产业,有利于新型城镇化协调发展。本章将以各地州市为单位对新疆新型城镇化产业支撑的绩效进行评价,首先,对14个地州市新型城镇化发展水平进行分析,指出新疆城镇化的区域差距;其次,将利用面板数据模型对14个地州市产业发展对城镇化支撑的效果进行评价;最后,找出存在上述差异的原因,为后续支撑产业的选择奠定理论基础。

4.1 各地州市城镇化产业支撑分析

新疆处于我国西北边陲,地域广阔、人口密度小、矿产资源丰富,是我国重要的资源战略储备区和能源大通道,同时是丝绸之路经济带的核心区。根据行政区域划分,新疆共有14个地、州、市,天山山脉将新疆分为南北两大部分,习惯上称天山以南为南疆、天山以北为北疆、天山东部为东疆,北疆主要包括:乌鲁木齐市、克拉玛依市、昌吉州、博尔塔拉蒙古自治州、克孜勒苏柯尔克孜自治州、伊犁哈萨克自治州，南疆主要包括：巴音郭楞蒙古自治州、喀什地区、和田地区、塔城地区、阿克苏地区、阿勒泰地区，东疆主要包括：吐鲁番地区和哈密地区。城镇化是农村人口不断向城镇聚集，非产业不断在城镇发展壮大的过程。城镇化是一个复杂系统，并与产业发展、生态环境、社会文化等诸多要素交织在一起，相互影响，相互作用，其中，城镇化与产业发展之间往往呈现出一种互促关系，即产业发展带动城镇化进程，城镇化发展又进一步推动产业发展，具有显著的双向因果关系。由于新疆不同区域区位条件、发展基础、社会文化的差异，城镇化发展水平及产业支撑的绩效存在很大的差异。

4.1.1 各地州市城镇化发展差异

从全疆范围来看，东疆与北疆各地州市的城镇化综合发展水平普遍高于南疆各地州，2014年东疆、北疆和南疆的人口城镇化水平分别达到80.21%、76.99%和49.16%，比2011年分别提高了0.34、1.72和1.06个百分点，区域间的差距仍然存在进一步拉大的趋势。从户籍人口（非农业人口）城镇化水平来看，2014年北疆、东疆和南疆分别为55.33%、41.46%和27.02%，分别比2011年降低了0.36、1.34和0.11个百分点，也表现为区域差距的不断拉大，这种趋势与南疆地区城镇化支撑产业发展滞后存在高度相关。从城镇常住人口城镇化率与户籍人口城镇化率的差异来看，2014年北疆、南疆和东疆的差距分别为：21.66、22.14和38.76个百分点，且比2011年有扩大的趋势。上述分析表明新疆城镇化在北疆、南疆和东疆存在较大的区域差距，且由于受现有户籍制度和地方政府不愿推进公共服务均等化的制约，新型城镇化还表现为户籍人口和非户籍人口享受不同公共服务的差距，且这种差距在进一步扩大。可见，新疆新型城镇化发展存在严重的区域不均衡现象，这不符合新型城镇化的发展理念，持续扩大的城镇化区域发展差距会对新疆区域经济协调发展带来诸多不利，同时也不利于新疆社会稳定和长治久安。

北疆是新疆新型城镇化综合发展水平最高的地区，其中乌鲁木齐和克拉玛依是两个地级市，城镇化水平均在95%以上。乌鲁木齐是新疆首府，也是新疆唯一的大城市，2014年城镇化率达到97.12%，其中户籍人口城镇化率为72.90，相差近25个百分点。克拉玛依依托石油、石化产业城镇化水平全疆最高，人口城镇化高达100%，与户籍城镇化率相差不大。昌吉回族自治州区位优势突出、基础设施完善，州府昌吉市距乌鲁木齐市中心35公里，人口城镇化率85.44%与户籍城镇化率相差35个百分点左右。博尔塔拉蒙古自治州依托毗邻阿拉山口口岸的优势，再加上阿拉山口设市的推动作用，近几年新型城镇化快速发展，2014年常住人口城镇化率和户籍人口城镇化率分别达到80.91%和54.75%。伊犁哈萨克自治州城镇供排水、垃圾处理等设施建设步伐加快，再加上霍尔果斯设市使其城镇化水平达到56.30%，但与北疆其他地州市相比较为滞后。阿勒泰地区区位条件较差、工业化水平低、城镇聚集功能弱，导致其城镇化发展滞后，2014年仅为56.93%。塔城地区大力推进新型城镇化建设过程中，以中心城市、区域中心城市以及县城和特色镇的格局，城镇化率达到78.33%。

由于地理、生态和历史原因，南疆各地州城镇化发展水平相对滞后。巴音郭楞蒙古自治州地处南北疆接合部，经济实力较为雄厚，是南疆城镇化水平最高的地区，2014年城镇化水平达到78.82%。阿克苏地区以阿克苏市和库车县"两座龙头"城市为区域性中心不断推进城镇化建设，城镇化水平达到63.71%。克孜勒苏柯尔克孜自治州积注重园区建设支撑城镇化发展，鼓励引导农牧民就近就地向工矿企业和城镇转移，城镇化水平达到58.77%。喀什地区是南疆重镇，随着喀什经济特区的设立、丝绸之路经济带核心区建设和中巴经济走廊战略的提出，有力地推动了城镇化的发展，但由于前期基础薄弱，城镇化率仅为37.91%。和田地区位于新疆最南端，由于生态环境脆弱、基础设施建设滞后，城镇化是全疆最低的地区仅为35%。东疆区位条件、资源禀赋较好，城镇化水平相对较高。哈密地区是新疆的东大门，是新疆连接内地的交通要道，在城镇化建设方面推进"五化同步"，加大对小城镇的建设，2014年城镇化率达到88.69%。吐鲁番地区地理位置优越，是连接内地、南北疆的交通枢纽，"六轮驱动"推进城镇化发展，城镇化率达到72.21%。2011~2014年新疆各地州市人口城镇化率详见表4-1。

表4-1　　　　2011~2014年新疆各地州市人口城镇化率

地州市	常住人口城镇化率（%）				户籍人口城镇化率（%）			
	2011年	2012年	2013年	2014年	2011年	2012年	2013年	2014年
乌鲁木齐市	97.15	97.17	97.62	97.12	73.51	72.17	72.46	72.90
克拉玛依市	100	100	100	100	98.62	98.71	98.73	98.88
昌吉回族自治州	82.85	85.56	86.29	85.44	49.73	49.21	49.24	49.12

续表

地州市	常住人口城镇化率（%）				户籍人口城镇化率（%）			
	2011年	2012年	2013年	2014年	2011年	2012年	2013年	2014年
伊犁州直属县（市）	54.18	54.17	55.69	56.30	41.63	41.40	40.84	40.73
塔城地区	73.38	75.33	75.33	78.33	52.78	52.86	52.59	52.53
阿勒泰地区	55.20	55.28	57.05	56.93	49.68	49.80	49.53	49.63
博尔塔拉蒙古自治州	83.77	80.12	80.30	80.91	54.42	54.80	54.83	54.75
吐鲁番地区	72.05	76.36	72.14	72.21	28.58	28.77	28.23	27.84
哈密地区	88.34	88.42	88.58	88.69	58.18	57.44	56.33	55.88
巴音郭楞蒙古自治州	79.11	79.62	78.88	78.82	47.70	48.14	48.17	49.09
阿克苏地区	63.03	64.59	64.15	63.71	31.38	31.79	31.81	31.47
克孜勒苏柯尔克孜自治州	58.25	58.58	58.97	58.77	29.73	30.59	30.61	30.47
喀什地区	35.40	34.56	37.91	37.55	22.64	22.73	22.76	22.34
和田地区	32.90	32.92	35.15	35.00	16.87	17.23	17.29	16.73

资料来源：根据《新疆统计年鉴》（2012~2015）整理而成。

4.1.2 各地州市城镇化支撑产业

北疆地区区位条件、经济基础相对具有较好，尤其是天山北坡经济带，总面积约9.54万平方公里，占新疆5.7%，总人口占全疆的38.9%，国内生产总值占全疆的68.9%，而城镇人口占全疆的73.2%，城镇化综合水平最高。乌鲁木齐作为全疆的政治、经济、文化中心，支撑城镇化的主要产业为以石油天然气化工、高新技术产业、纺织服装业、商贸流通业、金融保险业、信息咨询业、科学研究与技术服务业等。随着丝绸之路经济带核心区的建设，乌鲁木齐市重点发展现代服务业和战略性新兴产业、高新技术产业将得到进一步发展，成为城镇化的重要支撑产业。昌吉州支撑产业主要包括：煤化工、石油石化、有色金属冶炼、农产品精深加工、机电、新型建材、纺织业等；服务业的主体仍然是传统服务业，交通运输仓储和邮政业、批发零售业、住宿餐饮业增加值合计占第三产业增加值的39.1%，知识密集型、科技密集型的现代服务业竞争力较弱。克拉玛依市依托油气资源优势资源，产业结构一直保持"二三一"的状态，第一产业产值占地区生产总值的比例不足1%，第二产业产值占比普遍高于80%以上，重化工业特别是石油和石化工业是克拉玛依市的支柱产业和主要产业，成为支撑其城镇化发展的重要产业。

伊犁州直城镇化支撑产业主要为：特色农副产品加工产业、建材产业和能源产业三大支柱行业，第三产业中，交通运输仓储及邮政业对城镇化的促进作用较大，对外贸易、旅游业的发展也促进了城镇化进程。塔城地区资源相对贫乏、经济机构单一，主要以农牧业为主，工业化水平较低。城镇化的支撑产业主要包括：特色种植养殖业、特色农产品加工业、煤化工业、优势矿产加工制造业、现代能源等产业等。阿勒泰地区利用生态、地缘、资源和人文"四大优势"，形成了黑色金属采选业、有色金属采选业和旅游业为主的城镇化支撑产业。博州发挥"东联西出""西引东进"的黄金枢纽地位，依托口岸优势，城镇化支撑产业包括：棉纺、建材、食品工业、旅游业和对外贸易等产业。

南疆目前还不具备建设城市群的基础和条件，但以喀什为中心建设城市圈的时机比较成熟。巴音郭楞蒙古自治州城镇化的支撑产业主要以石油化工和旅游业为主，形成以食品、轻纺、建材、造纸等行业在内的综合性工业基地和石油工业中心。阿克苏地区城镇化支撑产业主要有纺织服装业、旅游业、煤炭开采业、农副食品加工业、石油化工及炼焦业等。喀什作为南疆经济文化中心，经济特区建设和中巴经济走廊建设为其城镇化发展提供重要机遇，其支撑产业主要包括：旅游业、纺织服装业、农产品加工业、金融服务产业等。和田地区城镇化的支撑产业发展缓慢，工业基础薄弱，农业比重过大，服务业主要以餐饮业和服装业为主，现代服务业所占的比重甚少。克州设施农业、现代畜牧业、特色林果业为主的戈壁产业发展较快，新型工业化和旅游业已成为促进克州城镇化发展的支撑产业。

东疆包括吐鲁番和哈密地区，哈密是新疆的东大门，是新疆连接内地的交通要道，素有"新疆门户"之称。哈密矿产资源丰富，储量较大的有煤、钾盐、铁等。目前采矿、冶金、能源、化工、建材为主已成为推动哈密经济发展的支柱产业，配套发展第三产业，特色农业、风电产业、旅游业也日益成为哈密经济发展的重要支撑。随着哈密经济发展进入新常态，传统优势产业占比下降，新兴产业占比提高，产业结构不断优化，哈密市将重点围绕新型综合能源、新型装备制造、新型材料加工等基地建设，把战略性新兴产业培育成支撑产业，以促进哈密城镇化发展。吐鲁番地区经济快速发展，形成了石油天然气化工、煤炭开采及深加工、金属矿产开采选冶加工、建材开采加工、无机盐化工、特色农副产品加工等六大产业。第三产业整体发展势头良好，地方特色产品的出口比重增加，国际贸易市场范围逐步扩大，商贸服务领域进一步拓展。

同时，吐鲁番将大力发展装备制造业，着力培养和发展先进装备制造、精密铸造、模具产业，着力发展食品和酿造产业，加速发展新能源产业。新疆各地州市城镇化主要支撑产业情况详见表 4-2。

表 4-2　　　　　　　　新疆各地州市城镇化主要支撑产业

地区		城镇化产业支撑
北疆	乌鲁木齐市	石油天然气化工、商贸业、金融保险业、信息咨询业、科学研究与技术服务业、旅游业
	克拉玛依市	石油和石化工业
	塔城地区	特色农产品加工业、外向型加工、优势矿产加工制造业、旅游业
	阿勒泰地区	矿产资源开发与加工、旅游业
	伊犁哈萨克自治州	农副产品加工、对外贸易、旅游业
	昌吉回族自治州	石油石化等重工业、农产品加工、纺织业
	博尔塔拉蒙古自治州	边贸、旅游业、农副产品加工、有色金属、木材产业
南疆	巴音郭楞蒙古自治州	石油化工、旅游业、食品、轻纺、建材产业
	阿克苏地区	纺织服装业、旅游业、煤炭开采业、农副食品加工业、石油化工及炼焦业
	喀什地区	旅游产业，纺织服装产业、农产品加工产业、金融服务产业
	克孜勒苏柯尔克孜自治州	设施农业、畜牧业、林果业等戈壁产业、新型工业化、旅游业
	和田地区	农副产品加工、餐饮业、服装业
东疆	吐鲁番	石油天然气化工、煤炭开采及深加工、特色农副产品加工、旅游业
	哈密地区	采矿、冶金、能源、化工、建材为主、特色农业、风电产业、旅游业

4.2 各地州市城镇化产业支撑绩效比较分析

本节将利用面板数据计量方法对新疆 14 个地州市城镇化产业支撑的绩效进行定量分析。首先根据以往文献构建出城镇化产业支撑的计量分析模型，然后通过理论分析对城镇化产业支撑的指标进行选取，作为回归分析的自变量。模型以各地州市城镇化水平作为因变量，产业发展为自变量，利用计量分析软件 Eviews6.0 进行回归分析。通过对回归结果的分析找出新疆城镇化产业支撑的结构关系,支撑产业对城镇化发展推动作用的大小。

4.2.1 模型构建

城镇化作为区域经济的重要组成部分,其推动力的核心机制是聚集经济,即产业结构的非农化所导致的生产要素在空间的聚集。可见,经济发展尤其是产业结构优化升级,是促进城镇化进程的基本力量,城镇化是区域经济发展的一种复杂伴生现象,需要区域经济发展支撑[①]。刘易斯(1954)构建的二元经济模型认为,落后农业部门剩余劳动力转移到现代城市部门产生经济发展,推动了城镇化的进程(兰尼斯和费景汉,1961;哈里斯和托达罗,1970)。凯利和威廉姆森[②](1984)将二元经济增长模型内生化,指出发展中国家的经济发展是城镇化的直接推动力。实证研究方面,1975 年,H. 钱纳里提出城镇化与经济发展关系模型:

$$\ln Urb = \alpha + \beta \ln PGDP + \varepsilon \quad (4.1)$$

其中,lnUrb 表示城镇化水平,lnPGDP 表示人均地区生产总值取对数值。大量学者在世界范围内进行实证检验表明,经济增长是城镇化发展的主要推动力(周一星,1982;亨德森,2000;赵民等,2009)。因此,我们将在式(4.1)的基础上,构建城镇化产业支撑绩效评价模型。

经济发展的最重要方面是产业结构的优化,学者们将三次产业发展作为推动城镇化发展的产业动力(辜胜阻,1991;孙中和,2001)。赵新平等(2002)认为城镇化的产业支撑在初期主要来自工业化,中后期主要来自服务业与新兴产业的发展;方兴起、郑贺(2013)将推进新型城镇化进程的动力归结于农业现代化和工业领域的产业创新,蒙永胜、李琳(2013)认为新型工业化、农牧业现代化与新型城镇化协调发展是新疆跨越式发展的本质要求和关键着力点;孔善右等(2009)指出服务业通过促进城市经济集聚效益实现、激发城市外部经济效应、促进城市经济扩散效益发挥三个方面促进城镇化。任宏、罗丽姿(2013)从劳动力吸纳能力、耗能低产值高、后续动力以及城乡统筹四个方面研究第三产业对新型城镇化的作用,认为第三产业是推动新型城镇化发

[①] 胡际权. 中国新型城镇化发展研究 [D]. 重庆:西南农业大学,2005(6):28.

[②] Kelley, A. C., Williamson, J. G. What Drives Third World City Growth? A Dynamic General Equilibrium Approach [M]. NJ: Princeton University Press, 1984.

展的重要引擎。因此,本研究以城镇化与经济发展关系模型为基础,结合研究需要将支撑产业纳入式(4.1),构建出城镇化产业支撑绩效评价模型。

当前,新疆正处在城镇化快速发展和产业转型升级的关键时期。城镇化水平的提高促使农村多余劳动力向城镇转移,这既为工业、服务业的发展提供了丰富的人力资源,同时也需要相应的产业提供就业机会。其实产业发展通过方方面面影响着城镇化的建设,包括经济水平、经济效益、产业结构、两型发展等,本章在研究新疆各地州市支撑产业对城镇化建设的推动作用时,选择了各地州市的经济发展水平与产业结构状况来衡量该地区产业发展对城镇化的影响。根据城镇化和产业经济相关理论,城镇化的规模扩张和质量提高与第二产业、第三产业的规模扩大和转型升级存在双向互促作用。产业发展促进经济增长,经济增长引致产业结构演进,产业结构演进推动城镇化,城镇化又对经济增长与产业结构变迁产生有效的促进作用。产业发展推动经济增长,提高了居民的收入,增加了居民对城镇文明的需求,因此经济增长也必然导致城镇化水平的提升。同时,经济增长引致产业结构演进,随着产业结构升级,国民经济重心将由第一产业向第二产业,进而向第三产业升级。基于以上分析,我们把产业发展纳入城镇化与经济发展模型,构建出城镇化产业支撑绩效评价模型如下:

$$\ln Urb_{it} = \alpha + \beta_1 \ln PGDP_{it} + \beta_2 \ln NI_{it} + \beta_3 \ln SI_{it} + \beta_4 \ln TI_{it} \\ + \beta_5 \ln IR_{it} + \beta_6 \ln TSI_{it} + \beta_7 \ln MSI_{it} + \varepsilon_{it} \quad (4.2)$$

其中,$\ln Urb_{it}$表示城镇化率,$\ln PGDP_{it}$表示人均国内生产总值,$\ln NI_{it}$表示非农产业,$\ln SI_{it}$表示第二产业,$\ln TI_{it}$表示第三产业,$\ln IR_{it}$表示工业化率,$\ln TSI_{it}$表示传统服务业,$\ln MSI_{it}$表示现代服务业,α代表常数项,$\beta_1 \cdots \beta_7$为系数,ε为误差扰动项,i代表地区,t代表时间。

4.2.2 计量方法

在分析线性计量经济学模型时,一般利用截面数据或者时间序列数据进行实证研究。而实际中的很多经济现象,仅仅使用截面或时序的相关数据,所建立的模型不能包含足够的信息,通常不能满足人们研究问题的需要。后来,随着计量经济学理论发展,面板数据模型的出现很好地解决了上述问题。考虑到本章在分析时既采用了新疆各地州市的相关数据,又涉及了年度时间序列,将地区维度与时间维度联合到一起来研究,因此构建面板数据模型来分析城镇化发展产业支撑绩效比较合适。运用面板数据模型,不仅能扩大样本容量,提高实证分析结论的可信度,又能比较直观地反映和比较变量间的相互关系,因此,本节的实证分析选择运用面板数据模型。

面板数据也称作时间序列与截面的混合数据,是同时在时间序列和截面上取得的二维数据,是截面上个体在不同时间点的重复观测数据。面板数据从横截面看,是由若干个体在某一时点构成的截面观测值,从纵剖面看每个个体都是一个时间序列。利用面板数据建立模型的优点是:一是由于观测值的增多,可以增加估计量的抽样精度。二是对于固定效应模型能得到参数的一致估计量,甚至有效估计量。三是面板数据建模比单独的截面数据或时间序列数据建模可以获得更多的动态信息。

面板数据用双下标变量表示,例如:

$$x_{it}, \ i=1, 2, \cdots, N; \ t=1, 2, \cdots, T \tag{4.3}$$

其中 i 对应面板数据中不同个体,N 表示面板数据中含有 N 个个体。t 对应面板数据中不同时点。T 表示时间序列的最大长度。若固定 t 不变,$x_{i\cdot}$,(i = 1,2,…,N),是横截面上的 N 个随机变量;若固定 i 不变,$x_{\cdot t}$,(i = 1, 2, …, T),是纵剖面上的一个时间序列(个体)。如果每个个体在相同的时期内都有观测值记录,则称此面板数据为平衡面板数据。若面板数据中的个体在相同时期内缺失若干观测值,则称此面板数据为非平衡面板数据。通常用面板数据建立的模型有 3 种,即混合模型、固定效应模型和随机效应模型。

第一,混合模型。如果一个面板数据模型定义为:

$$y_{it} = \alpha + X'_{it}\beta + \varepsilon_{it}, \ i=1, 2, \cdots, N; \ t=1, 2, \cdots, T \tag{4.4}$$

其中 y_{it} 为被回归变量(标量),α 表示截距项,X_{it} 为 k × 1 阶回归变量列向量(包括 k 个回归量),β 为 k × 1 阶回归系数列向量,ε_{it} 为误差项(标量),则称此模型为混合模型。其特点是无论对任何个体和截面,截距项 α 和回归系数 β 都相同。

第二,固定效应模型可分为 3 种类型,即个体固定效应模型、时点固定效应模型和个体时点双固定效应模型。

(1) 个体固定效应模型。如果一个面板数据模型定义为:

$$y_{it} = \alpha_i + X'_{it}\beta + \varepsilon_{it}, \ i=1, 2, \cdots, N; \ t=1, 2, \cdots, T \tag{4.5}$$

其中 α_i 是随机变量,表示对于 N 个个体有 N 个不同的截距项,且其变化

取决于 X_{it}；X_{it} 为 $k \times 1$ 阶回归变量列向量（包括 k 个回归量），β 为 $k \times 1$ 阶回归系数列向量，对于不同个体回归系数相同，截距项 α_i 不同，y_{it} 是被回归变量（标量），ε_{it} 为误差项（标量），则称此模型为个体固定效应模型。

（2）时点固定效应模型。如果一个面板数据模型定义为：

$$y_{it} = \gamma_t + X'_{it}\beta + \varepsilon_{it}, \quad i = 1, 2, \cdots, N \tag{4.6}$$

其中 γ_t 是模型截距项，随机变量，表示对于 T 个截面有 T 个不同的截距项，且其变取决于 X_{it}；y_{it} 为被回归变量（标量），ε_{it} 为误差项（标量），满足通常假定条件。X_{it} 为 $k \times 1$ 阶回归变量列向量（包括 k 个回归量），β 为 $k \times 1$ 阶回归系数列向量，则称此模型为时点固定效应模型。

（3）个体时点固定效应模型。如果一个面板数据模型定义为：

$$y_{it} = \alpha_0 + \alpha_i + \gamma_t + X'_{it}\beta + \varepsilon_{it}, \quad i = 1, 2, \cdots, N; \; t = 1, 2, \cdots, T \tag{4.7}$$

其中 y_{it} 为被回归变量（标量）；α_i 与 γ_t 均为随机变量，分别表示对于 N 个个体有 N 个不同的截距项和对于 T 个截面（时点）有 T 个不同的截距项，且其变化取决于 X_{it}；X_{it} 为 $k \times 1$ 阶回归变量列向量（包括 k 个回归量）；β 为 $k \times 1$ 阶回归系数列向量；ε_{it} 为误差项（标量）满足通常假定 $(\varepsilon_{it} | X_{it}, \alpha_i, \gamma_t) = 0$；则称此模型为个体时点固定效应模型。

第三，随机效应模型。如果一个面板数据模型定义为：

$$y_{it} = \alpha_i + X'_{it}\beta + \varepsilon_{it}, \quad i = 1, 2, \cdots, N; \; t = 1, 2, \cdots, T \tag{4.8}$$

如果 α_i 为随机变量，其分布与 X_{it} 无关；X_{it} 为 $k \times 1$ 阶回归变量列向量（包括 k 个回归量）；β 为 $k \times 1$ 阶回归系数列向量，对于不同个体回归系数相同，y_{it} 为被回归变量（标量），ε_{it} 为误差项（标量），这种模型称为个体随机效应模型（随机截距模型、随机分量模型）。

4.2.3 指标选择

计量分析过程中的指标选取要符合科学性，同时也要兼顾数据的可得性。城镇化水平指标，是定量地反映一个国家或地区某个时点城镇化发展的重要指标，通常用城镇人口占区域总人口的百分比来表示。该指标既反映了人口在城镇的集聚程度，又在相当的程度上反映了劳动力的转移程度，因而该指标在世界上得到广泛采用，通用性很强。但由于统计口径的不同，城镇人口分为城镇常住人口和城镇户籍人口，城镇常住人口指居住于城市、集镇的人口，主要依据人群的居住地和所从事的产业进行归类,而城镇户籍人口即非农业人口,是指居住、工作、生活均在城镇并且其户籍也落在城镇,其最大差别是是否享受附着在城镇户籍上的福利待遇,二者的差别是区分城镇化质量的重要指标。考虑到数据的可得性,我们分别选择城镇常住人口比重(Y_1)和城镇户籍人口比重(Y_2)作为被解释变量。

城镇化进程是在以农业发展为代表的农村"推力"和由工业化与服务业为代表的城镇"拉力"共同作用下进行的,可见产业发展对城镇化的支撑作用之重要。在城镇化产业支撑指标的选取方面,既要注重产业发展对城镇化的支撑作用,也要兼顾经济发展水平对城镇化的推进作用。因此,本研究首先选择各地州市人均国内生产总值(PGDP)作为经济发展水平指标,将其作为经济发展对城镇化推动作用的基本因素。根据配第—克拉克定理、产业发展理论和城镇化理论,产业发展与城镇化之间具有重要的互动关系,一个地区产业发展通过影响该地区经济发展水平、工业化水平、产业结构进而影响该地区城镇化发展。为探讨产业发展对城镇化的推动作用,选择非农产业比重(NI)、第二产业比重(SI)和第三产业比重(TI)代表产业结构的优化,通过面板数据模型检验上述三个变量变化对城镇化的推动作用。为进一步分析产业发展对城镇化的支撑作用,选择工业化率(IR)代表工业化对城镇化的推动作用;同时,用交通运输、仓储和邮政业、批发和零售业代表传统服务业(TSI),金融、保险、旅游、信息和其他能增进和改善人体智能的服务代表现代服务业(MSI)作为支撑产业的解释变量(见表4-3)。

表4-3　　　　　　　　解释变量与被解释变量

类型	名称	含义及测算	单位	符号
被解释变量	城镇人口城镇化率	衡量各地区城镇化水平,该地区城镇常住人口数占总人口的百分比	%	Ubr_1
	户籍人口城镇化率	衡量各地区城镇化质量,该地区城镇户籍人口数占总人口的百分比	%	Ubr_2
解释变量	人均地区生产总值	反映一个地区的经济增长水平,地区生产总值与总人口数的比值	元/人	PGDP
	非农产业发展	第二产业和第三产业增加值占GDP的百分比或区位商	%	NI

续表

类型	名称	含义及测算	单位	符号
解释变量	第二产业发展	第二产业增加值占 GDP 的百分比或区位商	%	SI
	第三产业发展	第三产业增加值占 GDP 的百分比或区位商	%	TI
	工业发展	工业增加值占 GDP 的百分比或区位商	%	IR
	传统服务业发展	交通运输、仓储和邮政业、批发和零售业等增加值占 GDP 的百分比或区位商	%	TSI
	现代服务业发展	金融、保险、旅游、信息等增加值占 GDP 的百分比	%	MSI

数据来源及处理，本章所用数据均来源于《新疆统计年鉴》（2006~2015），部分缺失数据来自《新疆年鉴》。对于新疆各地州市常住人口城镇化率的数据，与新疆实际情况相比明显偏高，但数据均来自《新疆统计年鉴》，另外本章计量分析产业发展对城镇化的支撑绩效，主要分析自变量与因变量之间的趋势关系，如果所有城镇化率均偏大，并不影响计量得到的趋势。另外，为进一步揭示支撑产业对城镇化的作用绩效，本书借鉴区位商计算方法，用各地市各变量的值除以全疆该变量的值，计算出产业发展的"区位商"。最后，对于2005~2007年喀什地区缺失的解释变量的数据，本章采用"内插法"利用2004年和2008年的数据进行补充。

4.2.4 实证检验

4.2.4.1 平稳性与协整检验

一些非平稳的"经济时间序列"往往表现出共同的变化趋势，而这些序列间本身不一定有直接的关联，此时，对这些数据进行回归，尽管有较高的 R 平方，但其结果是没有任何实际意义的。因此为了避免伪回归，确保估计结果的有效性，首先对所有变量进行平稳性检验。一般来说面板数据单位根通常采用两种检验方法，即相同根单位根检验 LLC 检验和不同根单位根检验 Fisher-ADF 检验，如果在两种检验中"均"拒绝存在单位根的原假设则我们说此序列是平稳的，反之则不平稳（见表 4-4）。

表 4 – 4　　　　　　　　面板数据的单位根检验

变量	原序列		一阶差分后的序列	
	Levin-lin & chu	ADF-Fisher	Levin-lin & chu	ADF-Fisher
$LnUbr_1$	−14.0807 (0.00)	80.5329 (0.00)	−12.9881 (0.00)	102.762 (0.00)
$LnUbr_2$	−6.50827 (0.00)	52.3462 (0.00)	−15.2565 (0.00)	106.351 (0.00)
LnPGDP	−1.33172 (0.0915)	11.9184 (0.9966)	−8.24013 (0.00)	67.8323 (0.00)
LnNI	−3.62878 (0.00)	30.7824 (0.1602)	−11.1202 (0.00)	77.7480 (0.00)
LnSI	−1.84472 (0.0325)	26.8733 (0.5252)	−11.3242 (0.00)	69.1927 (0.00)
LnTI	−2.46348 (0.0069)	23.8861 (0.6875)	−6.32395 (0.00)	53.1254 (0.00)
LnIR	−2.22468 (0.0131)	27.0203 (0.5171)	−10.0195 (0.00)	73.4475 (0.00)
LnTSI	−3.08253 (0.00)	44.4030 (0.0253)	−6.14893 (0.00)	50.4874 (0.0057)
LnMSI	−2.59316 (0.0048)	29.0308 (0.4110)	−7.38982 (0.00)	66.0376 (0.00)

注：括号内数据是对相应的统计检验收尾概率，即 P 值，是根据渐进正态分布计算得出；模型检验形式是不带截距项与时间趋势项，依据 SCI 信息准则确定滞后阶数。

从单位根检验结果来看，变量 $LnUbr_1$、$LnUbr_2$ 与 LnTSI 均为 0 阶平稳序列。其他变量均通过了 10% 或 5% 显著性水平下的 LLC 检验，但没通过 ADF-Fisher 检验，说明原序列不平稳，存在单位根。但经过一阶差分后，上述变量均在 1% 的显著性水平下拒绝原假设，为平稳序列，说明各变量同为一阶单整，因此就可以进行协整检验，协整检验是考察变量间长期均衡关系的方法。可以对涉及的变量进行回归分析。面板数据的协整检验方法可以分为两大类，一类是建立在 Engle and Granger 二步法检验基础上的面板协整检验，具体方法主要有 Pedroni 检验和 Kao 检验；另一类是建立在 Johansen 协整检验基础上的面板协整检验，本节主要对变量进行 Kao 检验。检验结果可以看出，在显著性水平小于 1% 的条件下，ADF 的 T – 统计值为 – 3.974194，因此拒绝原假设，认为面板数据之间存在协整关系。通过了协整检验，说明变量之间存在着长期稳定的均衡关系，其方程回归残差是平稳的，可以做面板数据分析。

4.2.4.2 模型的估计

面板数据模型的设定形式分为混合效应模型、固定效应模型、随机效应模型三种。在面板数据模型形式的选择方法上，通常采用 Hausman 检验确定应该建立随机效应模型还是固定效应模型，然后根据 F – 检验决定选用变系数模型、固定效应模型还是不变参数模型。F – 统计量计算方法如式（4.9）。

$$F_1 = \frac{(S_2 - S_1)/[(N-1)K]}{S_1/[NT - N(K+1)]} \sim F[(N-1)K, N(T-K-1)]$$

$$F_2 = \frac{(S_3 - S_1)/[(N-1)K]}{S_1/[NT - N(K+1)]} \sim F[(N-1)(K+1), N(T-K-1)] \quad (4.9)$$

其中，S_1 表示变系数模型残差平方和，S_2 表示变截距模型残差平方和，S_3 表示混合模型残差平方和，N 表示个体数，T 为个体长度，K 为解释变量的个数。判断过程的两个假设为式（4.10），判断规则为：如果计算得到的统计值 F_2 小于给定显著性水平下的临界值，则接受假设 H_2，用混合模型拟合样本。反之，则需要用 F_1 检验假设 H_1，若 F_1 小于给定显著性水平下的临界值，则接受假设 H_1，用变截距模型拟合，否则用变系数模型拟合。

$$\begin{aligned} H_1: \quad & \beta_1 = \beta_2 = \cdots = \beta_N \\ H_2: \quad & \alpha_1 = \alpha_2 = \cdots = \alpha_N \\ & \beta_1 = \beta_2 = \cdots = \beta_N \end{aligned} \quad (4.10)$$

首先对以城镇常住人口城镇化率为被解释变量，所有 7 个自变量为解释变量的 14 个地州市面板数据模型进行 Hausman 检验，Hausman Test 统计量是 37.41，对应的 P 值小于 0.05（近似为零），所以推翻原假设（随机效应模型），即应该建立固定效应模型。按照式（4.9）计算 $F_2 = 0.36 < F_{\alpha 2} = 1.72$，接受假设 H_2，建立不变参数模型。同时，分别按照上述过程对南疆地州市和北疆地州市、传统城镇化（2005～2009 年）和新型城镇化（2010～2014 年）进行模型检验，得到不同计量模型的回归结果如表 4 – 5 所示。

表 4-5　　　　　　面板数据模型回归各变量系数与 T 统计值

变量	全疆		2005~2009 年		2010~2014 年	
	常住人口	户籍人口	常住人口	户籍人口	常住人口	户籍人口
LnPGDP	0.0701** (1.9842)	-0.0636*** (-1.6438)	0.3154* (5.3408)	-0.1301** (-2.2656)	0.2421* (5.2094)	0.3000 (0.7246)
LnNI	-0.0273 (-0.2251)	-0.0408 (-0.3074)	0.3197 (1.1761)	0.4355*** (1.8102)	0.3184 (1.2208)	-1.6612* (-3.4493)
LnSI	-0.1248 (-1.5297)	0.0001 (0.0011)	-0.5809** (-2.1264)	0.1546 (1.3289)	-1.0850* (-3.5771)	0.9527 (0.7506)
LnTI	-0.2251*** (-1.6547)	-0.198206 (-1.3303)	0.5052 (0.9578)	-0.4682** (-1.9645)	2.5213* (3.1539)	1.0614* (3.5327)
LnIR	0.0497 (1.0088)	0.1177** (2.1795)	0.3581* (2.0080)	-0.0678 (-0.9843)	0.8358* (4.4167)	-0.2590 (-0.7628)
LnTSI	0.0885*** (2.1585)	0.0855*** (1.9033)	-0.0550 (-0.3388)	0.1905** (2.6363)	-0.5905* (-2.7611)	-0.7363 (-0.7799)
LnMSI	0.1632*** (1.6676)	0.196393*** (1.8326)	-0.3106 (-0.8796)	0.3126** (2.0119)	-1.9112* (-3.2140)	0.4387* (5.9453)
常数项	3.9775* (8.4348)	4.0591 (7.8593)	—	3.0309* (3.2758)	—	
R 方	0.9940	0.9964	0.9932	0.9981	0.8425	0.8006
DW 值	1.3449	1.7668	1.7129	1.6053	0.3110	0.1343

注：括号内数据是对相应的统计检验收尾概率，即 P 值；*表示在 1% 的显著性水平下通过检验，**表示在 5% 的显著性水平下通过检验，***表示在 10% 的显著性水平下通过检验。

由表 4-5 的回归结果可知，从全疆城镇常住人口城镇化率为因变量的个体时点双固定效应模型来看，F 统计值为 632.0837，相应的概率接近于零，说明所有系数通过显著性检验；从各变量的回归系数来看，人均 GDP、工业化、传统服务业和现代服务业发展的回归系数为正数，且大部分通过 t 统计值的检验，非农产业发展、第二产业发展和第三产业发展的回归系数为负值，大部分没有通过 t 统计值的检验。从全疆城镇户籍人口城镇化率为因变量的个体时点双固定效应模型来看，F 统计值为 1040.812，相应的概率接近于零，说明所有系数通过显著性检验；从各变量回归系数来看，人均 GDP、非农产业和第三产业的系数为负值，第二产业、工业化、传统服务业和现代服务业的系数为正值。二者比较可以得到以下结论：第一，区域经济增长有利于促进常住人口城镇化水平的提高，但却会降低户籍人口城镇化水平，表明户籍制度对城镇化的制约越来越大；第二，产业发展对城镇化的支撑绩效较差，非农产业和第三产业对城镇化存在阻碍作用，但这种作用并不显著，第二产业的发展推动了户籍城镇化却降低了常住人口城镇化，这可能与新疆第二产业以资本、资源密集型产业占主体有关；第三，工业化、传统服务业与现代服务业发展对新疆城镇化的支撑绩效较好，回归结果表明，上述产业对城镇化的回归系数都为正值且通过检验，因此新疆应大力发展劳动密集型工业和服务业。

从传统城镇化发展阶段（2005~2009年）来看，经济增长能有效促进常住人口城镇化率，但却制约了户籍人口城镇化率的提高；第二产业的发展对常住人口城镇化缺乏支撑作用，但工业化却有效地推动了城镇化进程，非农产业和第三产业对城镇化有支撑作用，支撑效果并不显著，服务业各行业的发展对常住人口城镇化发展有制约作用，作用效果不显著；对户籍人口城镇化推动最强的是非农产业的发展和服务业各行业的发展。从新型城镇化发展阶段（2010~2014年）来看，经济增长对常住人口和户籍人口城镇化率均有促进作用，但对户籍人口城镇化率的提高作用效果不理想；常住人口城镇化的发展动力主要来自服务业发展和工业化，户籍人口城镇化的发展动力主要源于服务业发展尤其是现代服务业的发展。综合来看，新型城镇化发展更多强调环境友好型与注重城镇质量的发展，其产业支撑在规模上依靠服务业和工业，在质量提升上更多依靠现代服务业。

4.2.4.3 区域差异比较

新疆南疆、北疆、东疆资源禀赋、区位条件、发展基础、社会文化存在较大差异，纳入一个面板数据模型难以对不同区域的差异进行比较，为了更全面地分析不同区域城镇化支撑产业的绩效，将14个地州市按照地理区位分成南疆、北疆和东疆分别进行面板数据模型回归，计量结果如表4-6所示。从各区域经济增长与城镇化的关系来看，经济增长（人均GDP）能促进北疆常住人口城镇化率、降低户籍人口城镇化率，经济增长降低了南疆常住人口和户籍人口城镇化水平，对于东疆来说，经济增长降低了其常住人口城镇化率、促进了其户籍人口城镇化率的增加。为什么同样是经济增长，却对不同区域的城镇化产生不同的影响呢？我们认为这源于区域内的极化作用，北疆是新疆区域经济最发达的地区，东疆次之、南疆最差，北疆的城镇在全疆具有强大的极化效应，随着各区域经济的增长，南疆和东疆的常住人口收入水平的上升为其到北疆城镇发展提供机会，因此表现为北疆城镇常住人口增加、南疆和东疆的减少，户籍人口可以被视为体制内的人口，向北疆的迁移相对体制外的常住人口较为困难，但由于南疆受社会不稳定因素的影响，户籍人口也会通过各种途径迁移至北疆，而东疆不存在这样的问题，因此表现为户籍人口的增加，同时北疆各城镇在户籍人口落户方面限制较为严格，因此表现为户籍人口下降。

表4－6　　　区域差异面板数据模型各变量系数与T统计值

变量	南疆		北疆		东疆	
	常住人口	户籍人口	常住人口	户籍人口	常住人口	户籍人口
LnPGDP	－0.1569* (－3.8904)	－0.1937* (－5.3919)	0.0625** (2.0450)	－0.0302 (－0.5804)	－0.4891* (－41.5005)	0.0388 (0.4481)
LnNI	0.4809*** (1.7779)	1.0813** (4.4895)	0.4765** (2.3494)	－0.0364 (－0.1056)	－0.8187* (－35.0901)	－0.1339 (－0.7820)
LnSI	－0.2782 (－0.7934)	－0.6577* (－2.1066)	－0.1858** (－2.0518)	－0.0725 (－0.4706)	1.2117* (35.4269)	0.0302 (0.1203)
LnTI	－5.3635* (－6.7887)	－2.3612* (－3.3561)	－0.1794 (－0.8746)	－0.3050 (－0.8743)	2.1992* (18.9685)	－0.2937 (－0.3451)
LnIR	0.5543* (3.3846)	0.7121* (4.8832)	0.0153 (0.2244)	0.0946 (0.8165)	－0.5837* (－34.9413)	－0.0002 (－0.0019)
LnTSI	1.0076* (5.7405)	0.4642* (2.9699)	0.0515 (0.6429)	0.0867 (0.6366)	－1.0129* (－22.2069)	0.1536 (0.4587)
LnMSI	4.3417* (6.6802)	1.5791* (2.7285)	0.1192 (0.7853)	0.2778 (1.0755)	－0.5583* (－11.4113)	0.0831 (0.2314)
常数项	5.5507* (7.2212)	3.0672* (4.4810)	2.4222* (3.5673)	4.4018* (3.8115)	6.5641* (51.7302)	4.4482** (4.7757)
R方	0.8720	0.9116	0.9951	0.9958	0.9999	0.9985
DW值	0.8933	1.0118	1.6076	2.1441	3.7844	2.9769

注：括号内数据是对相应的统计检验收尾概率，即P值；*表示在1%的显著性水平下通过检验，**表示在5%的显著性水平下通过检验，***表示在10%的显著性水平下通过检验。

从各区域城镇化的产业支撑绩效来看，非农产业、工业化、传统服务业和现代服务业的发展对南疆各地州常住人口和户籍人口城镇化水平均有显著的支撑作用，而第二产业和第三产业的发展对城镇化的支撑绩效较差，这可能与南疆尤其是南疆三地州农业占比较大，第二产业、第三产业发展严重滞后，城镇行政职能过强、经济职能过弱有关。北疆各地州市的情况与南疆差别较大，表现为非农产业发展对常住人口城镇化的推动显著有效,但第二产业对城镇化的支撑作用在弱化,工业化和服务业的发展对城镇化的支撑绩效并不显著,表明北疆各地州尤其是乌鲁木齐都市圈和克拉玛依已完成工业化的初级阶段,同时面临着创新驱动工业发展的瓶颈,传统产业发展模式对城镇化的支撑效果已经不足。对于东疆来说支撑常住人口城镇化发展的产业依然是第二产业和第三产业,但工业、传统服务业和现代服务业对其城镇化的发展支撑绩效为负,这可能与哈密、吐鲁番以煤炭(电)、石油开采产业为主有关,这些资本密集型产业的发展在一定程度上降低了城镇化水平。整体来看,由于区域差异的存在,南疆、北疆和东疆城镇化支撑产业的绩效存在较大差异,这为我们在支撑产业选择时考虑区域发展阶段提供依据。

4.2.4.4 变系数模型估计结果

前面的固定效应回归检验,不同地州市的个体影响是用变化的截距来反映的,即用变化的截距来反映模型中忽略的反映个体差异的变量的影响。但是,通过混合模型的回归发现截距项的系数并未通过显著性检验,再加上新疆各地区经济结构、社会文化背景等的不同,导致反映经济结构的参数随着横截面个体的变化而变化。另一方面,由于区位条件、工业化水平、产业结构的差异巨大,不同产业对不同地州市城镇化支撑作用的方式、力度存在巨大差异。因此,当现实数据不支持变截距模型时,便需要考虑这种系数随横截面个体的变化而改变的变系数模型。分别对新疆14个地州市进行变系数模型回归检验,得到不同地区城镇化产业支撑的作用系数如表4-7所示,由表可知不同地区的产业支撑对地区城镇化推动作用差别很大,说明新疆城镇化产业支撑的区域差别较大。

表4-7　　　　　　　　各地州市变系数模型回归结果

地州市	PGDP	NI	SI	TI	IR	TSI	MSI
乌鲁木齐	0.0035	-0.0451	0.4085	0.0679	0.1275	0.1991	0.5269
克拉玛依	0.0000	1.0022	0.0000	0.0000	0.0000	0.0000	0.0000
昌吉州	0.0023	2.5537	-0.8653	0.6158	-0.5183	-0.6606	-0.7409
伊犁州直属	-0.0543	0.8157	0.2342	0.4687	-0.1121	-0.2032	-0.0803
塔城	-0.1919	1.1875	0.1260	-0.9601	0.2420	0.0475	1.0609
阿勒泰	0.0519	1.0123	0.0281	-2.4636	-0.0031	0.8560	1.8019

续表

地州市	PGDP	NI	SI	TI	IR	TSI	MSI
博州	0.1140	-2.4453	1.9943	2.8771	-0.4018	-0.1970	-0.5865
吐鲁番	-0.0089	1.1812	-0.8083	2.3384	0.2603	-0.5396	-1.8495
哈密	0.4031	-3.3161	0.5560	6.8294	-0.1521	-1.8780	-2.3535
巴州	-0.6047	14.7917	-12.9669	-8.9741	2.1887	-0.7829	6.9714
阿克苏	0.0453	4.4422	-0.7868	-3.7757	-0.9261	0.1293	1.1620
克州	-0.1665	3.7733	-1.0515	-1.7540	0.1830	-0.0255	-0.2599
喀什	-0.4569	10.6637	-3.6474	-14.5643	0.4862	3.1375	5.8984
和田	-0.0199	0.1806	-0.1719	2.3086	0.1116	-0.2443	-1.4233

注：回归方程被解释变量为常住人口城镇化率，R 方为 0.9973，DW 值为 2.4450。

4.3 不同地州市城镇化产业支撑绩效差异及原因

通过前面的计量模型分析，从全新疆样本来看，模型的拟合系数较高，各系数都显著通过统计检验。可以得出：从长期来看，产业支撑对促进城镇化发展作用显著，特别是现代服务业对城镇化率的贡献最为突出，在假定其他条件不变的前提下，现代服务业增加值占 GDP 比重每提高 1 个百分点，将会提高城镇化率 0.1632 个百分点；工业化和传统服务业占比的系数显著为正，说明工业和传统服务业发展对推动新疆城镇化有着正向影响。其增加值占 GDP 比例每提高 1 个百分点，将分别提高城镇化率 0.0491 和 0.0885 个百分点；人均 GDP 对新疆城镇化水平有显著的正向效应，弹性系数为 0.0701，表示经济每增长 1 个百分点，新疆城镇化率将上升 0.0701 个百分点，说明经济增长拉动了城镇化发展。但这种产业的支撑作用是全疆 14 个地州市的回归结果，不同产业对不同地州市城镇化的支撑作用存在很大差异的。

4.3.1 不同地州市城镇化产业支撑绩效差异分析

个体固定效应模型是针对整体中不同个体的差异进行回归检验的，个体固定效应模型中的截距项中包括了那些随个体变化，但不随时间变化的难以观测的变量的影响。回归结果显示产业支撑对城镇化发展的推动作用明显，且个体固定效应显示了新疆各地区城镇化产业支撑作用的差异，这种差异体现了过去新疆城镇化与产业互动发展的成果。根据检验结果，克拉玛依、乌鲁木齐、昌吉州等地区城镇化发展产业支撑基础较好，产业发展对城镇化率的带动作用较强，而喀什、克州、和田等地区城镇化发展产业支撑基础较差，其他地区则处于一般水平。

变系数模型检验了新疆各地州市城镇化发展进程中产业支撑的作用结构。从回归结果可以看出，不同地区城镇化发展产业支撑的推动力是不同的。首先，该回归方程的 $R^2=0.9973$，说明新疆各地区的城镇化率与人均生产总值、第二、第三产业产值比重呈显著的正相关关系，即新疆各地区的经济发展水平、产业结构都不同程度地促进了当地城镇化发展，使得各地州市的城镇化建设良性发展。但由于各地区的经济社会发展水平和资源禀赋不同，导致各地州市产业支撑有很大差异，对城镇化建设的影响也不同。其次，新疆各区域城镇化产业支撑绩效各不相同，从检验结果看，非农产业对乌鲁木齐、阿克苏、哈密和昌吉州等城镇化发展的拉动作用显著，尤其是第三产业的带动作用明显；巴州、克州、喀什、和田、伊犁州直属、阿勒泰等地区城镇化进程中产业发展带动作用较大。这些地区大多经济发展水平低，城镇化建设处于初级阶段，产业结构层次低，第二、第三产业发展能有效促进这些区域资源和生产要素的聚集，推进工业化和服务业发展进程，增强区域经济实力，能有力促进城镇化水平的提高。吐鲁番、博州、塔城地区二、三产业的发展与城镇化率负相关，这可能是由于该地区城镇化与产业发展不协调所导致的。新疆产业发展对区域城镇化率影响最小的是克拉玛依市，因为克拉玛依区域经济发展水平高，产业结构相对稳定，城市化处在较高水平，所以二、三产业的发展对城镇化的促进作用不大。最后，新疆绝大部分地区的经济发展水平与城镇化率正相关，并且这种正向促进作用会随着城镇化进程的推进不断增强。可以认为，随着城镇化率的提高，新疆城镇化建设对经济增长的依赖性在不断加大。城镇化推进过程中，需要大量的人力、资金与技术。经济发展水平的不断提高，不仅可以提供这些支持，而且会大大刺激农村居民不断向生活条件更好的城镇地区转移。

4.3.2 产业支撑绩效存在差异的原因分析

新疆各地州市城镇化产业支撑绩效存在差异是多因素综合作用的结果。城镇化的过程必须由产业的聚集与扩散来完成,表现为各个产业的综合推动作用,深入探究新疆各个区域产业发展不平衡的作用因素,结合产业发展与城镇化建设的互动机制,就可以找出区域城镇化产业支撑绩效不同的内在原因。

4.3.2.1 资源禀赋差异

在新疆的城镇化进程中,矿产资源的开发利用在促进当地的城镇化建设中发挥了有效作用,且影响非常显著。新疆拥有极为丰富的自然资源,主要有矿产资源、生物资源和旅游资源。矿产资源中煤炭、石油、天然气等储量最为丰富,铁、锰、铬、铜、铅等矿藏分布多,黄金等贵金属及稀有金属矿产丰富,盐、芒硝、钠硝石等化工原料矿种较为丰富。此外,新疆拥有无比优越的光、热、风力等气候资源与土地资源。但由于新疆不同区域之间所拥有的自然资源差异巨大,对城镇化的影响作用也大不相同。比如北疆的克拉玛依市、东疆的哈密市、南疆北部区的库尔勒市均属于石油、天然气资源丰富的地区,这些矿产资源的开发极大地带动了当地的城镇化发展。此外新疆的生物资源种类繁多、特性优良、开发潜力较大。棉花、番茄、葡萄等瓜果,麻黄、雪莲等天然药物储量丰富,在国内外享有盛誉。如南疆的喀什和阿克苏地区的生物资源绝对量较大,北疆地区中,昌吉州、伊犁州直属和塔城地区的生物质绝对量较大,所以这些地区的农副产品加工和食品加工产业具有比较发展优势,成为推动当地城镇化发展的重要因素。旅游资源也是城镇化发展的重要推动因素,北疆的伊犁地区、博州、塔城、阿勒泰,南疆的阿克苏和克州,东疆的吐鲁番和哈密等地区的自然风光都已经成为城镇化发展的重要增长点。

4.3.2.2 区位条件的差异

区位条件主要包含自然地理因素以及产业区位等。自然地理区位可分为地形、气候、河流等因素。产业区位包含农业区位、工业区位、商贸流通等与产业发展相关的区位。区位条件直接决定区域的交通通信网络和基础设施的建设,显著地影响了当地的城镇化建设。新疆作为中国向西开放的重要门户,处于新亚欧大陆桥的中段,位于丝绸之路经济带建设的核心区,是连接欧洲、中亚、西亚通向亚欧地区的最重要交通枢纽。相对于南疆而言,北疆和东疆地区在农业资源、交通条件、生态环境和绿洲经济等多方面区位优势明显。包括乌鲁木齐市、克拉玛依市、昌吉州、阿勒泰、吐鲁番地区、博州等地,城镇密集，交通便利、区位优势突出，是带动新疆发展的增长极。北疆铁路沿线贯穿北疆大多数城镇，形成了以乌鲁木齐、克拉玛依、昌吉、伊犁、博州为代表的包含市、县、边境口岸的北疆铁路沿线城镇带，该铁路沿线光、热、水、土等资源丰富，是新疆经济最发达、产业最密集的经济地带。作为兰新铁路西延工程的北疆铁路是对外贸易的桥头堡，贯通了东起中国连云港、西至荷兰鹿特丹港的第二条亚欧大陆桥，将有力支撑新疆丝绸之路经济带核心区的建设。南疆铁路途经库尔勒市、阿克苏市、阿图什市、喀什市、和田市等地区，贯穿南疆境内大部分地区。该地区虽地域辽阔，但大部分地区为发展滞后，其中塔克拉玛干沙漠就位于该地区。南疆地区民族特色浓郁，文化旅游资源丰富，但由于地域广袤，人口稀少，地形多以高山为主，生态环境脆弱，交通等基础设施基础薄弱，经济发展相对滞后。

4.3.2.3 政策机遇的差异

当前新疆经济发展面临着其他省市所没有的政策机遇，一是丝绸之路经济带建设机遇，二是第二次中央新疆工作座谈会的机遇，三是全面深化改革、全面推进依法治国的机遇。宏观政策和发展机遇对推进城镇化进程发挥着关键作用，不同的政策机遇对区域城镇化将产生不同的作用，如20世纪50年代，国家对石油资源的开发带动了新疆克拉玛依的发展，使克拉玛依产业高速发展带动经济增长，很快发展成资源型城市；20世纪90年代以来，阜康、米泉、乌苏等相继实行了县改市，极大地促进了这些区域的城镇化发展；西部大开发等一系列支援西部政策的实施，则从质量上推动了新疆城镇化的快速发展；2010年，全国对口支援新疆会议做出决策，全国19个省市将分别对口支援新疆12个地（州）市的82个县，为新疆城镇化发展提供了前所未有的大好机遇；作为丝绸之路最重要的起点，新疆无论从地理位置还是决策战略上，都是丝绸之路经济带的重要节点区域。目前，新疆打造丝绸之路经济带核心区的建设正进入落地阶段。目前，一些项目已经先行一步。新疆首府乌鲁木齐已经申报亚欧经贸合作试验区，与此同时，新疆还在谋划综合保税区群。2015年年初，新疆南部首个综保区——喀什综合保税区顺利通过十部委联合验收，成为新疆第二个、南疆首个正式封关的综合保税区。

4.3.2.4 产业结构差异

从城镇化发展的历程中发现，产业结构对城镇化的影响是不可忽视的。它受到农业发展、工业化和第三产业崛起的推动与吸引,其中,农业发展是城镇化发展的基础动力,影响着所在区域的农业剩余人口的数量及其流动,从而影响到城镇化及其发展。工业化是城镇化建设的核心动力,对非农产业的拉动和由此带来的产业结构的转变以及人口就业的转变可以有效促进城镇化的发展。第三产业是城镇化质量进步的"助推器",对于提高城镇发展质量、完善城市功能、提高人民生活质量、改善人居环境等方面起到很好的促进作用。从三产产值占地方国内生产总值的比例来看,目前新疆有相当多的地区和城市产业结构进入了"二三一"结构,比如克拉玛依、吐鲁番、伊犁州直、阿勒泰等地,这些地区的城镇化率也维持在较高的水平;仅有少数进入了"三二一"结构,如乌鲁木齐和克州,乌鲁木齐市新疆唯一的特大城市,产业结构层次较高,近年来发展较快,已顺利进入"三二一"的产业结构,但是克州进入"三二一"的产业结构,并非产业结构优化所致,而是因为其二、三产业发展较慢,产业结构层次低;还有部分地州市是"三一二"结构,如博州、阿克苏、喀什、和田和兵团等地,这些地区的城镇化率相对较低。相对于产业结构开始呈现高级化阶段的天山北坡区而言,南疆的大部分地区产业结构层级较低,工业体系很不完善,甚至有相当一部分地区的工业化几乎是空白,还处在农业经济占主导地位的阶段。东疆地区与南疆北部区工业化也属于起步阶段,工业体系尚未建立,产业单一化且弱质化问题突出。此外,普遍来看,除全疆唯一的特大城市乌鲁木齐市已经拥有相当规模的现代第三产业之外,其余各区域及城市的第三产业层次都很低,基本都是以商贸餐饮业等传统服务业为主,房地产业、金融保险业、科技信息业等现代服务业发展缓慢,这极大地限制了各地区城镇化建设的步伐。

4.3.2.5 生态环境的差异

新疆严酷的自然条件和脆弱的生态环境是造成新疆城市分布不均衡、数量少、规模小的重要原因之一。在新疆约166万平方千米的土地上,绿洲约7万平方千米,新疆的城市基本上都分布在这些大小绿洲之中。可见城市产业发展的环境承载力十分脆弱,造成了城市的不平衡分布,形成了新疆城市产业发展生态环境的脆弱性、不稳定性和累加性特征。一旦遭受破坏,则难以恢复。因此,生态环境问题对新疆城镇化产业支撑提出了一大挑战。目前,新疆城市的生态环境问题已不容乐观,资源的供给越来越紧缺,微观的生态环境污染治理效果越来越受到局限，环境的自净能力越来越低，严重阻碍了新疆产业的发展。新疆是典型的干旱地区，水资源是生态环境系统的核心，除克拉玛依市、塔城地区、阿勒泰地区水资源承载力呈下降趋势，其余地区呈上升趋势，喀什地区上升明显。新疆各地区的水资源承载力都比较低，由于新疆地处内陆腹地，年平均降水稀少，水资源成为制约新疆发展的"瓶颈"，导致其开发空间较狭小。土地资源承载力除和田地区外，昌吉州、伊犁地区、塔城地区、阿克苏地区、巴州等地区的土地承载力开发空间较大，承载人口的能力较强。新疆大多数地区土地承载力较强，说明新疆土地面积大，后备资源丰富。克拉玛依市、昌吉州、塔城地区随着能源消费增大，能源资源存储量的下降，大大限制了开采与生产能力。乌鲁木齐市、吐鲁番地区、巴州等地区能源资源储备丰富，开采与生产能力较强，大力扩展了该区能源发展空间。新疆土地资源和经济资源相对丰富，水资源和能源资源呈下降趋势，天然湿地资源、林木资源等变化不大。此外，人口也是影响产业发展的重要因素，伊犁地区人口处于警戒状态，必须大力控制人口增长速度。吐鲁番地区、哈密地区、克州、克拉玛依市、阿勒泰地区、巴州等地区的人口的增长略高于承载力的增长，应注意控制这些地区的人口数量，使之处于可持续发展状态。

4.3.2.6 对外开放程度的差异

区域是具在耗散结构的开放系统，一个区域的城镇化进程必定受到外界环境的影响。贸易能够推动资源在产业间和产业内的流动，开放条件下产业发展不仅会推动区域工业化进程，建立新的产业，实现新产业的从无到有，还能促进产业价值链的攀升，以获取更多的国际分工利益。在经济全球化的形势下，城镇化进程与区域开放程度的关系十分紧密，区域对外开放程度对城镇化进程健康发展具有重要作用。进出口、利用外资情况体现了一个区域的开放水平。新疆各区域开放程度差异较大，北疆具有明显高于南疆的经济外向度，特别是近年来承接东部产业转移，尤其是天山北坡区的轻工业和制造业发展迅速，人口集聚能力增强，以乌鲁木齐、昌吉为核心的城市群初具规模。可见北疆的对外开放程度远远高于东疆和南疆，这与其经济基础以及城镇化的发展进程是基本吻合的。

4.3.2.7 社会秩序的差异

稳定与发展是相辅相成的。稳定的社会环境是发展的前提，发展是维护稳定的重要保障，良好的社会秩序为区域城镇化发展提供一个良好的外部环境，它可以提高要素投资者收益的稳定性，促进区域外经济发展所需生产要素的流入，推动区域产业发展，促进经济健康发展，而经济的发展是推动城镇化建设的根本动力，稳定是确保经济发展的基本保障，进而也是促进城镇化建设的重要前提。当前，新疆区域经济差异呈现出不断扩大趋势，这对社会经济发展造成了一些不利影响。长期以来，稳定问题成为制约新疆经济社会健康和谐发展重要因素。"三股势力"不断在新疆制造恐怖事件，酿造恐怖气氛，给人民的生命与财产安全构成了严重的威胁。北疆社会稳定状况明显好于南疆尤其是南疆三地州。新疆经济社会发展需要依靠产业的拉动，然而新疆产业的自生能力较弱，还需要借助外力。通过市场的调节作用，促进区外生产要素流入，推动要素报酬将会实现均等化，消除区域经济发展的差异。然而，不安的稳定环境提高了投资的风险，降低要素收益的稳定性，不利于区外生产要素的流入，甚至还会导致已有生产要素投资的外流，这严重阻碍了新疆各区域产业的发展，进而使得经济发展放缓，加之人民的生命财产受到损失，容易引起人民的不满情绪，削弱公众对现有政策的认同感，加剧社会秩序的动荡，城镇化的建设也就无从谈起。

第五章

生态环境约束下新疆新型城镇化支撑产业的选择

新疆城镇化现有支撑产业对生态环境产生较大的负向影响，难以满足新型城镇化发展的需要，也不符合"创新、协调、绿色、开放、共享"的发展理念。同时，北疆城镇尤其是天山北坡城市群发展面临产业动力转换困境，南疆城镇化发展也不能再走"先污染、后治理"的传统道路，新疆新型城镇化需要生态环境友好型的支撑产业。本章将在确保"绿色发展、优化改善生态环境"的前提下，为新疆新型城镇化科学合理的选择支撑产业；首先利用韦弗—托马斯（Weaver‑Thomas）模型对全疆城镇化的支撑产业进行选择，然后利用修正后的区位商—城镇职能分工方法对各地州市城镇化的支撑产业进行选择，最后根据新疆主体功能区划分、丝绸之路经济带核心区建设和新疆"十三五"规划对各区域产业发展的定位，对各地州市城镇化支撑产业进行调整与选择。

5.1 基于WT模型的新疆新型城镇化支撑产业选择

新疆城镇化发展严重滞后于全国平均水平，南疆大部分地州远低于全区水平，城镇化发展缓慢的根本原因在于城镇化缺乏产业的支撑作用。新疆城镇化支撑产业发展与布局存在一系列突出问题，表现为产业结构层次低、产业布局不合理、产业关联度低、产业规模小、产业链短、产业能耗高；总体而言，城镇化与产业发展脱节现象比较突出，产城融合迫切需要进一步加深。因此，利用韦弗—托马斯模型为新疆新型城镇化选择支撑产业，对于促进城镇化快速发展具有深远的战略意义。

5.1.1 韦弗—托马斯模型

韦弗—托马斯（简称 WT）模型是用来选择战略产业的一种有效方法，它是由韦弗（Weaver）提出并经托马斯（O. Thomas）改进的组合指数模型，旨在解决多指标条件下产业选择问题。WT 模型的原理是把一个观察分布（实际分布）与假设分布相比较以建立一个最接近的近似分布，根据各区域各产业的各项竞争指标体系，优选出该地区具有核心竞争力的战略产业。由此也可知，本模型亦适应于城镇化支撑产业的选择，因此本书通过调整产业选择的指标体系，利用与城镇化发展密切相关的产业产值、税收、就业、能耗等指标，通过 WT 模型对新疆新型城镇化支撑产业进行选择。

借鉴 WT 模型进行城镇化支撑产业的选择，具体步骤如下：

第一步，针对某指标，把所有产业从大到小排序，然后假设该指标有一个支撑产业，将排在第一位的产业作为该指标的支撑产业，运用 WT 模型计算其值，依此类推，最后把所有求出的值进行比较确定其中的最小值，其最小值所对应的产业个数即为该指标下支撑产业的个数。

第二步，计算各指标确定的支撑产业个数的平均数，所得值为利用该模型对所有指标所确定的支撑产业个数。

第三步，把第 i 产业相对于第 j 项指标的排序值组成一个综合排序矩阵，对每一个指标赋权，算出各个产业的排序值，取排在前面的在支撑产业个数以内的产业为支撑产业。

模型的计算公式如下：

$$WT_{nj} = \sum_{i=1}^{m} (C_i^n - 100EN_{ij}/\sum_{i=1}^{m} EN_{ij})^2 \tag{5.1}$$

其中，$C_i^n = \begin{cases} 100/n, & i \leq n \\ 0, & i > n \end{cases}$，n 为第 j 个指标各产业重新排序后的第 n 个产业，WT_{nj} 为第 n 个产业第 j 个指标的组合指数。

$$nq_j = k, \quad nq = (\sum_{j=1}^{m} nq_j)/n \tag{5.2}$$

其中 k 为当时 $WT_{1j} = \min WT_{kj}$（K = 1, 2, …, m），即最小的 WT 组合数出现的位置数。EN_{ij} 表示第 i 产业第 j 项指标值（i = 1, 2, …, m），m 为产业总

个数（j=1，2，…，N），N 为指标总个数，nq_j 表示第 j 项指标对应的支撑产业个数，nq 为全部指标对应支撑产业总个数。D 为支撑产业综合排序矩阵，D_{ij} 表示第 i 产业相对于第 j 项指标的排序值，其值可正可负，e_j 表示第 j 项指标的赋权值，E_i 为战略产业综合排序值①。

$$D = \begin{bmatrix} D_{11} & D_{12} & \cdots & D_{1n} \\ D_{21} & D_{22} & \cdots & D_{2n} \\ \cdots & \cdots & \cdots & \cdots \\ D_{m1} & D_{m2} & \cdots & D_{mn} \end{bmatrix} = \{D_{ij}\}_{m \times n} \quad (5.3)$$

$$E_i = \sum_{j=1}^{N} e_j D_{ij} \quad (5.4)$$

5.1.2 产业分类与指标选择

产业是具有某种共同属性的企业经济活动的集合，根据研究和分析的需要可以将产业进行不同的分类。产业的一般分类方法主要有：三次产业分类法、两大部类分类法、生产要素分类法、国家标准分类法和国际标准分类法。本书要对新疆新型城镇化支撑产业进行选择，根据研究的需要我们将非农产业细分为以下 18 个产业，并对相应的产业进行编号，具体分类情况见表 5-1。

表 5-1　　　　　　　　第二产业、第三产业细分

编号	产业名称	包含细分产业
01	采矿业	炭开采和洗选业，石油和天然气开采业，黑色金属矿采选业，有色金属矿采选业，非金属矿采选业
02	农副食品加工业	农副食品加工业，食品制造业，酒、饮料和精制茶制造业，烟草制造业
03	纺织服装业	纺织服装、鞋、帽制造业，皮革、毛皮、羽毛（绒）及其制品业
04	造纸与家具制造业	木材加工及木、竹、藤、棕、草制品业，家具制造业，造纸及纸制品业，印刷业和记录媒介的复制
05	石油加工业	石油加工、炼焦及核燃料加工业

---

① 顾明. 基于 WT 模型的小城镇战略产业选择研究 [J]. 重庆工商大学学报（自然科学版），2013，2：31-36.

续表

编号	产业名称	包含细分产业
06	化学化工业	化学原料及化学制品制造业、医药制造业、化学纤维制造业、橡胶和塑料制品业
07	金属冶炼制品业	黑色金属冶炼及压延加工业、有色金属冶炼及压延加工业、金属制品业、金属制品、机械和设备修理业、非金属矿物制造业
08	机械、电子制造业	通用设备制造业、专用设备制造业、汽车制造业、电气机械及器材制造业、计算机、通信和其他电子设备制造业、仪器仪表制造业
09	电力、燃气、水的生产和供应业	电力、热力的生产和供应业、燃气生产和供应业、水的生产和供应业
10	建筑业	建筑业
11	批发和零售业	批发业、零售业
12	交通运输、仓储、邮政业	铁路运输业、道路运输业、城市公共交通业、航空运输业、管道运输业、装卸搬运和其他运输服务业、仓储、邮政业
13	住宿和餐饮业	住宿业、餐饮业
14	金融业	银行业、证券业、保险业、其他金融活动、租赁和商务服务业
15	房地产业	房地产开发经营、物业管理、房地产中介服务
16	科教卫、水利、环境和公共设施管理业、社会保障和社会福利业	研究与试验发展、专业技术服务业、科技交流和推广服务业、地质勘查业、水利管理业、环境管理业、公共设施管理业、初等教育、中等教育、高等教育、卫生、社会保障、社会福利业
17	居民服务、文化、体育、娱乐业和其他服务业	居民服务业、其他服务业、新闻出版业、广播、电影、电视和音像业、文化艺术业、体育、娱乐业
18	公共管理和社会组织	中国共产党机关、国家机构、人民政协和民主党派、群众团体、社会团体和宗教组织

注：作者根据《新疆统计年鉴》对产业的细分，对部分关联性强的产业进行合并。

为了科学合理地选出新疆新型城镇化的支撑产业，按照本书提出的产业通过产值、就业和税收推动新型城镇化建设，我们根据数据的可获得性，紧紧围绕上述18个产业的增加值、就业情况和纳税规模选择相应的指标。同时本书的研究要体现"绿色发展"，支撑产业的选择要以不加大生态环境恶化为前提，因此我们18个产业的能耗作为生态环境的约束指标，《新疆统计年鉴》中仅有交通运输业、批发零售业与住宿餐饮业的能源消耗总量，并没有其他细分服务业的能耗，因此本书对服务业的能源消耗做了如下处理：交通运输按照年鉴数据，批发零售业与住宿餐饮业视为相同能耗，利用年鉴数据按产值均分，其他服务业按照产值均分。所有数据均来源于《新疆统计年鉴》（2013~2014），《中国税务年鉴》（2013~2014）。利用上述数据选择以下7个指标：

第一，产业增加值规模（GY_i）：$GY_i = Z_i / \sum Z_i$。其中，GY_i为第i产业的增加值规模，Z_i为第i产业的产业增加值，$\sum Z_i$为所有产业的产业增加值；各产业增加值共同组成地区国民生产总值，产业发展是区域经济发展的基础，经济发展是城镇化建设的动力，对于某一地区一个大规模产业的发展就能带动当地城镇化建设。

第二，就业规模（JL_i）：$JL_i = L_i / \sum L_i$。其中，JL_i为第i产业的就业规模，L_i为第i产业的职工平均人数，$\sum L_i$为所有产业的职工平均人数；产业发展对于城镇化的意义在于吸纳就业，将农业人口转变为非农业人口，所以产业就业规模的大小代表了该产业对城镇化的贡献，不促进就业的产业发展对城镇化推动作用十分有限。

第三，纳税规模（SR_i）：$SR_i = R_i / \sum R_i$。其中，SR_i为第i产业的利税规模，R_i为第i产业的利税总额，$\sum R_i$为所有产业的利税总额；税收是城镇政府提供公共服务和建设基础设施的财政来源，产业的纳税规模越大城镇基础设施和公共服务水平就越高，越有利于为产业发展创造良好的平台，因此产业纳税规模直接推动了城镇化建设。

第四，全员劳动生产率（Q_i）：$Q_i = \Delta Y_i / L_i$。其中，Q_i为全员劳动生产率，ΔY_i为第i产业的变化量，L_i为第i产业的劳动力人数；经济发展与城镇化的本质在于促进产业劳动生产率的提高，城镇通过集聚效应、城市化经济等机制促进产业劳动生产率的提高，同时产业劳动生产率的提高也推动城镇居民收入水平和生活质量的提升，提高产业在更大区域内的竞争力，促进城镇质量的提升和功能的完善。

第五，单位增加值能耗系数（NC_i）：$NC_i = NM_i / Y_i$，其中，NC_i为第i产业的能耗系数，NM_i为第i产业的综合能源消耗量，Y_i为第i产业的增加值；产业经济的发展可以促进城镇化这是不争的事实，但"协调、绿色、可持续"的发展还要考虑产业增加值的能耗，在全球变暖、污染加剧的背景下，选择单位增加值能耗低的支撑产业势在必行。

第六，产值纳税率（δ_i）：$\delta_i = R_i/Y_i$。其中，δ_i 为第 i 产业的产值纳税率，R_i 为第 i 产业的纳税总额，Y_i 为第 i 产业的增加值；产业税收对城镇化建设有重要的支撑作用，但如果仅仅考虑税收规模，而不考虑产值纳税率，就无法衡量不同产业的效率，新型城镇化需要高效率的支撑产业。

第七，就业弹性系数（E_i）：$E_i = (\Delta P_i/P_i)/(\Delta W/W_0)$。其中，$E_i$ 为第 i 产业的就业弹性系数，$\Delta P_i/P_i$ 为第 i 产业的就业增长率，$\Delta W/W_0$ 为 GDP 的增长率；产业发展通过吸纳就业促进了城镇化，除了考虑就业的规模还要分析该产业的就业弹性，分析某产业吸纳就业是否有潜力，那些具有吸纳就业潜力的产业才是新型城镇化的支撑产业。

5.1.3 新疆新型城镇化支撑产业的选择

WT 模型的优势在于能有效地克服单指标评价的缺点，可根据各产业的不同指标计算选出适合当地城镇化发展的支撑产业，为一种能多方面协调各种指标约束的优选模型。将以上 7 个指标的数据分别带入式（5.1）~式（5.4），计算出 18 个产业 7 个指标的 WT 值如表 5 – 2 所示。

表 5 – 2　　　　　各指标 18 个产业的 WT 值及支撑产业数量

产业	增加值规模	就业规模	纳税规模	全员劳动生产率	单位增加值能耗	就业弹性系数	增加值纳税率
01	6942.26	728.34	7150.31	3368.88	1989.83	2213.90	648.20
02	267.04	584.78	368.33	250.07	1894.08	1285.35	345.18
03	364.76	715.10	641.49	162.61	1644.70	1976.80	326.76
04	395.29	800.75	672.33	131.87	2967.18	1323.09	312.08
05	308.50	652.97	1170.54	8164.51	1466.34	1380.12	2617.05
06	257.54	533.73	443.70	145.44	1072.09	2294.62	302.90
07	259.58	501.24	474.68	132.01	1292.65	1348.30	317.54
08	333.18	771.88	572.94	531.53	2231.28	1739.55	526.23
09	279.74	513.96	322.08	200.36	1303.67	8742.13	304.27
10	2796.43	1010.46	301.42	163.78	2290.33	2346.14	387.89
11	473.80	552.62	2546.59	1879.68	2163.99	1865.50	1235.36
12	362.85	586.89	269.18	120.86	1781.01	208.17	309.00

续表

产业	增加值规模	就业规模	纳税规模	全员劳动生产率	单位增加值能耗	就业弹性系数	增加值纳税率
13	306.55	743.66	607.10	751.76	2085.62	2723.74	345.89
14	670.12	506.34	218.44	315.59	2459.60	1621.94	450.82
15	254.53	620.17	578.34	1165.35	2490.16	3842.31	7371.70
16	1584.10	6157.67	540.77	179.18	2386.25	1462.39	392.40
17	287.55	682.96	409.48	404.79	2425.22	1592.03	853.00
18	1001.53	1814.97	510.04	147.78	2341.71	1269.18	370.11

对 18 个产业 7 个指标的 WT 值按照由大到小的顺序进行排列，并根据各指标 WT 值确定支撑产业数量如表 5-3 所示。按照增加值（产值）规模确定 11 个支撑产业分别为：01 采矿业、10 建筑业、16 科教卫、水利、环境和公共设施管理业、社会保障和社会福利业、18 公共管理和社会组织、14 金融业、11 批发和零售业、12 交通运输、仓储、邮政业、05 石油加工业、09 电力、燃气、水的生产和供应业、07 金属冶炼制品业和 15 房地产业；按照就业规模确定的支撑产业有 7 个分别为：16 科教卫、水利、环境和公共设施管理业、社会保障和社会福利业、18 公共管理和社会组织、10 建筑业、01 采矿业、12 交通运输、仓储、邮政业、14 金融业和 17 居民服务、文化、体育、娱乐业和其他服务业；按照纳税规模确定的支撑产业有 5 个分别为：01 采矿业、11 批发和零售业、15 房地产业、10 建筑业和 14 金融业；按照全员劳动生产率确定的支撑产业有 14 个，即除 04 造纸与家具制造业、18 公共管理和社会组织、03 纺织服装业和 16 科教卫、水利、环境和公共设施管理业、社会保障和社会福利业外的其他产业；按照单位增加值能耗确定的支撑产业为 3 个，分别是：04 造纸与家具制造业、07 金属冶炼制品业和 06 化学化工业；按照就业弹性确定的支撑产业有 6 个，分别为：09 电力、燃气、水的生产和供应业、15 房地产业、06 化学化工业、14 金融业、07 金属冶炼制品业和 18 公共管理和社会组织；最后，按照增加值纳税率确定的支撑产业有 11 个，分别为：15 房地产业、05 石油加工业、11 批发和零售业、17 居民服务、文化、体育、娱乐业和其他服务业、01 采矿业、08 机械、电子制造业、14 金融业、10 建筑业、02 农副食品加工业、04 造纸与家具制造业和 06 化学化工业。

第五章 生态环境约束下新疆新型城镇化支撑产业的选择

表 5-3　　按照各指标 WT 值选出的支撑产业

增加值规模	就业规模	纳税规模	全员劳动生产率	单位增加值能耗	就业弹性系数	增加值纳税率
01	16	01	05	04	09	15
10	18	11	01	07	15	05
16	10	05	11	06	06	11
18	01	15	15	09	14	17
14	12	10	13	05	07	01
11	14	14	08	03	18	08
12	07	12	17	12	02	14
05	09	09	14	02	04	10
09	06	02	02	01	05	02
07	11	17	09	13	16	04
15	02	06	10	11	17	06
06	15	07	06	08	08	09
02	05	18	07	10	11	12
17	17	16	12	18	03	07
13	03	08	04	16	12	03
08	13	13	18	17	01	13
03	08	03	03	14	10	18
04	04	04	16	15	13	16
前 11 个	前 7 个	前 6 个	前 14 个	前 3 个	前 6 个	前 11 个

注：最后一行表示按照相应的指标选出的支撑产业的数量。

根据表 5-3 中各指标的支撑产业数量，求其加权平均，可确定新疆新型城镇化的支撑产业数量为 8 个。在对新疆新型城镇化中支撑产业选择的过程中，通过对不同指标赋予不同的权重强调其在支撑产业选择中的重要性，我们按照生态环境保护型支撑产业、吸纳就业优先型支撑产业和城镇建设优先型支撑产业三种不同的侧重点进行分析：一是生态环境保护型支撑产业主要强调产业发展更加注重生态环境的保护，产业发展更符合"两型社会"和绿色 GDP 的发展理念，将产业的单位增加值能耗系数赋予 0.4 的权重，其他的指标平均分配权重，按照最终排名名次的大小来决定是否作为支撑产业的依据。二是吸纳就业优先型支撑产业主要突出产业在吸纳就业方面的能力，支撑产业的就业吸纳过程就是城镇化的过程，即"产城融合"的基础，将就业规模与就业弹性系数分别赋予 0.2 的权重，其他的指标平均分配权重，按照最终排名名次的大小来决定是否作为支撑产业的依据。三是城镇建设优先型支撑产业主要强调产业的产值规模和纳税规模是城镇进行基础设施建设和公共服务提供的基础，将利税规模与产值利税率分别赋予0.2的权重，其他的指标平均分配权重，按照最终排名名次的大小来决定是否作为支撑产业的依据。再根据计算得出的综合排序名次，来确定出不同类型的新疆新型城镇化进程中的8个支撑产业，具体结果见表5-4。

表5-4　　　　　新疆新型城镇化不同类型支撑产业综合值及排序

生态环境保护型		就业优先型		城镇建设优先型	
综合值	产业排序	综合值	产业排序	综合值	产业排序
2901.12	01	2598.39	01	3713.43	01
2379.31	15	2092.23	09	1723.91	05
2015.90	05	2078.50	15	1715.54	15
1986.15	16	2032.28	16	1482.76	16
1720.95	11	1779.31	05	1373.79	11
1616.74	10	1313.56	11	1239.43	10
1557.72	09	1265.30	10	1226.80	09
1550.41	04	1103.17	13	896.69	18

按照上述对各指标赋予的权重计算其WT综合值，并按照由大到小的顺序进行排序，得到不同类型的支撑产业如下。生态环境保护型支撑产业主要包括：01采矿业、15房地产业、05石油加工业、16科教卫、水利、环境和公共设施管理业、社会保障和社会福利业、11批发和零售业、10建筑业、09电力、燃气、水的生产和供应业、04造纸与家具制造业。吸纳就业优先型支撑产业主要包括：01采矿业、09电力、燃气、水的生产和供应业、15房地产业、16科教卫、水利、环境和公共设施管理业、社会保障和社会福利业、05石油加工业、11批发和零售业、10建筑业、13住宿和餐饮业。城镇建设优先型支撑产业主要包括：01采矿业、05石油加工业、15房地产业、16科教卫、水利、环境和公共设施管理业、社会保障和社会福利业、11批发和零售业、10建筑业、09电力、燃气、水的生产和供应业、18公共管理和社会组织。通过WT模型选出的新型城镇化支撑产业具有以下两个重要特征：第一，选出的产业都是建立在新疆优势资源，如石油、天然气、煤炭、电力的基础上的，虽然这类产业污染相对较大，但这是新疆产业发展的实际情况；第二，服

务业满足吸纳劳动力多、环境污染小等特点，所占比重较大，如批发和零售业、住宿和餐饮业和房地产业等，但生产性服务业和现代服务业较少。

未被选择的产业主要包括：02 农副食品加工业、03 纺织服装业、06 化学化工业、07 金属冶炼制品业、08 机械、电子制造业、12 交通运输、仓储、邮政业、14 金融业、17 居民服务、文化、体育、娱乐业和其他服务业。上述支撑产业选择的结果表明，新疆新型城镇化支撑产业主要依靠采矿业、石油加工业、批发和零售业、建筑业、房地产业、电力、燃气、水的生产和供应业等产业，这些产业大部分为新疆资源密集型产业，而自治区一直强调的纺织服装业、物流业、金融业等产业则不在支撑产业的范围内，我们认为这主要是因为基于 WT 方法选择的支撑产业所用数据均为 2013~2014 年的数据，过去的发展基础无法完全代表后续的发展态势，但利用上述方法计算出的支持产业对于我们综合分析选择城镇化支撑产业有着重要的作用。

5.2 新疆各地州市新型城镇化支撑产业选择

通过上述分析我们认为新疆应大力发展采矿业、石油加工业、建筑业，批发零售业和房地产业等产业，通过上述产业的发展带动城镇就业，增加地方政府税收以便在城镇提供更好的基础设施，进而推动新型城镇化进程。但由于新疆不同地州市地理区位、资源禀赋、产业基础存在加大差异，不能笼统地将上述所选出的产业作为各地州市新型城镇化的支撑产业；同时，考虑到全区作为一个整体，只有在分析各地州市比较优势的基础上进行区域产业分工，加强区域经济联系、发挥区域协同效应，才能促进新疆产业经济和新型城镇化的快速发展。本节利用区位商—城镇职能分工方法对新疆各地州市产业发展状况进行梳理，在此基础上为各地州市选出新型城镇化的支撑产业。

5.2.1 区位商—城镇职能分工方法

区位商首先由哈盖特（P. Haggett）提出并运用于区位分析中，衡量某一区域要素的空间分布情况，反映某一产业部门的专业化程度，以及某一区域在高层次区域的地位和作用。经济学家马蒂拉（J. M. Mattila）和汤普森

（W. R. Thompson）用区位商对城镇基本职能或主导职能进行识别分析，其数学表达式为（5.5）。其中 l_{ij} 为区位熵，e_{ij} 为某城镇 i 部门职工人数，e_{tj} 为该城市总职工数，E_i 为区域 i 部门职工数，E_t 为区域总职工数。l_{ij} 大于 1，说明区域经济在高层级区域经济中发达，反之欠发达；l_{ij} 越大，说明区域的经济发展水平越高，否则发展水平越低。传统的区位商是反映产业专门化及城镇职能强度的一般方法，但无法反映产业的效率与规模，并不能完整反映城镇职能实际作用。

$$l_{ij} = \frac{e_{ij}/e_{tj}}{E_i/E_t} \tag{5.5}$$

本节借鉴苗毅等[①]（2016）提出的修正模型，采用增加规模指标的规模—区位商集成法计算各市分行业职能得分，对规模指标进行"离差标准化 +1"处理式（5.6），其中，β_{ij} 为 j 地区 i 产业标准化结果，s_{ij}、s_{imin}、s_{imax} 分别为 j 地区 i 产业规模量、该规模最小和最大地区的规模量。用该标准化值乘以相应地区与产业的区位商式（5.7），就得到规模—区位商集成值 L_{ij}，该值不仅反映了某地区的区位商，也反映了某产业的规模，比较科学地反映了某地区某产业在整个区域内的专业化程度。

$$\beta_{ij} = 1 + \frac{s_{ij} - s_{imin}}{s_{imax} - s_{imin}} \tag{5.6}$$

$$L_{ij} = \frac{e_{ij}/e_{tj}}{E_i/E_t} \times \beta_{ij} \tag{5.7}$$

各地州市城镇化发展必须放置在区域经济的背景下进行考量，城镇化发展的重要方面是通过城镇群实现区域协同。根据区域协同发展理论，对区域中各区域（主要是城镇产业）的职能进行识别，分析个区域城镇职能强度，筛选出不同地州市城镇的区域比较优势职能，以此作为区域内各城镇职能分工的依据。强化城镇职能比较优势，对城镇进行合理职能分工，从而促进区域经济（城市群）整体发展水平的更大提升。本节采用定性与定量分析相结合的综合方法，运用规模—区位商分析法对区域职能基本活动部分进行识别，剔除区域的非基本职能部分，并计算区际职能结构差异度。区际职能结构差异度计算公式为式（5.8），D_{jm} 为 j 与 m 地区职能结构差异，对各地区细分产业职能得分

---

① 苗毅，王成新，王格芳. 基于职能结构分析的城市差异化发展对策研究——以山东省为例 [J]. 城市发展研究，2016，4：3 – 7 + 14.

再作标准化处理，以 x_{ij} 表示标准化后 j 地区 i 产业职能得分的比重，以 x_{im} 表示标准化后 m 地区 i 产业职能得分的比重。利用式（5.8）计算 j、m 两地区的职能结构差异度，对区域产业职能的优势程度进行更进一步的分析。

$$D_{jm} = \sum_{i=1}^{12} (x_{ij} - x_{im})^2 \tag{5.8}$$

5.2.2 支撑产业选择的实证分析

下面我们将按照上述方法对新疆各地州市不同产业的区位商进行分析，选择出不同地州市的优势产业作为城镇化的支撑产业，通过产业分工合作发挥协同效应，促进新疆新型城镇化赶超发展。需要说明的是由于无法获取制造业各细分产业数据，在分析过程中将 02 农副食品加工业至 08 机械、电子制造业合并为制造业，利用《新疆统计年鉴》中的各地、州、市分行业城镇非私营单位在岗职工（含劳务派遣工）人数作为分析的主指标。为了更详细全面地对各地州市优势产业进行识别，我们先计算各地州市不同产业的区位商，将在岗职工人数代入式（5.5），计算出新疆各地州市不同产业的区位商如表5-5所示。

表 5-5　　　　　　　　新疆各地州市分产业区位商

产业编号	01	02~08	09	10	11	12	13	14	15	16	17	18
乌鲁木齐市	0.48	0.98	1.38	1.83	1.67	3.24	2.08	1.37	1.59	0.76	1.64	0.86
克拉玛依市	7.12	1.48	0.12	0.91	0.46	0.30	0.44	1.11	1.52	0.39	0.98	0.42
吐鲁番地区	4.60	1.06	1.13	0.28	0.79	0.37	0.46	0.90	0.64	0.94	0.59	1.13
哈密地区	2.89	0.50	1.32	0.38	0.83	0.27	1.51	0.97	0.29	1.09	1.15	0.96
昌吉州	0.57	2.30	0.97	0.70	0.68	0.28	0.18	0.85	1.55	0.84	0.48	0.63
伊犁州直属	0.26	0.95	1.19	0.54	0.95	0.39	1.16	0.72	1.14	1.25	0.88	1.20
塔城地区	0.50	0.51	0.37	0.57	0.48	0.18	0.40	0.39	0.31	0.74	0.35	0.69
阿勒泰地区	0.77	0.27	0.64	0.19	0.50	0.40	1.40	0.55	0.28	0.95	0.75	1.20
博州	0.01	0.35	0.86	0.39	0.76	0.36	0.55	2.61	0.47	0.88	0.93	0.98
巴州	1.46	0.83	0.78	1.16	1.07	0.39	0.71	0.83	0.55	0.98	0.40	1.10
阿克苏地区	0.63	0.87	1.01	0.54	1.34	0.29	0.47	0.80	0.93	1.29	0.81	1.51
克州	0.25	0.34	0.49	0.32	0.42	0.40	0.54	0.87	0.33	2.00	5.67	1.69
喀什地区	0.03	0.40	0.91	0.92	1.09	0.38	0.93	0.97	0.91	1.86	1.00	1.55
和田地区	0.02	0.16	0.92	0.29	0.44	0.36	0.49	0.74	0.25	1.75	0.95	2.00

注：产业编号与表5-1中产业分类相同，02~08表示制造业；部分地州市使用了简称。

由表 5-5 可以看出，在 01 采掘业上具有比较优势的地区有克拉玛依市、吐鲁番地区、哈密地区和巴音郭楞蒙古自治州，其中，克拉玛依以高达 7.12 的区位商高居榜首。这是因为克拉玛依油田、吐哈油田和塔里木油田分别位于上述四地市，尤其是哈密煤炭资源也十分丰富，为采掘业的发展奠定了坚实的资源基础。在 02~08 制造业方面比较有优势的地区为昌吉州、克拉玛依市和吐鲁番地区，昌吉州主要依托毗邻首府的优势形成了以特变电工为代表的制造业基地，克拉玛依依托丰富的石油天然气资源形成了石油加工、化学制品等优势制造业，吐鲁番形成了风电、光电设备制造、石油设备等装备制造业。在 09 电力、燃气、水的生产和供应业方面具有比较优势的有乌鲁木齐市、哈密地区、吐鲁番地区、伊犁州直属和阿克苏地区，电力、燃气、水的生产和供应主要是为其他产业的服务，但自治区实施的优势资源转换战略"疆电外送"是煤炭、风能、太阳能资源丰富地州市在能源供应市场的分工，具有广阔的发展前景。在 10 建筑业方面，具有优势的地州市主要是乌鲁木齐市和巴音郭楞蒙古自治州，但建筑业属于感应度系数较大、影响力系数较小的产业，受整体经济发展的带动作用强，而对其他产业的带动作用较弱，不宜作为优势产业发展。

从服务业各产业来看，在 11 批发和零售业方面具有比较优势的地区主要有乌鲁木齐市、阿克苏地区、喀什地区和巴音郭楞蒙古自治州，乌鲁木齐市作为全疆及中亚的商贸中心，其区位商优势遥遥领先，其他地州作为区域商贸中心也具有一定的优势。在 12 交通运输、仓储、邮政业方面仅乌鲁木齐市具有较高的比较优势，这也是乌鲁木齐作为新疆交通、物流中心无可替代的地位。在 13 住宿和餐饮业方面具有优势的地州市主要有：乌鲁木齐市、哈密地区、阿勒泰地区和伊犁州直属，住宿餐饮业的发展与旅游业密切相关，乌鲁木齐作为全疆旅游业的集散地，其他地州也都具有丰富的旅游资源，带动住宿和餐饮业快速发展。在 14 金融业方面具有比较优势的地区有乌鲁木齐市、博尔塔拉蒙古自治州和克拉玛依市，乌鲁木齐市是全疆的金融中心，博尔塔拉蒙古自治州金融业发展主要为阿拉山口口岸对外贸易服务，克拉玛依依托石油石化产业具有发展金融业的有利条件。在 15 房地产业方面乌鲁木齐、昌吉州、克拉玛依和伊犁州直属具有比较优势，乌昌都市圈的人口聚集效应为乌鲁木齐和昌吉州房地产业发展提供基础，克拉玛依人均高收入和高品质的生活环境促进了房地产业的发展，伊犁州主要依托"塞外江南"优美的自然环境发展房地产业。

最后，在 16 科教卫、水利、环境和公共设施管理业、社会保障和社会福

第五章 生态环境约束下新疆新型城镇化支撑产业的选择

利业、17居民服务、文化、体育、娱乐业和其他服务业和18公共管理和社会组织产业方面主要是南疆部分地州市具有优势，这主要因为国家及自治区为维护社会稳定和长治久安，对南疆及边境地州实施的倾斜政策，但这类产业不可能作为城镇化的支撑产业，但为了维持社会稳定为城镇化发展创造良好的外部环境，南疆四地州及边境地州应大力发展社会保障、社会福利业、公共管理和社会组织。当然由于本书在产业细分过程中，未将科研教育、技术服务、医疗卫生、文化体育和娱乐业从16~18代表产业中分出，根据我们的调研这类产业具有比较优势的地区主要为天山北坡经济带，这一地区汇集了新疆绝大部分高校、科研机构和医疗卫生机构及文化服务业。

上述在分析各地州市不同产业的区位商时，并未考虑各地区产业发展的规模，得到的结果可能出现有些地州市在某些产业上区位商很高，但产业规模不一定大，这样选择出的支撑产业发展潜力就受到限制，因此，我们将利用采用加入规模指标的规模—区位商对各地州市优势产业进行识别。具体做法为将表5-5中各地州市的区位商分别乘以相应的 β_{ij}，即按照式（5.6）和式（5.7）进行相应的计算得到表5-6。加入产业规模指标后，各地州市的区位商发生部分变化。如果考虑产业规模，首府乌鲁木齐市在除采矿业的制造业、建筑业和服务业上均具有比较优势，尤其是在交通运输、仓储、邮政业、住宿和餐饮业等服务业方面优势突出，这也体现了新疆城市首位度过高，缺少"承上启下"的大城市承接乌鲁木齐的产业职能，并向其他小城市进行产业扩散，乌鲁木齐在几乎所有的产业上都具有比较优势，其发展必然面临交通拥挤、环境污染、效率降低等"大城市病"，因此在城市发展的支撑产业选择时必须根据实际情况进行取舍。

表5-6　　　　　　　　　各地州市分产业规模—区位商

产业编号	01	02~08	09	10	11	12	13	14	15	16	17	18
乌鲁木齐市	0.61	1.96	2.76	3.66	3.34	6.48	4.17	2.73	3.19	1.51	3.29	1.71
克拉玛依市	14.24	1.99	0.12	1.01	0.48	0.30	0.45	1.29	1.84	0.39	1.09	0.42
吐鲁番地区	5.90	1.15	1.20	0.28	0.81	0.37	0.46	0.93	0.66	0.95	0.59	1.16
哈密地区	3.56	0.52	1.47	0.39	0.87	0.28	1.63	1.03	0.29	1.19	1.22	1.00
昌吉州	0.64	4.08	1.18	0.78	0.77	0.29	0.19	0.99	2.05	1.08	0.52	0.72
伊犁州直属	0.27	1.31	1.60	0.59	1.16	0.41	1.41	0.84	1.45	2.04	1.05	1.83
塔城地区	0.54	0.58	0.39	0.62	0.51	0.18	0.42	0.40	0.33	0.90	0.36	0.80

续表

产业编号	01	02~08	09	10	11	12	13	14	15	16	17	18
阿勒泰地区	0.83	0.28	0.68	0.19	0.52	0.41	1.53	0.56	0.29	1.04	0.78	1.34
博州	0.01	0.35	0.91	0.40	0.79	0.37	0.56	3.18	0.49	0.92	0.81	1.02
巴州	1.83	1.03	0.90	1.37	1.27	0.40	0.77	0.95	0.61	1.27	0.42	1.44
阿克苏地区	0.70	1.08	1.21	0.58	1.64	0.29	0.50	0.91	1.08	1.87	0.90	2.21
克州	0.25	0.34	0.49	0.32	0.42	0.40	0.54	0.87	0.33	2.12	6.82	1.72
喀什地区	0.03	0.45	1.09	1.06	1.30	0.39	1.06	1.17	1.07	3.31	1.17	2.39
和田地区	0.02	0.16	0.99	0.30	0.45	0.36	0.50	0.76	0.25	2.18	1.00	2.52

注：产业编号与表5-1中产业分类相同，02~08表示制造业；部分地州市使用了简称。

除乌鲁木齐外的其他北疆地区相对南疆产业优势也十分明显，克拉玛依市在采掘业、制造业、建筑业、金融业、房地产业和居民服务、文化、体育、娱乐业和其他服务业均具有较高的比较优势，尤其是在石油天然气开采方面的优势远远领先于其他地区。吐鲁番地区在采矿业、制造业、建筑业和公共管理和社会组织等产业方面具有比较优势，相对而言石油天然气开采产业优势较大。哈密地区在采掘业、建筑业、住宿和餐饮业、金融业、科教卫、水利、环境和公共设施管理业、社会保障和社会福利业、居民服务、文化、体育、娱乐业和其他服务业方面比较优势突出。而昌吉州在制造业、建筑业、房地产业、科教卫、水利、环境和公共设施管理业、社会保障和社会福利业表现突出，特别是在制造业方面的比较优势最高。伊犁州直属在制造业、建筑业、批发和零售业、住宿和餐饮业、房地产业、科教卫、水利、环境和公共设施管理业、社会保障和社会福利业、居民服务、文化、体育、娱乐业和其他服务业、公共管理和社会组织等产业上具有比较优势。加上规模指标后塔城地区没有优势产业，博州仅在金融业和公共管理和社会组织产业上具有比较优势，阿勒泰地区仅在住宿和餐饮业、科教卫、水利、环境和公共设施管理业、社会保障和社会福利业、公共管理和社会组织具有比较优势。

从南疆五地州的情况来看，加入产业规模指标后巴州、阿克苏和喀什优势产业明显增加，具体表现为：巴州在采掘业、制造业、建筑业、批发和零售业、科教卫、水利、环境和公共设施管理业、社会保障和社会福利业、公共管理和社会组织具有比较优势。阿克苏地区则在制造业、建筑业、批发和零售业、房地产业、科教卫、水利、环境和公共设施管理业、社会保障和社会福利业、公共管理和社会组织等产业上具有比较优势。喀什地区在电力、燃气、水

第五章 生态环境约束下新疆新型城镇化支撑产业的选择

的生产和供应业、建筑业、批发和零售业、住宿和餐饮业、金融业、房地产业、科教卫、水利、环境和公共设施管理业、社会保障和社会福利业、居民服务、文化、体育、娱乐业和其他服务业、公共管理和社会组织等产业上具有比较优势。而克州和和田地区仅在科教卫、水利、环境和公共设施管理业、社会保障和社会福利业、居民服务、文化、体育、娱乐业和其他服务业、公共管理和社会组织产业上具有一定的比较优势，如前所述社会保障和社会福利业、公共管理和社会组织并不能作为新型城镇化的支撑产业。

为了更深入地分析各地州市的产业职能，将各地区产业规模—区位商利用式（5.8）计算出各地州市 18 个产业的职能差异强度如表 5-7 所示。由不同地州市区域产业职能差异度来看，14 个地州市区域产业职能平均差异度为 53.57，产业职能差异大于这一均值的有乌鲁木齐市、克拉玛依市和克孜勒苏柯尔克孜自治州，其余地州市区域产业职能均小于这一均值，表明这些地州市在产业职能方面过于雷同，区域产业分工不合理，地州市间产业合作与协同发展能力不强。乌鲁木齐作为首府，是全疆唯一一个大城市，再加上自治区政府及中央及各部门作为驻市单位，为其产业发展提供了良好的行政审批基础；同时，作为联通新疆与内地兰新线、连霍高速、国际航空的枢纽，为其商贸、物流、金融等产业发展提供优越的区位条件，致使乌鲁木齐与其他地州市的产业职能差异度高达 104.67。克拉玛依市作为资源型城市，其产业主要是石油石化产业，其他产业发展水平较低，因此其与其他地州市的产业职能差异度高达 191.47，但这种单一产业的经济结构面临较大风险，克拉玛依应大力发展装备制造业和现代服务业，延伸石油石化产业链，发挥城市基础设施好的优势，通过多元化产业发展集聚人口。克州与其他地州市产业职能差异度为 64.86，高于平均值的原因是其产业发展相对其他地州市过于薄弱，新型城镇化支撑产业发展严重滞后导致的。其他地州市的区域产业差异度基本在 35 左右，产业结构基本相同，各区域间经济联系不紧密，并未形成区域产业分工、协作，集群发展、协同发展的局面。

表 5-7 各地州市区域产业职能差异度

地州市	乌市	克市	吐鲁番	哈密	昌吉	伊犁	塔城	阿勒泰	博州	巴州	阿克苏	克州	喀什	和田
乌市	0.00													
克市	271.46	0.00												
吐鲁番	117.59	74.60	0.00											

续表

地州市	乌市	克市	吐鲁番	哈密	昌吉	伊犁	塔城	阿勒泰	博州	巴州	阿克苏	克州	喀什	和田
哈密	90.32	123.33	7.98	0.00										
昌吉	89.25	191.76	38.85	27.27	0.00									
伊犁	72.40	204.31	35.53	14.48	12.51	0.00								
塔城	101.85	193.80	30.53	13.22	16.41	7.81	0.00							
阿勒泰	90.82	189.23	28.40	8.91	20.76	5.56	2.26	0.00						
博州	88.31	212.30	40.63	19.01	22.08	10.69	8.75	8.77	0.00					
巴州	82.15	160.12	18.37	6.40	14.42	5.91	4.36	4.63	10.39	0.00				
阿克苏	81.14	193.07	30.15	13.18	13.84	1.80	6.30	5.67	9.69	3.67	0.00			
克州	102.20	238.82	73.85	46.02	59.84	38.10	44.59	39.21	43.74	46.85	38.73	0.00		
喀什	78.17	219.08	43.79	20.60	23.85	3.60	12.14	9.79	13.05	9.67	3.76	36.37	0.00	
和田	96.21	217.26	39.54	17.81	24.22	5.16	6.10	4.63	9.92	8.46	3.80	34.83	3.87	0.00

注：因表格大小限制，本表对各地州市均使用了简称。

5.2.3 各地州市新型城镇化支撑产业的选择

基于以上区位商、规模—区位商和区域产业职能差异度的分析，结合不同地州市城镇化发展的定位，我们为各地州市新型城镇化支撑产业选择如下。乌鲁木齐作为新疆的首府和天山北坡城市群的中心城市，根据区位商大于1的原则，乌鲁木齐市除在采掘业、制造业、科教卫、水利、环境和公共设施管理业、社会保障和社会福利业、公共管理和社会组织等产业外均具有比较优势，按照规模—区位商大于1的原则，乌鲁木齐在除采掘业之外的制造业和服务业上均具有较高的比较优势，且乌鲁木齐与其他地州市的产业职能差异度也较大。总体显示出乌鲁木齐城市职能具有较大影响力，但是职能结构层次不高，尤其是在教育、科技研发方面的区域引领力还不够。因此，乌鲁木齐应选择智能制造业、现代服务业作为新型城镇化的支撑产业，同时，应发挥其科教、技术、金融、人才中心的职能带动全疆地州市产业的发展，增强其在产业经济发展中的扩散作用。

克拉玛依市在采掘业、制造业、金融业、房地产业的区位商均大于1，在采掘业、制造业、建筑业、金融业、房地产业和居民服务、文化、体育、娱乐业和其他服务业的规模—区位商大于1，且克拉玛依与其他地州市产业职能差异度是全疆最大的，显示克拉玛依应将石油天然气开采、石油化工及相关产业作为新型城镇化的支撑产业。昌吉州在制造业、房地产业的区位商大于1，其在制造业、建筑业、房地产业、科教卫、水利、环境和公共设施管理业、社会保障和社会福利业的规模—区位商大于1，尤其是在制造业上在全疆的优势十分明显，因此，昌吉州应将输变电设备、重型机械装备、输油气管材、农机制造、汽车改组装等产业作为制造业的支撑产业，同时依托毗邻乌鲁木齐的优势承接乌鲁木齐产业职能大力发展房地产、现代服务业，促进新型城镇化快速发展。

东疆的吐鲁番地区在石油天然气开采业、制造业、电力、燃气生产和供应业、社会组织与社会管理等产业上的区位商大于1，考虑规模指标后的规模—区位商也大于1，但与其他地州市的产业职能差异度不大，因此吐鲁番将石油天然气开采业、制造业、电力生产和供应业、社会组织与社会管理等产业作为城镇化支撑产业的同时，还应加强其在区域产业分工中的专业化程度，更好地融入区域经济发展。哈密地区在煤炭开采、电力生产与供应、餐饮和住宿业、科教卫、水利、环境和公共设施管理业、社会保障和社会福利业、居民服务、文化、体育、娱乐业和其他服务业上区位商大于1，这些产业的规模—区位商也大于1，因此哈密地区应发挥其作为进疆"东大门"的区位优势，发展煤电产业、餐饮住宿业、文化娱乐业促进新型城镇化健康发展。

北疆西北部的四个地州产业基础比较薄弱，区位商大于1的产业很少，城镇化发展较为缓慢。产业经济发展较好的伊犁州直属在电力生产与供应业、住宿餐饮业、房地产业和科教卫、水利、环境和公共设施管理业、社会保障和社会福利业、社会组织与社会管理等产业上区位商大于1，如果考虑到产业的规模，则在制造业、批发零售业、居民服务、文化、体育、娱乐业和其他服务业上规模—区位商大于1，可以选择上述产业作为新型城镇化的支撑产业。塔城地区没有产业区位商大于1、阿勒泰地区和博尔塔拉蒙古自治州分别在住宿餐饮业和金融业上区位商大于1；考虑产业规模后塔城地区依然没有规模—区位商大于1的产业，阿勒泰地区增加了居民服务、文化、体育、娱乐业和其他服务业、社会组织与社会管理规模—区位商大于1，博州则在社会组织与社会管理规模—区位商大于1，因此，上述地州除选择区位商大于1的产业外，还可以考虑结合当地实际情况选择旅游业、对外贸易产业作为新型城镇化的支撑产业。

南疆五地州是新疆产业经济和城镇化发展最滞后的地区，其中巴州、阿克苏和喀什产业基础相对较好，和田和克州城镇化支撑产业发展严重不足，具体表现为：巴州在石油天然气开采、建筑业、批发零售业、社会组织与社会管理上区位商大于1，考虑到产业规模后巴州在制造业、科教卫、水利、环境和公共设施管理业、社会保障和社会福利业上的规模—区位商也大于1，巴州新型城镇化应选择这些产业作为支撑产业。如果仅考虑区位商大于1的情况，阿克苏地区应选择电力生产与供应业、批发和零售业、科教卫、水利、环境和公共设施管理业、社会保障和社会福利业、公共管理和社会组织等产业作为城镇化的支撑产业，如果考虑产业规模后则应增加制造业和房地产业作为支撑产业。克州在科教卫、水利、环境和公共设施管理业、社会保障和社会福利业、居民服务、文化、体育、娱乐业和其他服务业、公共管理和社会组织方面的区位商和规模—区位商均大于1，但这些产业多为财政供养的公职人员，属于为社会经济发展服务的服务业，自身发展受实体产业经济的制约，因此克州有些产业虽然区位商不高也应作为城镇化的支撑产业。和田和喀什也面临与克州相似的情况，只不过喀什的情况相对和田与克州更好一些，喀什应选择电力生产和供应业、建筑业、批发和零售业、住宿和餐饮业、金融业、房地产业、科教卫、水利、环境和公共设施管理业、社会保障和社会福利业、居民服务、文化、体育、娱乐业和其他服务业等规模—区位商大于1的产业作为新型城镇化的支撑产业。

5.3 新疆新型城镇化支撑产业的调整与确定

上述对新疆新型城镇化支撑产业的选择，主要是基于以往支撑产业的发展基础，通过定量计算、实证分析确定的支撑产业；虽然具有较高的科学性与合理性，但并不能全面反映未来新疆城镇化所需的支撑产业，再加上经济发展理念、发展方式的转变和新时期面临的发展机遇，新型城镇化支撑产业需要做出适当的调整。本节将根据新疆主体功能区划分与定位、丝绸之路经济带核心区建设和新疆"十三五"规划对各区域产业发展的定位，对全疆及各地州市新型城镇化支撑产业进行调整与重新确定。

5.3.1 新疆主体功能区规划对产业发展的定位

2012年12月正式发布实施的《新疆维吾尔自治区主体功能区规划》是新

疆编制的第一个国土空间开发规划，该规划具有战略性、基础性和约束性，是新疆制定产业发展政策的重要依据。规划指出：在未来一段时期内，新疆面临加速工业化、农业现代化和快速城镇化对国土空间需求不断加剧的形势，尤其是作为我国重要能源战略接替区和西部生态脆弱区，能源产业开发快速推进，水土资源及生态环境的约束"瓶颈"作用不断增强。我们既要满足人口向绿洲区域聚集、人民生活改善、经济发展、工业化和城镇化推进、基础设施建设等对国土空间的巨大需求，同时又要保障山地—绿洲—荒漠生态系统的稳定性和生态安全，为未来小康社会的构建保住并扩大绿色生态空间。规划提出构建高效、协调、可持续的国土空间开发格局，到2020年基本形成全疆主体功能区布局。

《新疆维吾尔自治区主体功能区规划》将新疆国土空间分为重点开发区域、限制开发区域和禁止开发区域三类主体功能区，按层级分为国家和省级两个层面。重点开发区域是指有一定经济基础，资源环境承载能力较强，发展潜力较大，集聚人口和经济条件较好，从而应该重点进行工业化和城镇化开发的地区，主要包括天山南北坡城市或城区以及县市城关镇或重要工业园区，共涉及59个县市。限制开发区域是指关系国家农产品供给安全和生态安全，不应该或不适宜进行大规模、高强度工业化、城镇化开发的农产品主产区和重点生态功能区；其中农产品主产区分布在天山南北坡23个县市，重点生态功能区涉及53个县市。禁止开发区域是指依法设立的各级各类自然文化资源保护区域，以及其他禁止进行工业化、城镇化开发，需要特殊保护的重点生态功能区，国家和自治区层面禁止开发区域共107处，不同类型开发区域包含的地区及相应的产业发展定位见表5-8。

表5-8 新疆各地州市在主体功能区规划中的定位

主体功能区	包含区域	产业发展定位
重点开发区域（国家级）	天山北坡经济带：哈密市的城区、吐鲁番市的城区、鄯善县的鄯善镇、托克逊县的托克逊镇、奇台县的奇台镇、吉木萨尔县的吉木萨尔镇、阜康市、乌鲁木齐市、五家渠市、昌吉市、呼图壁县的呼图壁镇、玛纳斯县的玛纳斯镇、石河子市、沙湾县的三道河子镇、奎屯市、克拉玛依市、乌苏市、精河县的精河镇、博乐市、伊宁市、伊宁县的吉里于孜镇、察布查尔县的察布查尔镇、霍城县的水定镇与霍尔果斯经济开发区	我国面向中亚、西亚地区对外开放的陆路交通枢纽和重要门户，全国重要的能源基地，我国进口资源的国际大通道，西北地区重要的国际商贸中心、物流中心和对外合作加工基地，石油天然气化工、煤电、煤化工、机电工业及纺织工业基地

续表

主体功能区	包含区域	产业发展定位
重点开发区域（国家级）	天山南坡产业带：库尔勒市主城区、焉耆回族自治县的焉耆镇、和静县的和静镇、和硕县的特吾里克镇、博湖县的博湖镇、尉犁县的尉犁镇、轮台县的轮台镇、库车县的库车镇、拜城县的拜城镇、沙雅县的沙雅镇、新和县的新和镇、阿克苏市城区、温宿县的温宿镇和阿拉尔市城区以及位于这些县市的重要工业园区	建成国家重要的石油天然气化工基地，新疆重要的煤炭生产和电力保障基地、装备制造基地、钢铁产业基地、农产品精深加工基地、纺织工业基地，着力增强对南疆经济的辐射带动作用
重点开发区域（自治区级）	喀什—阿图什重点开发区域：喀什市、阿图什市城区、疏附县的托克扎克镇和疏勒县的疏勒镇	面向中亚、南亚的民族特色产品生产加工基地和物流中心。商贸物流、出口机电产品配套组装加工、农副产品深加工、纺织、建材、冶金、旅游、民族特色产品加工等产业
	和田重点开发区域：和田市与和田县的巴格其镇	南疆区域性经济增长中心、特色产业基地、新疆旅游南线的重要节点。旅游业、特色农副产品精深加工、新型建材、维吾尔医药、民族传统加工业等
限制开发区域	天山北坡主产区：北疆各地州市 天山南坡主产区：南疆各地州	粮食产业带、优质棉花产业带、特色林果产品产业带、畜产品产业带、区域特色农产品产业带
	阿勒泰地区 喀什、克州、阿克苏、和田部分县市 巴州若羌县、且末县	阿尔泰山地森林草原生态功能区塔里木河荒漠化防治生态功能区阿尔金山草原荒漠化防治生态功能区
禁止开发区域	自然保护区、风景名胜区、森林公园、地质公园等共有107处（具体地域略，均处于相应地州市的非城镇区域）	自治区保护自然文化资源的重要区域，珍稀动植物基因资源保护地；在不损害生态系统功能的前提下，大力发展旅游业

资料来源：作者根据《新疆维吾尔自治区主体功能区规划》整理而成。

5.3.2 丝绸之路经济带对新疆的定位

2013年9月，习近平主席首次提出"为了使欧亚各国经济联系更加紧密、相互合作更加深入、发展空间更加广阔"应创新开放型经济区域合作模式，共同建设丝绸之路经济带的战略构想。丝绸之路经济带是在古"丝绸之路"概念基础上,基于当代区域经济合作发展趋势所提出的包容性、开放性、创新性的战略构想,是以丝绸之路经济带沿带(线)国家(地区)的综合交通运输体系为发展主轴(轴),以沿带(线)中心城市(点)及相关产业发展为依托,以"道路联通、政策沟通、贸易畅通、货币流通、民心相通"为路径形成的"点—轴—面"巨型空间经济系统。2014年5月第二次中央新疆工作座谈会明确要把新疆打造成为丝绸之路经济带核心区。次年3月国家发展改革委、外交部、商务部发布的《推动共建丝绸之路经济带和21世纪海上丝绸之路愿景与行动》,再次强调"发挥新疆独特的区位优势和向西开放重要窗口作用,形成丝绸之路经济带上重要的交通枢纽、商贸物流和文化科教中心,打造丝绸之路经济带核心区"。

2014年新疆维吾尔自治区党委八届六次全会结合国家对新疆在丝绸之路经济带中的定位,提出核心区建设以"五中心、三基地、一通道"的战略部署。随后出台《推进新疆丝绸之路经济带核心区建设的实施意见》和《推进新疆丝绸之路经济带核心区建设行动计划(2014~2020年)》等文件部署实施核心区建设。其中,"五大中心"即努力建设成丝绸之路经济带上重要的交通枢纽中心、商贸物流中心、金融中心、文化科技中心、医疗服务中心;"三基地、一通道"即建成国家大型油气生产加工和储备基地、大型煤炭煤电煤化工基地、大型风电基地和国家能源资源陆上大通道;2015年新疆又提出重点建设"十大进出口产业集聚区",即机械装备出口、轻工产品出口加工、纺织服装产品出口加工、建材产品出口加工、化工产品出口加工、金属制品出口加工、信息服务业出口、进口油气资源加工、进口矿产品加工、进口农林牧产品加工等产业集聚区。

根据上述产业发展计划,结合各地州市资源禀赋、区位条件和产业基础,不同区域在"五大中心"建设中的重点产业发展如下:交通枢纽中心方面,将强化乌鲁木齐交通枢纽地位,加强二级枢纽节点建设,疆内形成环塔里木盆地、准噶尔盆地的综合交通运输网络,对外构建"东联西出"的综合交通战略布局。商贸物流中心方面,加快形成环乌鲁木齐商贸物流核心圈,培育形成喀什—克州、伊犁—博州、克拉玛依—奎屯—乌苏、阿勒泰—北屯、塔城、哈密、巴州、阿克苏、和田九个商贸物流产业集聚区。金融中心方面,建设以乌鲁木齐为中心,伊犁、喀什等地为次中心的多层次金融体系。文化科技中心主要打造一个中心(乌鲁木齐)和两个分中心(喀什、塔城),医疗服务中心重点以乌鲁木齐及周边城市（含昌吉、石河子）为主，以和田、喀什、阿勒泰、伊宁等城市为辅，开展国际医疗服务。

"三基地、一通道"建设方面的布局为：将建设塔里木、准噶尔、吐哈三大油气生产基地和独山子、乌鲁木齐、克拉玛依、南疆塔河石化等千万吨级大型炼化基地。依托准噶尔、吐哈、伊犁、库拜四大煤田，建设国家第十四个大型煤炭基地。在准东、哈密地区大力实施"疆电外送"工程；优先发展煤制天然气、煤炭分级分质综合利用项目，有序推进煤制油、煤制烯烃等煤化工项目。有序开发疆内9大流域水能资源，建设一批有调节能力的梯级水电站，积极推进阜康、哈密、阿克陶抽水蓄能电站建设。加快九大风区建设，稳步推进太阳能资源开发。国家能源资源陆上大通道项目将重点建设新粤浙煤制气管道工程、西气东输四线、西气东输五线、中俄西线西段等4个输气管道项目。

5.3.3 新疆"十三五"规划对产业发展的定位

按照"产城融合，宜居宜业"的要求，促进产业集聚和产城融合发展，增强城市就业吸纳能力。强化城市间专业化分工协作，推动大城市形成以服务经济为主的产业结构，增强中小城市产业承接能力，构建大中小城市和小城镇特色鲜明、优势互补的产业发展格局。积极培育中小微企业，发展纺织服装等劳动密集型产业，为新疆农业人口转移提供就业机会。积极开拓城市现代服务业发展岗位，拓宽就业渠道，增强城镇对人口和就业的吸纳能力。统筹全区工业园区的产业分工和布局，全面提高各类产业园功能，积极探索工业园区与城镇融合互动发展的有效途径。建设新型城市，着力提升县城和重点镇基础设施水平和产业配套服务水平，增强产业发展和要素集聚的承载能力，培育形成以城镇化为依托的消费增长动力。

具体到城镇化支撑产业方面的定位主要为，以推"三基地一通道"建设为重点，加快优势矿产资源开发和转化，发展清洁、绿色能源产业促进城镇化建设。首先，在煤炭方面。坚持安全、绿色、集约、高效发展的原则，以推进煤炭清洁高效利用为主攻方向，以调整产业结构和转变发展方式为重点，依托准噶尔、吐哈、伊犁、库拜四大煤田，建设国家第十四个大型煤炭基地。其次，在石油石化方面。围绕塔里木、准噶尔和吐哈三大油气资源，重点建设独山子、乌鲁木齐、克拉玛依、南疆塔河石化等千万吨级大型炼化一体化基地。

最后，在清洁能源方面。结合电网条件及电力市场需求，加快哈密东南部、三塘湖—淖毛湖等九大风区风电开发，重点建设准东、达坂城、吐鲁番—哈密百里风区等百万千瓦级风电基地和哈密千万千瓦级风电基地，根据区内电力消纳情况，适时建设阿勒泰千万千瓦级风电基地。稳步推进达坂城、阿勒泰、塔城等地风电供暖试点。加快哈密、吐鲁番、巴州、博州、南疆四地州等区域太阳能资源开发，积极落实电力消纳，形成光伏发电"四大集群、两大基地"，积极推进光热电项目试点，有序发展分布式发电项目，带动相应地区新型城镇化建设。

非石油化工、煤炭煤电产业方面，主要是加快纺织服装业的发展，按照《自治区大力发展纺织服装产业促进百万人就业规划纲要（2014～2020年）》规划部署，力争到2023年实现纺织服装工业总产值2125亿元，全产业链就业容量100万人的发展目标。重点发展"三城七园一中心"，加快阿克苏纺织城、库尔勒纺织城、石河子纺织城三个综合性纺织工业基地建设。积极推进塔城地区沙湾工业园区、昌吉州玛纳斯—呼图壁工业园区、博州精河工业园区、伊犁州奎屯—独山子经济技术开发区、阿拉尔经济开发区等重点纺织服装产业园区建设。加快乌鲁木齐国际纺织品服装商贸中心、霍尔果斯经济开发区和喀什经济开发区纺织品服装出口工贸基地建设。积极支持南疆四地州以县乡镇为主的特色纺织服装中小微企业集聚区、哈密服装产业园、吐鲁番纺织服装产业园、昌吉木垒哈萨克民族刺绣文化产业园、巴州尉犁针织家纺产业园、伊犁霍城中小微企业产业园等建设。农副产品加工业方面，依托新疆优越的光热资源，形成的优势农产品具有较高的深加工价值和潜力，各县镇应尽快形成南疆以特色林果精深加工为主、北疆以特色农副产品和畜产品精深加工为主的产业格局，促进新型城镇化发展。

5.3.4 新疆新型城镇化支撑产业的确定

美国经济学家西蒙·库兹涅茨在《现代经济增长》一书中曾经指出[①]：经济增长、经济结构变化和城镇化之间的关系密切，尤其是工业化对城镇化发展具有明显的促进作用。随着城镇化与工业化的深入推进，服务业的发展成为解

---

① [美]库兹涅茨著；戴睿，易诚译. 现代经济增长速度、结构与扩展[M]. 北京：北京经济学院出版社．1989.

决劳动力就业，促进城镇化进程的后续动力，并且随着经济的发展和服务业分工越来越细，吸纳劳动力、促进城镇化发展的作用不断增强。新疆城镇化发展滞后的根本原因在于缺乏支撑产业、支撑产业的产业层次低、产业间联系不紧密、产业结构不合理、产城融合力度不足，促进新疆新型城镇化快速发展也必须从支撑产业的选择入手，根据国家对新疆的产业定位，结合新疆区情选择"环境友好、可持续发展"的支撑产业，根据各地州市的区位条件、资源禀赋、产业基础和发展定位选择最优的产业支撑其新型城镇化发展。

5.3.4.1 全区新型城镇化支撑产业的确定

根据 WT 模型实证分析的结果，结合新疆主体功能区规划、丝绸之路经济带核心区建设定位和"十三五"发展规划，新疆新型城镇化应选择以下支撑产业：

一是矿产资源开采加工业，重点发展石油、煤炭、钢铁、电解铝、水泥、多晶硅等开采加工业；利用新疆成矿条件优越，石油、天然气、煤炭、黑色金属、有色金属和非金属矿物资源十分丰富的优势，继续实施生态环境友好型的优势资源转换战略，这类产业的发展一定要摒弃传统的发展模式，实行集约开采、采用先进技术，推广高效和清洁生产技术，严控矿区和周边城镇的污染排放，加大生态环境修复工作。

二是石化、化学化工和煤化工产业，充分利用新疆石油、天然气、煤炭和盐资源丰富的优势，发展炼油、芳烃、化肥、电石、聚氯乙烯和烧碱的加工与生产，积极实施煤制气、煤制油和煤制烯烃项目，开发下游产品、延长产业链，增大资源就地转化的力度，提高产品的附加值和资源利用水平，实现节能减排、循环发展、清洁发展和绿色发展。

三是电力生产与供应产业，发挥新疆煤炭、风能、太阳能等丰富的能源资源优势，充分利用已建成的三条"疆电外送"通道，合理布局电力生产与供应向全国各地输送清洁能源，化解"疆煤外运"困境和可再生能源消纳困难的矛盾。

四是装备制造业，结合新疆矿产资源开采加工业、石化化学工业、电力生产与供应业、农副产品加工业和农用机械等产业的需求，发展适合新疆产业发展需求的装备制造业，形成紧密型的产业联结机制，增强产业发展的集聚效应和协同效应。

五是纺织服装业，作为我国优质棉基地，新疆棉花产量占到全国的60%以上，而在新疆本地纺织服装的消费量不足全区产量的15%，新疆应发挥土地、电力资源廉价的优势和富余劳动力丰富的优势，大力发展劳动密集型的纺织服装业带动城镇化发展。

六是建筑业，新疆依然处于工业化初期阶段，带动经济发展的主体依然是实体经济，新疆城镇化建设滞后全国平均水平，产业经济和城镇化的发展必然对建筑业产生巨大的需求，建筑业的发展也可以拉动建材产业的发展，促进农村剩余劳动力的转移，因此建筑业及其附属产业应成为新疆新型城镇化的支撑产业。

七是交通运输与商贸物流业，WT模型选出的新型城镇化支撑产业不包括交通运输业，但国家对丝绸之路经济带核心区建设"三大中心"定位中两大中心为交通枢纽中心和商贸物流中心，因此新疆具有发展交通运输、商贸物流的重大历史机遇，应积极巩固东西连通东亚与西欧，南北连通南亚与俄罗斯、蒙古的交通枢纽地位，发挥新疆作为"双哑铃"中心的作用，使交通运输与商贸物流业成为新型城镇化的支撑产业。

八是旅游业，新疆具有奇特的自然景观，冰峰与火洲共存，瀚海与绿洲为邻，多民族聚居与多元文化的交汇形成了十分丰富的旅游资源，旅游业的发展为酒店、旅行社、航空公司和其他旅客运输服务提供就业机会，同时将带动餐饮业和休闲产业的发展。旅游业对劳动力素质要求不高、吸纳就业容量大，对解决劳动力就业、促进城镇化发展有着十分积极的作用。

九是文化科技与医疗服务业，文化科技中心和医疗服务中心是丝绸之路经济带核心区"五大中心"的重要组成部分，通过文化科技与医疗服务业促进其他产业创新发展、绿色发展，不断完善城镇功能、提升城镇品质，全面提高人力资本存量和劳动生产率，培育现代文化引领城镇化发展，非常适合作为新型城镇化的支撑产业。

十是金融业，新疆作为丝绸之路经济带的核心区，深化与中亚、南亚、西亚等国家交流合作，金融业无疑是"五大中心""三基地一通道"等核心区建设的关键。通过服务交通设施建设、服务优势企业"走出去"、服务重要节点和区域发展，既促进了丝绸之路经济带核心区建设，也有利于金融业自身的发展。

5.3.4.2 各地州市新型城镇化支撑产业的确定

按照"一圈、多群、三轴、一带"的城镇空间布局，根据城镇空间结构、资源禀赋、产业基础确定各地州市的支撑产业。"一圈"即乌鲁木齐都市圈，"多群"指筑喀什—阿图什、伊犁河谷、库尔勒、奎独乌、阿克苏、库车、麦盖提—莎车—泽普—叶城、和田—墨玉—洛浦、阿勒泰—北屯、博乐—阿拉山口—精河、塔额盆地等绿洲城镇组群。"三轴"指兰新线城镇发展轴、南疆铁路城镇发展轴、喀什—和田新兴城镇发展轴。"一带"指边境城镇（团场、口岸）发展带，以重点口岸为引领，推进边境口岸及其腹地城镇发展。构筑"一主三副、多心多点"的中心城市布局，一个主中心为乌鲁木齐，三个副中心为喀什、伊宁—霍尔果斯和库尔勒，多心多点为克拉玛依、阿克苏、哈密、石河子、奎独乌、和田、昌吉、博乐、塔城、吐鲁番、阿图什、阿勒泰、北屯、库车、莎车、奇台、阿拉尔和五家渠等18个绿洲中心城市。到2030年新疆城镇体系结构持续优化完善，"产城融合"不断深化，城市（镇）分工更加合理、协作水平大幅提高，城市化经济效应和产业集聚经济效应整体提升，城乡公共服务与基础设施网络建设水平整体达到我国东部地区平均发展水平，实现上述目标各地州市的支撑产业如下：

乌鲁木齐作为新疆首府和天山北坡城市群的中心城市，在新型城镇化和城市群发展中应起到"龙头"作用。要将乌鲁木齐建设成为我国西部地区重要中心城市、面向中西亚的现代化国际商贸中心以及具有较强国际影响力和竞争力的特大城市，要重点提升高端制造业、现代金融业、教育、科学研究和技术服务业的发展水平，这些职能的缺失或弱化将减弱乌鲁木齐的发展带动作用；要强化现有的金融与房地产业，商贸物流、住宿餐饮业，交通运输、仓储和邮政业的显著职能优势；要挖掘城市文化潜力，提高城市魅力，进一步提升文化产业的职能水平。支撑产业应重点发展现代服务业和战略性新兴产业、高新技术产业，具体包括交通运输业、交通物流业、文化科技业、医疗服务业、金融服务业、旅游业，工业方面要树立绿色发展理念、转变产业发展方式，大力发展石化化学化工产业、装备制造业和服装业。

昌吉州作为乌鲁木齐都市圈的重要组成部分，尤其是昌吉市作为乌昌都市区的次中心城市，应积极承接乌鲁木齐不宜发展的产业，和首府形成产业互补、协同发展的格局，带动新型城镇化协调发展。受土地、环境等城市资源的

第五章 生态环境约束下新疆新型城镇化支撑产业的选择

制约，乌鲁木齐在大力发展现代服务业的同时，一定会对功能层次较低、对城市发展影响较小的产业功能进行剥离和转移，昌吉州应紧紧抓住上述机遇，利用产业基础好、人才和科技获取方便的优势，承接乌鲁木齐市制造业和部分服务业的转移。昌吉州新型城镇化支撑产业应重点发展机电装备制造、煤电煤化工、新型建材、高新技术、商贸物流、文化旅游等产业。

克拉玛依是全疆乃至全国城镇化水平与质量最高的地区之一，但受特殊管理体制的制约，克拉玛依不但产业结构十分单一，而且对周边地区人口集聚和产业带动的作用都非常微弱，难以利用其资金、技术、人才、管理等优势发挥对周边区域的辐射作用，因此，克拉玛依新型城镇化建设除了重点发展石油石化及相关产业之外，还应该大力发展非石油石化产业尤其是制造业和服务业，通过产业发展吸纳劳动与人口，提升城市规模和影响力。新型城镇化支撑产业在发展石油天然气开采加工、装备制造的基础上，应大力发展信息服务、金融保险、现代物流、文化旅游等产业，建设成为面向中亚、西亚地区，集油气生产、油气技术服务、炼油化工、石油储备、机械制造、技术培训为一体的石油城和北疆重要的区域中心城市。

东疆的哈密地区和吐鲁番市具有优越的区位条件和丰富能源资源，具有发展运输物流和能源产业的优势。东疆地区常住人口城镇化率较高，但户籍人口城镇化水平较低，显示其户籍管理改革滞后，农民工市民化进程缓慢，公共服务供给不均等现象突出，归根结底是产业发展滞后，城镇化发展缺乏产业支撑。哈密地区作为新疆东西双向开放的综合交通枢纽，国家能源安全大通道的战略节点。应重点发展煤电、风电、光电、煤炭生产、现代物流等产业，通过大型煤炭煤电、大型风电和光伏发电基地建设带动城镇化进程。吐鲁番市应凭借旅游文化资源优势，重点发展文化旅游、商贸物流、装备制造和石油石化等产业带动新型城镇化进程。

北疆西北部的伊犁哈萨克自治州和博尔塔拉蒙古自治州，应借助口岸优势大力发展外向型产业，带动区域新型城镇化赶超发展。伊犁州直属应重点发展制造业、煤电煤化工产业，以及现代商贸物流、房地产、金融保险、文化旅游等产业，建设成为国际合作与沿边开发开放示范区，我国西部地区重要的对外开放门户。博州依托阿拉山口口岸和博乐边境经济合作区重点发展新能源、建材、金融和商贸物流等产业，建设成为面向中亚的进出口加工基地和重要的边境城市。塔城地区重点发展边贸、旅游、特色农产品深加工和外向型加工产业,建设成为塔额盆地的中心城市、新疆西北部重要边境城市。阿勒泰地区重点发展旅游产业,建设阿尔泰山文化名城、特色宜居名城和绿色产业基地。

南疆西北部的巴音郭楞蒙古自治州和阿克苏地区,具有丰富的石油、煤炭资源和优质棉花资源,该区域要继续巩固南疆区域性科教中心、商贸中心、石油石化、煤电煤化工基地地位,加强战略性新兴产业和现代服务业的发展,推进新型城镇化建设。巴州在重点发展石油天然气开采、化工产业、建筑业的同时,积极发展交通运输、商贸物流等产业。阿克苏地区应选择石油石化、煤电煤化工、纺织服装等制造业作为新型城镇化支撑产业,服务业方面应选择房地产业、商贸物流业、科研教育等产业作为支撑产业。巴州和阿克苏地区应进行产业分工与对接,实现区域协同发展效应,并发挥该区域对南疆三地州的辐射作用,促进南疆新型城镇化均衡发展。

南疆三地州是新疆城镇化发展最为滞后的地区,同时也是生态脆弱区和少数民族集聚区,新型城镇化的发展事关全疆的社会稳定和长治久安,应充分利用喀什经济特区特殊政策、对口援疆产业支撑政策和中巴经济走廊发展机遇,选择对外贸易、民族特色产品加工、文化旅游等产业,推动城镇化快速发展。喀什地区以建设国家级的开放创新实验区,面向南亚中亚西亚的商贸、物流、文化中心为契机,选择电力生产和供应业、建筑业、外贸加工业、民族特色产品加工业、批发和零售业、商贸物流业、住宿和餐饮业、金融业、房地产业、科教服务业、文化旅游等产业作为新型城镇化的支撑产业。克孜勒苏柯尔克孜自治州重点发展特色农牧业及农产品加工、文化旅游产业,建设成为新疆重要的边境城市、喀什—阿图什城镇组群次中心。和田地区重点发展农产品深加工、医药保健品、特色工艺品、丝路文化旅游等特色产业,建设成为世界著名玉石之都,南疆重要的特色产业基地和交通枢纽。

第六章

促进新疆新型城镇化支撑产业发展的政策建议

新疆生态环境脆弱、少数民族聚集、远离核心市场,独特的区位条件和资源禀赋决定了其产业发展道路不同于我国东中部省区,利用资源换取市场的优势资源转换战略依然是未来一段时间新疆经济发展的关键。当前,脆弱的生态环境已不能承载传统的产业发展模式,新型城镇化要求绿色、协调、可持续的产业支撑,"产城融合"对于新疆来说不仅是经济层面的产业与城镇互促发展,产业发展对农牧民劳动力的吸纳与转移,城镇文明对传统农村的影响和现代公民的塑造,对促进新疆社会稳定和长治久安具有深远的战略意义。如何实现本书选出的支撑产业健康发展,成为解决新疆新型城镇化发展滞后的治本之策,基于此提出以下促进支撑产业发展的政策建议。

6.1 严把生态环境关,正确培育支撑产业

当前,新疆新型城镇化支撑产业依然以资源型产业为主,在培育与发展支撑产业过程中绝不能以牺牲生态环境为代价。要始终把生态文明建设放在首位,做好生态保护规划,处理好支撑产业发展与资源环境保护之间的关系。始终坚持"资源开发可持续,生态环境可持续"的原则培育和发展支撑产业,依据各地资源禀赋、环境容量、生态状况和国家产业政策,科学选择城镇化支撑产业,最大限度地减少资源开发对生态环境的影响。按照《新疆维吾尔自治区主体功能区规划》优化国土空间开发格局,划定并严守生态"红线",实施最严格的耕地保护、水资源管理、生态环境保护等制度。严把生态环境关,对

不符合国家和自治区产业政策和规划、达不到环保准入要求、选址布局不合理以及对环境敏感区域产生重大不利影响的项目，一律不予审批。加大矿山开采区、工程破坏区植被修复力度，加大河道尤其是水源地保护力度，加大"三高一低"企业关停力度和城市集中供热、绿色供暖建设力度，加大城镇垃圾排放场、填埋场和污水处理厂等节能减排工程的运行和管理力度。要加快转变经济发展方式，实施差别化政绩考核政策，弱化 GDP 指标和工业增长，突出生态环境保护和建设考核权重，调整优化经济结构，建立多元发展、多极支撑的生态产业体系。

6.2 利用差别化政策，科学发展优势产业

差别化产业政策是根据地方的资源禀赋、环境容量、市场状况、产业基础等条件，为推进某一地区优势产业加快发展而实施的与其他地区不同的产业政策，是中央对新疆的特殊关心和支持，有利于新疆发挥比较优势、科学发展优势产业、提升自我发展能力。《国务院关于中西部地区承接产业转移的指导意见》提出：要根据中西部地区产业发展实际，研究制定差别化产业政策，适当降低中西部地区鼓励类产业门槛，适当下放核准权限。实行差别化产业政策，在国家产业政策允许范围内，适当放宽新疆具备资源优势、有市场需求的部分行业准入限制。进一步体现项目倾斜，实行差别化的产业政策，支持在西部地区优先布局建设能源资源加工转化利用项目，增强经济增长内生动力和自我发展能力。《关于支持新疆产业健康发展的若干意见》就钢铁、电解铝、水泥、多晶硅、石油化工、煤炭、煤化工、火电、可再生能源、汽车、装备、轻工纺织 12 个产业提出了差别化产业政策，对新疆重点产业发展实行有针对性的政策支持和引导。新疆应利用好上述差别化产业政策，大力发展石油石化、煤炭煤化工、化工、电力、有色、装备制造等优势产业，通过"更好发挥政府作用"矫正资源配置扭曲、弥补市场缺陷、扶持新兴产业、促进结构调整和产业升级。

6.3 大力培育新兴产业，积极优化产业结构

大力实施"科教兴新"和"创新驱动"战略，着力培育战略性新兴产业，

加快传统产业的转型升级，深入推进信息化与工业化深度融合，大力发展服务业特别是现代服务业，积极培育新业态和新商业模式，构建现代产业发展新体系。区域竞争力的提升归根结底是创新的竞争，要深入实施创新驱动发展战略，推动科技创新、产业创新、企业创新、市场创新、产品创新、业态创新、管理创新等，加快形成以创新为主要引领和支撑的经济体系和发展模式。将产业转移、技术转移、自主创新、科学培育有机融合，通过金融、税收等扶持政策，有序引导企业向重点城镇集聚，形成产业良性互动的格局，确保新型城镇化建设始终都有强大的产业支撑动力。结合新疆区情第二产业方面应积极培育发展新能源、新材料、装备制造、生物技术等战略性新兴产业，促进产业结构优化升级，通过提高农业现代化程度，释放大量劳动力，推动农村剩余劳动力向第二产业转移，最终推动新型城镇化进程。第三产业方面，抓住丝绸之路经济带核心区建设的机遇，大力发展金融、保险、房地产、咨询、信息服务、科技开发、教育培训等新兴服务业，通过这些科技含量高、劳动力容量大的产业带动，提升城市服务功能，实现第三产业的转型与升级，促进新型城镇化发展。

6.4 加强产业分工协作，合理引导产业布局

区域间产业分工协作可以降低要素成本、刺激创新、提高效率，大量相关企业以主导产业链为基础，在特定区域范围内的分工协作，将形成有机的产业群落，提升整个区域的产业竞争力，为区域新型城镇化和城市功能完善提供动力。新疆行政体制十分独特，自治区、兵团与中央企业的职能、责任与利益存在差异，在产业布局与分工协作方面存在一定困难。要增强新疆新型城镇化的产业支撑作用，各行政主体间应打破体制机制束缚，建立相应的组织制度与协调机制，鼓励具有上下游关系的企业合理布局，建立企业之间紧密的经济联系，实现产业发展的协同效应。新疆大城市和区域中心城市应重点发展高端服务业，增强对周边县域经济的辐射能力和产业协作能力；中等城市要加快发展高新园区，推动传统产业的转型升级，培育发展高新产业，发挥区域次中心城市的作用；小城镇要因地制宜地发展特色产业和劳动

密集型、资源加工型产业，促进人口、产业向城镇聚集。遵循"市场推动、政府引导、企业主体"的产业布局原则，通过金融、税收、土地、财政、环保等政策组合，有序引导产业向重点城镇集聚，形成产业与城镇良性互动的格局，积极利用"产业援疆"政策增强区域自我发展能力，确保新型城镇化建设始终都有强大的产业支撑动力。

参考文献

1. 期刊

[1] 彭红碧,杨峰. 新型城镇化道路的科学内涵 [J]. 理论探索, 2010 (4): 75-78.

[2] 王千,赵俊俊. 城镇化理论的演进及新型城镇化的内涵 [J]. 洛阳师范学院学报, 2013, 32 (6): 98-101.

[3] 周冲,吴玲. 城乡统筹背景下中国欠发达地区新型城镇化路径研究 [J]. 当代世界与社会主义, 2014 (1): 200-202.

[4] 蒋晓岚,程必定. 我国新型城镇化发展阶段性特征与发展趋势研究 [J]. 区域经济评论, 2013, 02: 130-135.

[5] 程遥,杨博,赵民. 我国中部地区城镇化发展中的若干特征与趋势——基于皖北案例的初步探讨 [J]. 城市规划学刊, 2011, 02: 67-76.

[6] 姜明伦,何安华,楼栋,孔祥智. 我国农业农村发展的阶段性特征、发展趋势及对策研究 [J]. 经济学家, 2012, 09: 81-90.

[7] 郑文哲,郑小碧. 中心镇推进城乡一体化的时空演进模式研究:理论与实证 [J]. 经济地理, 2013, 06: 79-83+108.

[8] 石忆邵. 中国新型城镇化与小城镇发展 [J]. 经济地理, 2013, 07: 47-52.

[9] 方创琳. 中国城市发展格局优化的科学基础与框架体系 [J]. 经济地理, 2013, 12: 1-9.

[10] 张占斌. 经济中高速增长阶段的新型城镇化建设 [J]. 国家行政学院学报, 2014, 01: 39-45.

[11] 王勇. 我国新型城镇化模式转变:从单向发展走向双向均衡 [J]. 西安交通大学学报(社会科学版), 2014, 03: 93-99.

[12] 黄亚平,林小如. 欠发达山区县域新型城镇化动力机制探讨——以湖北为例 [J]. 城市规划学刊,2012 (4):44-50.

[13] 倪鹏飞. 新型城镇化的基本模式、具体路径与推进对策 [J]. 江海学刊,2013 (1):87-94.

[14] 曹华林,李爱国. 新型城镇化进程中"人的城市化"的动力机制研究——基于居民感知视角的实证分析 [J]. 宏观经济研究,2014,10:113-121.

[15] 张玉磊. 新型城镇化进程中市场与政府关系调适:一个新的分析框架 [J]. 社会主义研究,2014,04:103-110.

[16] 冯煜雯. 关中经济区新型城镇化发展路径探析 [J]. 陕西社会主义学院学报,2011 (4):38-40,45.

[17] 杨仪青. 新型城镇化发展的国外经验和模式及中国的路径选择 [J]. 农业现代化研究,2013,34 (4):385-389.

[18] 张永岳,王元华. 我国新型城镇化的推进路径研究 [J]. 华东师范大学学报(哲学社会科学版),2014,01:92.

[19] 周冲,吴玲. 城乡统筹背景下中国欠发达地区新型城镇化路径研究 [J]. 当代世界与社会主义,2014 (1):200-202.

[20] 何平,倪苹. 中国城镇化质量研究 [J]. 统计研究,2013,06:11-18.

[21] 宋宇宁,韩增林. 东北老工业地区城镇化质量与规模关系的空间格局——以辽宁省为例 [J]. 经济地理,2013,11:40-45.

[22] 沈正平. 优化产业结构与提升城镇化质量的互动机制及实现途径 [J]. 城市发展研究,2013,05:70-75.

[23] 李江苏,王晓蕊等. 城镇化水平与城镇化质量协调度分析——以河南省为例 [J]. 经济地理,2014,10:70-77.

[24] 夏南凯,程上. 城镇化质量的指数型评价体系研究——基于浙江省的实证 [J]. 城市规划学刊,2014,01:39-45.

[25] 方兴起,郑贺. 新型城镇化的支柱:农业现代化与产业创新 [J]. 华南师范大学学报(社会科学版),2013,03:30-37+161.

[26] 张勇民,梁世夫,郭超然. 民族地区农业现代化与新型城镇化协调发展研究 [J]. 农业经济问题,2014,10:87-94+111-112.

[27] 郭丽娟. 新型工业化与新型城镇化协调发展评价 [J]. 统计与决策,2013,11:64-67.

[28] 孙虎, 乔标. 我国新型工业化与新型城镇化互动发展研究 [J]. 地域研究与开发, 2014, 04: 64-68.

[29] 蒙永胜, 李琳, 夏修国. 新疆新型工业化、农牧业现代化与新型城镇化协调发展研究 [J]. 新疆社会科学, 2013, 06: 45-51.

[30] 周建群. 我国新型工业化、城镇化和农业现代化"三化"协同发展理论与实证研究 [J]. 科学社会主义, 2013, 02: 110-115.

[31] 任宏, 罗丽姿, 王英杰. 我国新型城镇化及第三产业在其中的作用研究 [J]. 小城镇建设, 2013, 07: 39-42.

[32] 汪发元, 邓娜. 城镇化与第三产业发展水平动态互动分析 [J]. 统计与决策, 2015, 04: 112-115.

[33] 耿明斋. 新型城镇化引领"三化"协调发展的几点认识 [J]. 经济经纬, 2012, 01: 4-5.

[34] 苗洁, 吴海峰. 国内外工业化、城镇化和农业现代化协调发展的经验及其当代启示 [J]. 毛泽东邓小平理论研究, 2012, 11: 89-97+117.

[35] 毛智勇, 李志萌, 杨志诚. 我国工业化、城镇化、农业现代化协调度测评及比较 [J]. 江西社会科学, 2013, 07: 45-50.

[36] 蓝庆新, 陈超凡. 新型城镇化推动产业结构升级了吗?——基于中国省级面板数据的空间计量研究 [J]. 财经研究, 2013, 12: 57-71.

[37] 吴福象, 沈浩平. 新型城镇化、基础设施空间溢出与地区产业结构升级——基于长三角城市群16个核心城市的实证分析 [J]. 财经科学, 2013, 07: 89-98.

[38] 张开华, 方娜. 湖北省新型城镇化进程中产城融合协调度评价 [J]. 中南财经政法大学学报, 2014, 03: 43-48.

[39] 陆根尧等. 基于典型相关分析的产业集群与城市化互动发展研究: 以浙江省为例 [J]. 中国软科学, 2011, 12: 101-109.

[40] 张爱武, 刘玲. 新型城镇化视角下的产业集群发展研究 [J]. 宏观经济管理, 2013, 12: 66-67.

[41] 孙颖. 产城融合推动新型城镇化发展的研究——以滇中产业聚集区为例 [J]. 财经界 (学术版), 2014, 13: 113.

[42] 陈斌. 产业集群与新型城镇化耦合度及其影响研究——以江苏省为例 [J]. 科技进步与对策, 2014, 20: 53-57.

[43] 邵宇, 王鹏, 陈刚. 重塑中国: 新型城镇化、深度城市化和新四化 [J]. 金融发展评论, 2013, 01: 1-37.

[44] 杨水根, 徐宇琼. 新型城镇化进程中产业适应性选择研究——以湖南省工业战略产业选择为例 [J]. 财经理论与实践, 2014, 01: 120-126.

[45] 方创琳等. 西北干旱区水资源约束下城市化过程及生态效应研究的理论探讨 [J]. 干旱区地理, 2004, 27 (1): 1-7.

[46] 黄金川, 方创琳. 城市化与生态环境交互耦合机制与规律性分析 [J]. 地理研究, 2003, 02: 211-220.

[47] 杨光梅, 闵庆文. 内蒙古城市化发展对生态环境的影响分析 [J]. 干旱区地理, 2007, 01: 141-148.

[48] 刘耀彬, 陈斐, 周杰文. 城市化进程中的生态环境响应度模型及其应用 [J]. 干旱区地理, 2008, 01: 122-128.

[49] 卫海燕, 王莉, 方皎, 宋雪娟. 城市化发展水平对生态环境压力的影响研究——以西安市为例 [J]. 地域研究与开发, 2010, 05: 94-98.

[50] 李姝. 城市化、产业结构调整与环境污染 [J]. 财经问题研究, 2011, 06: 38-43.

[51] 辜胜阻. 中国城镇化的发展特点及其战略思路 [J]. 经济地理, 1991, 03: 22-27+63.

[52] 赵新平, 周一星. 改革以来中国城市化道路及城市化理论研究述评 [J]. 中国社会科学, 2002, 02: 132-138.

[53] 孔善右, 唐德才, 程俊杰. 江苏省服务业发展、城市化与要素集聚的实证研究 [J]. 管理工程学报, 2009, 01: 167-170.

[54] 孙中和. 中国城市化基本内涵与动力机制研究 [J]. 财经问题研究, 2001, 11: 38-43.

[55] 洪银兴. 新阶段城镇化的目标和路径 [J]. 经济学动态, 2013, 07: 4-9.

[56] 戴为民. 城市化系统中的资源环境质量综合评价及政策选择——以安徽省为例 [J]. 中国软科学, 2011 (11): 184-192.

[57] 朱自安. 转型初期新疆绿洲城市化对生态环境的影响与改善措施 [J]. 干旱区资源与环境, 2009, 23 (9): 18-25.

[58] 安瓦尔·买买提明. 新疆南疆地区生态环境特点及其对城市化的约

束 [J]. 西南大学学报（自然科学版），2011（4）：52-57.

[59] 聂春霞，刘晏良，何伦志. 区域城市化与环境、社会协调发展评价——以新疆为例 [J]. 中南财经政法大学学报，2011，04：73-77.

[60] 李春华，张小雷，王薇. 新疆城市化过程特征与评价 [J]. 干旱区地理，2003，04：396-401.

[61] 孙建丽. 中国西部城市化基本特征分析——以新疆为例 [J]. 中国人口·资源与环境，2000，04：56-59.

[62] 谢永琴. 西部大开发中新疆城镇发展的对策研究 [J]. 新疆大学学报（哲学社会科学版），2002，01：14-18.

[63] 赵梅，邢永建，龚爱瑾，张小平. 新疆城市化动力机制研究 [J]. 新疆师范大学学报（自然科学版），2005，03：149-152.

[64] 刘林，龚新蜀. 基于主成分分析的新疆城镇化动力机制研究 [J]. 福建论坛（社科教育版），2009，02：34-36.

[65] 李绍明，李绵. 长江上游民族地区生态经济系统 [J]. 广西民族研究，2001（3）：74-81.

[66] 陈柳钦. 基于产业发展的城市化动力机理分析 [J]. 重庆社会科学，2005（5）：9-15.

[67] 陈阿江. 中国城镇化道路的检讨与战略选择 [J]. 南京师范大学学报，997（3）.

[68] 陈宝敏，孙宁化. "农村城市化与乡镇企业的改革和发展"理论研讨会综述 [J]. 经济研究，2000（12）：72-75.

[69] 王小刚，王建平. 走新型城镇化道路——我党社会主义建设理论的重大创新和发展 [J]. 社会科学研究，2011，05：40-42.

[70] 沈清基. 论基于生态文明的新型城镇化 [J]. 城市规划学刊，2013，01：29-36.

[71] 单卓然，黄亚平. "新型城镇化"概念内涵、目标内容、规划策略及认知误区解析 [J]. 城市规划学刊，2013，02：16-22.

[72] 林毅夫. 新结构经济学与中国发展之路 [J]. 中国市场，2012，50：3-8.

[73] 叶振宇. 城镇化与产业发展互动关系的理论探讨 [J]. 区域经济评论，2013，04：13-17.

［74］林华．关于上海新城"产城融合"的研究——以青浦新城为例［J］．上海城市规划，2011，05：30－36．

［75］李学杰．城市化进程中对产城融合发展的探析［J］．经济师，2012，10：43－44．

［76］张景华．新型城镇化进程中的税收政策研究［J］．经济学家，2013（10）：55－61．

［77］张仲伍，杨德刚，张小雷，张月芹．新疆干旱区水环境主要问题与形成原因分析［J］．水土保持通报，2010（05）：173－177．

［78］宋香荣，伍丽鹏，周杰．新疆经济增长与水环境污染关系的实证研究［J］．生态经济（学术版），2011（02）：81－84．

［79］陈建强，帕塔木·巴拉提．新疆经济增长与大气质量的计量关系研究［J］．新疆社科论坛，2009（04）：51－56＋61．

［80］《新疆城镇发展与布局研究》课题组．新疆城镇发展与布局研究［J］．新疆社会经济，1991（02）：8－16．

［81］秋千．"新"与"镇"，新型城镇化的着力点［J］．中国西部，2013（7）：76－77．

［82］王彦芳，高志刚．新疆服务业发展问题及趋势研究［J］．新疆职业大学学报，2015（04）：27－32＋54．

［83］张景华．新型城镇化进程中的税收政策研究［J］．经济学家，2013，10：55－61．

［84］王家庭，王璇．我国城市化与环境污染的关系研究——基于28个省市面板数据的实证分析［J］．城市问题，2010，11：9－15．

［85］孙久文，周玉龙．中国产业发展与城镇化互动研究——基于面板门槛回归模型的视角［J］．学习与实践，2014（11）：5－12．

［86］林文生．上海产业发展、外来人口及城镇化关系研究［J］．人口与经济，2013（4）：39－45．

［87］闫海龙，胡青江．新型城镇化发展中面临的主要困难问题及对策分析——以新疆自治区为例［J］．柴达木开发研究，2014，02：13－16．

［88］张海峰，白永平等．青海省产业结构变化及其生态环境效应［J］．经济地理，2008（5）：748－751．

［89］韩峰，李浩．湖南省产业结构对生态环境的影响分析［J］．地域研

究与开发, 2010 (5): 89-98.

[90] 王薇. 城市化、产业结构与碳排放的动态关系研究——基于VAR模型的实证分析 [J]. 生态经济, 2014 (11): 27-35.

[91] 郝宇, 廖华, 魏一鸣. 中国能源消费和电力消费的环境库兹涅茨曲线: 基于面板数据空间计量模型的分析 [J]. 中国软科学, 2014, 01: 134-147.

[92] 王姗姗, 徐吉辉, 邱长溶. 能源消费与环境污染的边限协整分析 [J]. 中国人口·资源与环境, 2010, 04: 69-73.

[93] 简新华, 黄锟. 中国城镇化水平和速度的实证分析与前景预测 [J]. 经济研究, 2010, 03: 28-39.

[94] 王国刚. 城镇化: 中国经济发展方式转变的重心所在 [J]. 经济研究, 2010, 12: 70-81+148.

[95] 罗洪群, 肖丹. 产业集聚支撑的川渝城市群发展研究 [J]. 软科学, 2008, 12: 102-105.

[96] 汪大海, 周昕皓, 韩天慧, 曾雪寒. 新型城镇化进程中产业支撑问题思考 [J]. 宏观经济管理, 2013, 08: 46-47.

[97] 郭军, 刘瀑, 王承宗. 就业发展型经济增长的产业支撑背景研究 [J]. 中国工业经济, 2006, 05: 24-31.

[98] 王曙光, 张小锋. 促进城镇化发展的税收政策分析与建议 [J]. 中国行政管理, 2015, 09: 87-92.

[99] 张鸿武, 王珂英. 城镇化建设速度与质量协调发展的税收政策探讨 [J]. 税务研究, 2013, 09: 28-31.

[100] 顾明. 基于WT模型的小城镇战略产业选择研究 [J]. 重庆工商大学学报 (自然科学版), 2013, 02: 31-36.

[101] 苗毅, 王成新, 王格芳. 基于职能结构分析的城市差异化发展对策研究——以山东省为例 [J]. 城市发展研究, 2016, 04: 3-7+14.

[102] Christopher Wilson. The Dictionary of Demography [M]. Oxford: Basil Blackwell Ltd., 1986.

[103] Wirtih, Louis. Urbanism as a Way of life [J]. American Journal of Sociology, 1989 (29): 46-63.

[104] Pederson P O. Innovation Diffusion within and between National Urban

System [J]. Geographical Analysis, Vol. 2. 1970.

[105] J Morgan Grove, WilliaM R Bruch. A Social Ecology Approach and Application of Urban Ecosystem and Landscape Annalyses: A Case Study of BaltiMore [J]. Urban Ecosystems, 1997 (1).

[106] Grossman, G. M. and Krueger, A. Economic Growth and Environment [J]. Quarterly Journal of Economics, Vol. 110, 1995, 357 – 378.

[107] Daigee Shaw et al., Economic growth and air quality in China [J]. Environmental Economics and Policy Studies, 2010 (12): 79 – 96.

[108] Sjak Smulders; Lucas Bretschger; Hannes Egli. Economic Growth and the Diffusion of Clean Technologies: Explaining Environmental Kuznets Curves [J]. Environmental and Resource Economics. 2011, Vol. 49 (No. 1): 79 – 99.

[109] Song Shunfeng, Zhang K. H. Urbanization and City Size Distribution in China [J]. Urban Studies, 2002, 39 (12).

[110] Douglass, M. Mega-urban regions and world city formation: Globalisation, the economic crisis and urban policy issues in Pacific Asia [J]. Urban Studies, 2000, 37 (12).

[111] J. Vernon Henderson, Hyoung Gun Wang. Urbanization and city growth: The role of institutions [J]. Regional Science and Urban Economics, 2007 (37): 283 – 313.

[112] Chang & Brada G. H. The paradox of China's growing under-urbanization [J]. Economic System, 2006 (30): 24 – 40.

[113] J. Vernon Henderson. Cites and Development [J]. Journal of Regional Science, Vol. 50, No. 1, 2010: 515 – 540.

[114] Justin Yifu Lin et al.. Urbanization and Urban-Rural Inequality in China: A New Perspective from the Government's Development Strategy [J]. Front. Econ. China 2011, 6 (1): 1 – 21.

[115] Gene M Grossman, Alan B Krueger. Economic Growth and the Environment [J]. The Quarterly Journal of Economics, 1995, 110 (2): 353 – 377.

[116] Edward L. Glaeser. Reinventing Boston: 1630 – 2003 [J]. Journal of Economic Geography, 2005, (5): 119 – 153.

[117] Suri V, Chapman D. Economic Growth, Trade and Energy: Implica-

tions for the Environmental Kuznets Curve [J]. Ecological Economics, 1998, 25: 195 - 208.

[118] Colin Clark. The Economic Functions of a City in Relation to Its Size [J]. Econometrica, Vol. 13, No. 2 (Apr., 1945), pp. 97 - 113.

2. 专著

[119] 喻新安等. 新型城镇化引领论 [M]. 北京：人民出版社, 2012, 10: 39 - 40.

[120] 赫茨勒. 世界人口的危机 [M]. 北京：商务印书馆, 1963.

[121] 西蒙·库兹涅茨. 现代经济增长 [M]. 北京：北京经济学院出版社, 1989.

[122] 托达罗. 第三世界的经济发展 [M]. 北京：中国人民大学出版社, 1988.

[123] 西蒙·库兹涅茨. 各国的经济增长 [M]. 北京：商务印书馆, 1985.

[124] 沃纳·赫希. 城市经济学 [M]. 北京：中国社会科学出版社, 1990.

[125] H·孟德拉斯. 农民的终结 [M]. 北京：中国社会科学出版社, 1991.

[126] 霍利斯·钱纳里, 莫尔塞斯·塞尔昆. 发展的模式：1950~1970 [M]. 北京：中国财经出版社, 1988: 31 - 32.

[127] 宋永昌, 由文辉, 王祥荣. 城市生态学 [M]. 上海：华东师范大学出版社, 2000: 38 - 39.

[128] 沙里宁. 城市——它的发展衰败与未来 [M]. 北京：中国建筑工业出版社, 1986.

[129] [德] 马克思著, 中共中央马克思恩格斯列宁斯大林著作编译局编. 资本论节选本 [M]. 北京：人民出版社. 1998.

[130] [美] 库兹涅茨 (Kuznets, S.) 著, 常勋等译. 各国的经济增长总产值和生产结构 [M]. 北京：商务印书馆. 1985.

[131] [日] 宫崎勇著, 孙晓燕译. 日本经济政策亲历者实录 [M]. 北京：中信出版社. 2009.

[132] 王师勤, 田黎瑛编著. 经济发展阶段论的多元图景 [M]. 哈尔滨：黑龙江教育出版社. 1989.

[133] [美] 威廉·阿瑟·刘易斯. 二元经济论 [M]. 北京：北京经济学

院出版社，北京：1989：19.

[134] 冯贵宗主编，生态经济理论与实践 [M]．北京：中国农业大学出版社，北京：2010.03：72.

[135]《中国土地资源生产能力及人口承载力研究》课题组．中国土地资源生产能力及人口承载力研究 [M]．北京：中国人民大学出版社，1991.

[136] 高吉喜．可持续发展理论探索——可持续生态承载理论、方法与应用 [M]．北京：中国环境科学出版社，2001，17-22.

[137] 刘国光．中外城市知识辞典 [M]．北京：中国城市出版社，1991，2.

[138] 胡顺延等．中国城市化发展战略 [M]．北京：中共中央党校出版社，2002，2.

[139] 田澍等．西北开发史研究 [M]．北京：中国社会科学出版社，2007.3.280.

[140] 宋俊岭等．中国城镇化知识15讲 [M]．北京：中国城市出版社，2001.4.35.

[141] 谢文蕙，邓卫．城市经济学 [M]．北京：清华大学出版社，2002.28.

[142] 简明不列颠百科全书 [M]．北京：中国大百科全书出版社，1985.7.272.

[143] [美] 沃纳·赫希．城市经济学 [M]．北京：中国社会科学出版社，1990.26.

[144] 饶会林．城市经济学 [M]．沈阳：北财经大学出版社，1999.9.

[145] 高佩义．中外城市化比较研究 [M]．天津：南开大学出版社，1991.36.

[146] 许学强，周一星等编著．城市地理学 [M]．北京：高等教育出版社，2003.22.

[147] 丁健．现代城市经济学 [M]．上海：同济大学出版社，2003.22-23.

[148] 刘传江．中国城市化的制度安排与创新论 [M]．武汉：武汉大学出版社，1999.47.

[149] 刘升学编．资源型城市经济转型及第三产业发展模式选择——以湖南省耒阳市为例 [M]．湘潭：湘潭大学出版社，2011.07，17.

[150] 苏东水主编．产业经济学 [M]．北京：高等教育出版社，

2010. 08. 4.

[151] 张辉著. 中国经济增长的产业结构效应和驱动机制 [M]. 北京：北京大学出版社，2013.

[152] 李悦等编著. 产业经济学（第4版）[M]. 大连：东北财经大学出版社，2015.

[153] 李钒主编. 区域经济学 [M]. 天津：天津大学出版社，2013.

[154] 韩德林. 新疆人工绿洲 [M]. 北京：中国环境科学出版社，2001.

[155] 王洛林，魏后凯. 中国西部大开发战略 [M]. 北京：北京出版社，2002.

[156] 王放. 中国城市化与可持续发展 [M]. 北京：科学出版社，2000.

[157] 高志刚. 新疆循环经济发展实证分析与模式构建 [M]. 北京：石油工业出版社，2009，79-84.

[158] 库兹涅茨. 现代经济增长 [M]. 北京：北京经济学院出版社，1989.

[159] 张晓桐. 计量经济分析 [M]. 北京：经济科学出版社. 2003.

[160] [美] 库兹涅茨著；戴睿，易诚译. 现代经济增长速度、结构与扩展 [M]. 北京：北京经济学院出版社. 1989.

[161] Christopher Wilson. The Dictionary of Demography [M]. Oxford：Basil Blackwell Ltd.，1986.

[162] Hudson J C. Diffusion in a Central Place System [M]. Geographical Analysis，Vol. 1. 1969.

[163] Friedman J. Regional Development Policy：A Case Study of Venezuela [M]. Cambridge：MIT Press，1966.

[164] Zipf，G. K.，Human. Behaviour and the Principle of Least-Effort [M]. Addison-Wesley，Cambridge，1949.

[165] Lewis E A. Economic Development with Unlimited Supply of Labor [M]. The Manchester School. May. 1954.

[166] Ray M Northam. Urban Geography [M]. John Wiley & Sons，New York，1979. p. 66.

[167] Pearce D，et al. EconoMics of Natural Resources and the EnvironMent [M]. New York：Harvester Wreathes，1990：215-289.

［168］Ahmed，Habib'The Islamic Financial System and Economic Growth：An Assessment'. In Islamic Finance and Economic Development. Iqbal，Munawar & Ahmad，Ausaf［M］. New York：Palgrave Macmillan. 2005. 29 – 48.

［169］Colin Clark. The conditions of economic progress［M］. Macmillan and Co. Ltd. 1951.

［170］Jed Kolko. Urbanization，Agglomeration，and Coagglomeration of Service Industries［M］. Edward L. Glaeser，2008. 151 – 180.

［171］Sit. Globalization，Foreign Direct Investment，and Urbanization in Developing Countries［M］. World Bank，2001：11 – 45.

［172］Sassen，S. The global city：New York，London，Tokyo［M］. Princeton，NJ：Princeton University Press，1991.

［173］Keil，R. Los Angeles：Globalization，Urbanization and Social Struggle［M］. John Wiley&Sons，1998.

［174］Kelley，A. C.，Williamson，J. G. What Drives Third World City Growth? A Dynamic General Equilibrium Approach［M］. NJ：Princeton University Press，1984.

3. 其他

［175］王志琴. 城镇地区生态安全研究初探［D］. 北京：中国农业大学，2003.

［176］梁前广. 河南省推进新型城镇化研究［D］. 开封：河南大学，2012，5：12.

［177］周洁. 新疆经济发展与环境污染关系研究［D］. 乌鲁木齐：新疆财经大学，2012.

［178］李春华. 新疆绿洲城镇空间结构的系统研究［D］. 南京师范大学，2006：48.

［179］穆哈拜提·帕热提. 新疆城镇化与经济发展互动关系研究［D］. 中国农业大学，2015.

［180］胡际权. 中国新型城镇化发展研究［D］. 重庆：西南农业大学，2005（6）：28.

[181] 孙中和. 我国城市化动力机制研究进展 [C]. 中国城市化基本内涵与动力机制研究, 2001 (11): 38–43.

[182] Williamson J G. Migration and Urbanization [A]. Handbook of Development Economics, Volume I [C]. Edited by H. chenery and I. N. Srimvasan, Elsevier Science Publisher B. V. 1988.

后　　记

新疆生态环境十分脆弱，独特的绿洲经济使其城镇布局、支撑产业发展深受生态环境的制约，传统城镇化发展方式已导致绿洲边缘地带生态防护功能减弱，部分城镇周边环境污染加剧，严重制约着新疆经济社会的可持续发展。作为丝绸之路经济带的核心区，新疆新型城镇化建设面临重大发展机遇，如何选择符合绿洲经济规律的支撑产业，减少城镇化及支撑产业发展对生态环境的不利影响，是实现"创新、协调、绿色、开放、共享"发展的基础，也是实现新疆社会稳定与长治久安的战略选择。

本书的写作源于我的博士论文《新疆特色城镇化动力机制研究》，在博士论文写作的理论准备阶段我逐渐厘清了新疆城镇化的特殊性——维护生态安全与社会稳定，通过实地调研各地州市城镇化发展状况，我对新疆城镇化发展滞后、区域发展不均衡、产业支撑能力不足等问题有了更深入的认识，也逐渐意识到制约新疆城镇化发展的关键是产业发展。博士论文的顺利完成并未让我停止对上述问题的思考与探索，2012年我以《生态环境约束下新疆新型城镇化支撑产业研究》为题申报国家社科基金项目获批（项目编号：12CJY039），通过该项目的实地调查和理论研讨，经过三年多的深入研究最终形成了本书，衷心希望拙作能够对新疆新型城镇化建设提供微薄之力。

本书是石河子大学"中西部高校综合实力提升工程"高水平学术专著成果之一。由张杰提出研究思路、设计研究提纲，带领课题组成员实地调研，并撰写了所有内容。郭永奇、李芳、马远、程广斌等参与了本书篇章结构的讨论和调查研究方案的制定，对全书各章节内容提出修改调整建议。我院2014级研究生龙文、李玲玲、刘乐等参与了本书的资料收集、调查研究和部分数据处理工作。在课题研究的开题、中期检查和结题等阶段多位专家也提出了宝贵建议。

本书的撰写得到了石河子大学科研处、发展规划处相关领导的大力支持。

后 记

在课题调研过程中,得到了新疆发改委、建设厅、统计局、各地州市建设局等相关部门领导和有关人员的热情帮助,在此对以上同志表示诚挚的感谢。在本书的撰写过程中,参考了大量的文献,我们也向原作者表示深深的谢意。在本书出版过程中,经济科学出版社张庆杰编审做了大量精心细致的编辑工作,在此表示衷心的感谢!

毋庸置疑,本书还存在这样那样的不足,切望得到有关专家、学者和读者的指正。

张 杰
2017 年 3 月 16 日